Eva Mühlbacher
Zeitreisende

EVA MÜHLBACHER

ZEITREISENDE
Deutsche Literatur für Entdecker

Teil 2 - von der Frühen Neuzeit
bis zum Ende der Goethezeit

Dachbuch
Verlag

Dachbuch Verlag

1. Auflage: Juli 2022
Veröffentlicht von Dachbuch Verlag GmbH, Wien

ISBN: 978-3-903263-42-0
EPUB ISBN: 978-3-903263-43-7

Autorin: Eva Mühlbacher

Lektorat: Teresa Emich, Nikolai Uzelac
Korrektorat: Teresa Emich, Nikolai Uzelac
Satz & Umschlaggestaltung: Daniel Uzelac
Umschlagmotiv: © bpk
Druck und Bindearbeiten: Rotografika, Subotica
Printed in Serbia

Besuchen Sie uns im Internet:
www.dachbuch.at

Für meine kreativen, lustigen, treuen, wundervollen
Freunde.

INHALT

VORWORT

In dem alten Haus die Stufen hinaufzusteigen, vorbei an
den grün gestrichenen Wänden, hat etwas Magisches.
Draußen zwitschern die Vögel. Nicht mehr lange und der
Meister hätte Geburtstag gefeiert. Im oberen Stockwerk
steht sein Schreibpult so, als hätte er es gestern verlassen.
Gesammelte Manuskripte liegen im Schrank daneben.
Sein Reisebett steht noch in derselben Ecke, gegenüber
einem Bild des Mondes, dessen blasser Schimmer sich
darauf im Wasser spiegelt. Gleich daneben ist ein Gedicht über eine Mondnacht zu lesen. Ja, er könnte morgen zurückkommen. Ich bin im Gartenhaus von Johann
Wolfgang von Goethe und es ist eine Reise zurück in die
Vergangenheit, an die Seite des großen Literaten, der hier
seine Ruhe fand, um zu schreiben. Das Haus hat Goethe durch verschiedene Lebensabschnitte begleitet. Alles
hier atmet seinen Geist, noch immer. Ein wenig spielt mir
meine Imagination einen Streich, denn es ist mir, als würde ich ihn durch die Räume verfolgen; immer auf seiner
Fährte, wenn er in den Schlapfen, die er auf Tischbeins
Skizze trägt, im leichten Baumwollhemd durch die Räume spaziert. War er dort hinten? Ich widerstehe der Ver-
suchung, die Hand auszustrecken, um ihn vielleicht doch
greifen zu können. Als ich in den Garten hinaustrete und
mich nicht an den Farben der Blüten sattsehen kann,

muss ich mir eingestehen, dass ich den Dichterfürsten, dem ich schon so lange auf den Fersen bin, hier nicht mehr persönlich antreffen werde. Verzaubert flaniere ich über die kleinen Wege, ein Stück aufwärts zu einer kleinen Parkbank. Wenn ich die Augen schließe, kann ich mir Charlotte von Stein dort vorstellen – die Geliebte, die vielleicht nur im Geiste eine war und dennoch schrecklich gekränkt dem Dichterfürsten die Freundschaft kündigte, als er nach Rom aufbrach, ohne sie davon in Kenntnis zu setzen. Aber nein – sie ist nicht da. Und auch Goethe folgt mir auf dem kleinen Pfad, über den die Schmetterlinge flattern, nicht. Er bleibt ein Fluchtpunkt meiner Gedanken, seit er zum allerersten Mal in mein Leben getreten und seitdem nicht mehr daraus verschwunden ist. Es ist meine persönliche Reise zu einem Dichter, die zunächst von trockener Schullektüre überschattet war und erst reifen musste über viele Jahre wie guter Wein.

Juliane ist, wie schon am rauen Meer im Süden Englands, natürlich an meiner Seite. Diesmal zitieren wir nicht den Zauberlehrling und es ist auch kein Wettlauf unserer Erschöpfung gegen die Zeit. Wir lassen uns einfach treiben durch das Haus, das inmitten bunter Blüten in der Sommersonne liegt. Sie legt mir die Hand auf die Schulter, weil sie weiß, wie sehr ich mir wünschen würde, den Dichterfürsten hier zu finden. Sie verspricht mir ein Eis. Und dann sagt sie mir die ersten Verse des *Mailieds*, weil sie weiß, dass der Klang dieser Worte mich einfach glücklich macht. Meine Augen folgen einem Zitronenfalter, der über das kräftige Pink der Blüten in den Him-

mel aufsteigt. Wieder schließe ich die Augen. Höre den
Wind, höre die Vögel zwitschern. Höre ihre Stimme:

Wie herrlich leuchtet
Mir die Natur!
Wie glänzt die Sonne!
Wie lacht die Flur!

Es dringen Blüten
Aus jedem Zweig
Und tausend Stimmen
Aus dem Gesträuch

Und Freud' und Wonne
Aus jeder Brust.
O Erd', o Sonne!
O Glück, o Lust!

O Lieb', o Liebe!
So golden schön,
Wie Morgenwolken
Auf jenen Höhn!

Du segnest herrlich
Das frische Feld,
Im Blütendampfe
Die volle Welt.[1]

---

1 Goethe, Mailied. In: Trunz, Erich und Benno Wiese (Hrsg.):
Johann Wolfgang von Goethe. Werke. Hamburger Ausgabe in 14
Bänden (Deutscher Taschenbuch Verlag, München 2000), S. 30f.

EINLEITUNG

Dieser zweite Band ist eine Reise zurück durch die Zeit, die in Teil 1 ihren Anfang genommen hat. Warum in diese Richtung? Ich bin sicher, dass die Gedankengänge des 19. und 20. Jahrhunderts uns näherliegen als jene der Goethezeit oder ihrer Vorgänger. Nun bin ich schlicht davon ausgegangen, dass meine Leser und Leserinnen eher ein Buch in die Hand nehmen würden, das im 20. Jahrhundert angesiedelt ist, als im 11. Jahrhundert – aus reiner Annahme, dieses Zeitalter würde uns auch gedanklich und emotional näherliegen. Das mag gewiss so sein, wenn ich die Sprache bedenke. Aber ich möchte an dieser Stelle daran erinnern, wie diese Buchreihe gemeint ist: Emotionen verbinden uns mit den Menschen früherer Zeiten – auch, wenn sie sich auf den ersten Blick fremd anhören. Wir finden in Andreas Gryphius' Gedanken über die Vergänglichkeit vieles, das uns sehr nahe ist; ebenso, wie wir das Spiel um die Liebe, das die Minnesänger zur Perfektion getrieben haben, im nächsten Band sehr genau verstehen werden. Daher habe ich mit dem ersten Band im 20. Jahrhundert begonnen und schreibe rückwärts bis in die bunte, farbenprächtige Welt des Mittelalters, die euch alle mit Sicherheit ebenso faszinieren wird. In diesem zweiten Band wird das kitschige Barockzeitalter zu einem Symbol für das Übertünchen der Angst vor der eigenen Vergänglichkeit. Wir werden mit Emilia Galotti gegen die strengen gesellschaftlichen Regeln ihrer Zeit aufbegehren und mit den Räubern Schillers gegen das politische Herrschaftssystem. Wir werden dem Fall eines hinterlistigen Richters beiwohnen, werden Johann Wolfgang von Goethe nach Sessenheim und Rom begleiten, ehe wir ihm über die Schulter schauen, wenn er sein großes Drama *Faust* beendet.[2]

Hinter all diesen Gedankengängen steht eine große Verheißung, die diese Jahrhunderte prägt: die Freiheit. Es ist eine Freiheit, die erkämpft und erstritten werden muss, die den Sieger zum Besiegten machen und manchmal einen hohen Preis fordern wird. Die Stoffe der Zeit rei-

---

2 Eine kurze Bemerkung an dieser Stelle noch zum Zeithorizont: In Band 1 sind wir beinahe atemlos von Gedankengang zu Gedankengang gehetzt – so vieles ist plötzlich gleichzeitig und in einem Wimpernschlag der Geschichte passiert. Wir bewegten uns in einem Zeitraum von rund hundert Jahren. Anders wird es in diesem 2. Band sein und noch einmal anders im 3. Band, der die Literatur des Mittelalters zum Thema haben wird. In diesem 2. Band sprechen wir über einen Zeitraum von dreihundert Jahren. Manche Entwicklungen laufen hier parallel, anderes entwickelt sich über lange Zeitspannen. Das hat verschiedene Gründe. Die Überlieferung der Texte kann ein Grund sein. Ein anderer ist, dass ich die Auswahl auch dahingehend getroffen habe, dass ich Texte behandeln wollte, die heute noch mit Gewinn zu lesen sind. So manche literarische Mode war etwas speziell. Ein Leser und eine Leserin des 21. Jahrhunderts wäre befremdet bis gelangweilt. Meine Aufgabe also war es, die kleinen Juwelen zu suchen, die jede Zeit hatte und sie zu beleuchten, damit ihre Farbpracht bis ins 21. Jahrhundert strahlen kann. Der Anspruch war, wie schon im 1. Band, einen roten Faden durch die Geschichte zu legen und Motive aufzuzeigen, die bis heute gültig sind, weil sie tief in uns verankert sind: mitten in unseren Gefühlen.

chen von der Antike bis zur zeitgenössischen Gegenwart, graben alte Helden und große Mythen aus. Sie streifen die großen Themen der Menschheitsgeschichte: Liebe, Tod, Vergänglichkeit, Glaube, Schuld, Zweifel. Diesmal gehen wir, wie der Theaterdirektor in Goethes Drama *Faust* sagen würde, *vom Himmel durch die Welt zur Hölle.*[3]

Bereit für die nächste Etappe?

---

3   Aus »Prolog im Himmel«: Trunz, Goethe, Bd. 3.

KAPITEL 1: GLAUBE & WISSENSCHAFT

Wie so viele Märchen beginnt auch dieses mit »Es war einmal«. Es war einmal das dunkle Mittelalter, in dem die Menschen in Elend und Hunger lebten und die Hexenverfolgungen ihren Lauf nahmen. Dann kam das helle Licht der Neuzeit, das den Menschen Freiheit und Wohlstand gebracht, sie vom Glauben abgebracht und in den Frieden geführt hat...

Es ist ein Märchen, das nun schon sehr lange in den Köpfen der Menschen verankert ist. Nur gibt es leider einen Haken: Es ist nämlich nicht wahr. Die Bezeichnung des Mittelalters als »dunkel« ist eine Erfindung der italienischen Humanisten, um sich bewusst abzugrenzen und die Welt noch einmal durch die Schriften der Antike neu zu entdecken. Der Höhepunkt der Hexenverfolgungen wird in der Frühen Neuzeit erreicht – genau genommen im 17. Jahrhundert, als der Dreißigjährige Krieg in Europa tobt. Von Wohlstand war in den beginnenden Städten des 18. Jahrhunderts keine Rede, vom Frieden erst recht nicht. Und dann ist da noch der Glaube, der allgegenwärtig blieb, nur unter anderen Vorzeichen. Zu den wichtigsten Aufklärern zählten Priester und nein, Galileo Galilei wurde nicht umgebracht, weil er behauptete, die Erde kreise um die Sonne. Die Dinge sind viel komplexer und vielschichtiger. Manche setzen den Beginn der Neuzeit mit 1453 an, als das Heer der Osmanen die Stadt Konstantinopel eroberte, die damals die größte Kirche der Christenheit beherbergte; manche setzen ihn 1492 an, als Christoph Kolumbus am Strand der Neuen Welt vor Anker ging; manche mit dem Thesenanschlag Martin Luthers im Herbst 1517. Diese Zeit öffnet ein Spannungsfeld, das bis ins 19. Jahrhundert bestehen bleibt – in gewisser Weise sogar bis heute: das zwischen Wissenschaft und Glaube. Dieses Spannungsfeld muss auch als solches gesehen werden; manchmal hat die Wissenschaft den Glauben herausgefordert und manchmal war es umgekehrt. Dieses Tauziehen um Weltanschauungen, Gerechtigkeit, um die zentralen Fragen des Menschseins, war ein fließender Prozess und im gedanklichen Wechselspiel entstehen die interessantesten literarischen Werke. Wer sich mit dieser Literatur auseinandersetzt, überhaupt mit jener des sogenannten »Konfessionellen Zeitalters«[4], muss sich bewusst sein, dass Gott eine Konstante im Leben der Menschen war. Manchmal war er ein Fluchtpunkt im Jenseits, manchmal gegenständlich real. Lassen wir die Frage nach der Wahrheit, die unser Zeitalter so verbissen verfolgt, beiseite. Lassen wir uns darauf ein, was passiert, wenn wir die Vorzeichen ändern. Wenn Gott da ist. Der Teufel ist es auch, ganz klar. Und natürlich gibt es, in zwei Jahrhunderten, in denen praktisch ununterbrochen Krieg geführt

---

4 Als »Konfessionelles Zeitalter« wird die Zeit nach der Kirchenspaltung bezeichnet. Martin Luthers Thesenanschlag in Wittenberg wird als Anfangspunkt genommen (stellenweise aber auch erst die Mitte des 16. Jh.); meist wird das Ende des Dreißigjährigen Krieges als Endpunkt gesehen.

wird, noch einen wichtigen Player: den Tod. Am Beginn der Neuzeit treffen wir ihn auch gleich – und zwar in einem Gerichtssaal. Wir wundern uns, denn der Tod ist keineswegs der Richter. Er ist Angeklagter. Der Kläger: ein Bauer, der nicht akzeptieren will, dass ihm die Frau genommen wurde. Der Richter: Gott.

Vorhang auf.

1.1 VOM GLAUBEN

Der Ackermann steht im Gerichtssaal, sein Gesicht ist wutverzerrt. Sofort legt er los, den Übeltäter an seinem Unglück mit scharfen Worten anzuklagen:

> *Grimmiger Zerstörer aller Länder, schädlicher Verfolger aller Welt, grausamer Mörder aller Leute, Ihr Tod, Euch sei geflucht! Gott, Euer Schöpfer, hasse Euch, Unheils Auswuchs sei mit Euch, Unglück hause verheerend[5] bei Euch, gänzlich entehrt seid immer![6]*

Wir sehen sofort: Dem Ankläger ist es ernst. An seiner Seite ist kein Anwalt, sondern er beschließt für sich alleine, den Tod anzuklagen, denn irgendjemand muss es doch einmal machen. Es kann nicht angehen, dass der Tod immer bekommt, was er will. Daher wünscht er ihm alles Schlechte an den Hals – sogar, dass Gott ihn hassen

---

5   Synonym für: zerstörend
6   Tepl, Der Ackermann, S. 7; aus der zweisprachigen Ausgabe: Frühneuhochdeutsch/Neuhochdeutsch. Hier ist immer die neuhochdeutsche Übersetzung zitiert.

möge. Das ist insofern eine interessante Formulierung, als dass er damit sicherstellt, dass Gott in der Hierarchie über dem Tod steht: Er ist auch dessen Schöpfer.

Damit beginnt die Neuzeit mit einem Paukenschlag! Das Werk des Johannes von Tepl, eines böhmischen Schreibers, über dessen Biografie viel bekannt ist[7], hat einen unerhörten Inhalt: Der Tod wird von einem Sterblichen verklagt. Es ist der Urknall eines neuen Selbstbewusstseins des Menschen, dass er nicht alles hinnehmen muss, sondern gegen scheinbar Unumstößliches aufbegehren kann. Mit geschliffenen Worten entspinnen sich Rede und Gegenrede, um die essentiellen Punkte des menschlichen Daseins zu streifen: Liebe und Leid, Geburt und Tod und die Endlichkeit aller Dinge.

Das Buch hat den Aufbau eines Prozesses. In 32 Kapiteln argumentieren der Ackermann und der Tod jeweils abwechselnd, wobei sie auch die Standpunkte des anderen aufgreifen und weiterspinnen. Es ist ein Streitgespräch, in dessen Verlauf die Parteien zornig werden, gleichgültig sind, arrogant und verzweifelt. Kapitel 33 ist dem Richterspruch gewidmet: Gott erhebt das Wort, um Recht zu sprechen. An dieses Kapitel schließt das letzte an: ein Gebet des Ackermanns für seine verstorbene Frau. Aber alles der Reihe nach.

Der Tod will in seiner ersten Gegenrede, im Kapitel 4, zunächst einmal wissen, wer der Mann ist, der ihn hier so wüst beschimpft. Er reagiert ungerührt. Als der Acker-

---

7 unter anderem: Er lebte in der Stadt Saaz, die oberhalb des Flusses Eger liegt, weshalb er auf alten Ausgaben des Buches als »Johannes von Saaz« bezeichnet wird.

mann seine verstorbene Frau beschreibt, die der Tod ihm genommen hat, erinnert sich dieser:

> *Sie war ganz rechtschaffen und makellos, waren wir doch anwesend, als sie geboren wurde. Da schickte ihr Frau Ehre einen Prachtmantel und einen Ehrenkranz; die übergab ihr Frau Sälde unzerrissen und unbefleckt. Den Mantel und den Ehrenkranz brachte sie unversehrt mit sich bis in die Grube. Unser und ihr Zeuge ist der Erkenner aller Herzen. Bester Gesinnung, freundlich, treu, aufrichtig und überaus gütig war sie gegenüber allen Leuten. Wahrlich, so eine Zuverlässige und so Liebenswerte kam uns niemals in die Hände. Es sei denn diese, die Du meinst, sonst kennen wir niemand.*[8]

Die Argumentation des Todes ist klug: Erst einmal verweist er in diesem ersten Satz darauf, dass er das ursprüngliche Prinzip der Ewigkeit selbst ist, denn er war schon anwesend, als sie geboren wurde. Somit ist er Teil eines Kreislaufs, der größer ist als der Mensch. Er ist Teil eines ewigen Plans, wodurch auch mitschwingt, dass er dem Ackermann deutlich überlegen ist. Dann spricht er von Mantel und Kranz, die die Frau des Ackermanns mitbekommen hat. Mantel und Kranz können als Krönungsinsignien gesehen werden, aber der Mantel der Unschuld kann auch auf die Gottesmutter Maria verweisen. Diese beiden Geschenke hat sie mit *in die Grube* genommen, also ins Grab. Das bedeutet, dass sie ein Leben lang gut und treu war. Hier wird Gott nun das erste Mal ins

---

8 Tepl, Der Ackermann, S. 11ff.

Spiel gebracht: Als *Erkenner* wird er vom Tod als Zeuge angerufen. Der Tod lobt die verstorbene Frau über jedes Maß, was ein rhetorischer Kunstgriff ist, um dem Zorn des Ackermanns den Wind aus den Segeln zu nehmen. Der Witwer antwortet dann auch: Ja, es stimmt, das war seine Frau. Und er fährt fort, sie in höchsten Tönen zu preisen. Eine Weile geht es in ihrem Streitgespräch noch um die Ungerechtigkeit, dann sagt der Tod etwas sehr Entscheidendes:

Sag uns: als Du damals Deine gepriesene Frau nahmst, fandest Du sie brav oder machtest Du sie erst brav? Fandest du sie brav, so suche mit Verstand: Du wirst noch zahlreiche reine, brave Frauen auf Erden finden, von denen Dir eine zur Ehefrau werden mag. Hast Du sie aber brav gemacht, so freue Dich: Du bist der lebendige Meister, der noch eine brave Frau heranziehen und formen kann. Ich sage dir aber noch ein anderes: Je mehr Glück Dir zuteil wird, desto mehr Unglück widerfährt Dir.[9]

Der Tod entfacht eine philosophische Diskussion: Diese Tugenden, die der Ackermann an seiner Frau anpreist – waren sie schon immer da oder hat er sie ihr »anerzogen«? Wenn nicht, dann ist sie doch austauschbar; was also regt er sich auf? Er öffnet damit eine weitere Büchse der Pandora: Je mehr Glück man hat, desto mehr will man. Dabei verweist er auf ein Urproblem des Menschen, das uns in vielen Facetten immer wieder begegnet: Wir wollen

---

9 Tepl, Der Ackermann, S. 25.

mehr. Dieses Gefühl können wir in unserer dynamischen Gegenwart mehr als nachvollziehen. Der Ackermann reagiert wieder mit Beschimpfungen – da begreift der Tod, wo er ihn am besten zu fassen kriegen kann: indem er über unumstößliche Dinge spricht, in dessen tiefe Wahrheit ein Mensch keinen Einblick haben kann. So fährt er dann auch seine Argumentation fort mit einem weiteren großen Problemfeld des Menschen, nämlich dem Todeszeitpunkt selbst:

Am besten ist es zu sterben, wenn am besten zu leben.
Nicht gut gestorben ist, wer das Sterben ersehnt hat.
Zu lange gelebt hat, wer uns ums Ende angefleht hat.[10]

In der Blüte des Lebens, gibt der Tod zu bedenken, stirbt man am besten. Einmal will er seine Überlegenheit dem Ankläger gegenüber noch festigen, indem er am Schluss des 14. Kapitels eine endgültige Aussage bringt:

Sowenig du der Sonne ihr Licht, dem Mond seine
Kälte, dem Feuer seine Hitze, dem Wasser seine Nässe
nehmen kannst, sowenig kannst Du uns unserer Macht
berauben.[11]

Wir würden heute vielleicht sagen: Mit naturwissenschaftlicher Argumentation versucht der Tod, den Ackermann zu übertrumpfen. Er existiert ebenso unumstößlich

---

10 Tepl, Der Ackermann, S. 29.
11 Tepl, Der Ackermann, S. 29.

wie die Naturgesetze – aber der Ackermann ist vorbereitet:

Beschönigender Ausrede bedarf der Schuldige wohl. So auch Ihr. Süß und sauer, sanft und hart, freundlich tadelnd zeigt Ihr Euch gewöhnlich denen, die ihr zu betrügen hofft. Das ist an mir sichtbar geworden, wie gut Ihr Euch herauszureden versucht.[12]

Damit trifft er den Nagel auf den Kopf, denn der Tod schwankt zwischen der Verehrung für die Seele der Frau, die er mitgenommen hat und der Verachtung, ja zuweilen Arroganz, mit der er dem Ackermann begegnet. Daher ruft auch der Ackermann am Ende dieses Kapitels verzweifelt Gott als Richter an. Für ihn ist nämlich klar: An Gott hat er sich nicht versündigt, denn dieser wäre gerecht gewesen und hätte ihn selbst mitgenommen – nicht seine Frau, die nichts dafürkann. Und dann, in Kapitel 23, dreht der Ackermann den Spieß um. Er begreift, dass er mit den weisen Sprüchen des Todes über das Wesen der Ewigkeit und der Menschheit nicht mitkann. Das muss er aber auch nicht, denn er hat sich entschieden, was ihm in seinem Leben wichtig sein soll und seine Prioritäten längst geordnet:

Eure Sprüche sind nett und witzig. .... Wenn große Liebe in großen Kummer verwandelt wird, wer mag das schnell vergessen? Schlechte Leute tun das. Gute Freunde denken stets aneinander. Weite Wege, lange

---

12 Tepl, Der Ackermann, S. 31.

Jahre scheiden nicht enge Freunde. Ist mir ihr Körper auch tot, in meiner Erinnerung lebt sie mir noch immer. Herr Tod, Ihr müßt aufrichtiger raten, soll Euer Rat einen Nutzen bringen; andernfalls müßt Ihr Fledermaus wie bisher der Vögel Feindschaft ertragen.[13]

Ganz klar sagt ihm der Ackermann ins Gesicht: nette Kalendersprüche, mein Guter, aber ich nehme das alles auf mich, weil ich Mensch bin. Es ist eines der kleinen, wenig beachteten und doch größten Zeugnisse eines menschlichen Selbstbewusstseins am Anfang einer Entwicklung, die uns immer mehr in Richtung Individualismus führen wird. Der Ackermann ist sich sicher und beantwortet dem Tod die theoretische Frage, die dieser mehrere Kapitel zuvor aufgeworfen hat: Ja, ich will lieben – auch, wenn das am Ende Leid bedeutet, weil ich einen geliebten Menschen irgendwann gehen lassen muss. Wenn man zusammenhält, können Jahre und vielfältige Wege zwischen Menschen liegen; doch die Liebe bleibt bestehen. Dann verspottet der Ankläger den Tod auch noch, indem er ihm sagt: Überleg dir, wie du sprichst, wenn du bei mir Wirkung erzielen willst. Unerhört – jetzt wird er frech! Der Gipfel folgt aber am Ende, denn er bezeichnet den Tod gar als *Fledermaus*. Das muss nicht zwingend optisch, sondern kann auch metaphorisch gemeint sein. Dieser wird nie Teil der Vogelschar sein können (mit möglicherweise schönem, buntem Gefieder und immer im Schwarm fliegend).

---

13 Tepl, Der Ackermann, S. 49ff.

Jetzt platzt dem Tod der Kragen und sein Ton wird rauer. Er holt gegen nicht weniger als die ganze Menschheit aus:

Ein Menschenkind wird in Sünde empfangen, mit unreinem, unsäglichem Unrat im Mutterleib genährt, nackt geboren und ist ein beschmierter Bienenstock, ein ausgemachtes Dreckstück, ein schmutziges Triebwesen, ein Kotfaß, eine verdorbene Speise, ein Stinkhaus, ein ekliger Spülzuber, ...[14]

Diese Beschimpfung geht noch eine Weile weiter. Darin bringt der Tod zum Ausdruck, dass der Mensch ein Stück Dreck ist, auf das nur herabgeschaut werden kann. Der Ackermann lässt das natürlich nicht auf sich sitzen:

Pfui, böser Giftsack! Wie verkleinert, mißhandelt und entwürdigt Ihr den edlen Menschen, Gottes allerliebste Kreatur, womit Ihr auch die Gottheit erniedrigt![15]

Nach einer erneuten Beschimpfung bringt der Ackermann das entscheidende Argument vor: Gott hat den Menschen erschaffen und wenn dieser so ein Dreckstück wäre, hätte Gott gefehlt, was natürlich nicht sein kann. Das Schönste an dieser Entgegnung ist aber wahrschein-

---

14 Tepl, Der Ackermann, S. 51.
15 Tepl, Der Ackermann, S. 53. Im Original ist das letzte Wort *swechent*, also schwächt, was besonders gut passt, weil Gott in seiner Allmacht abgeschwächt wird – ihm wird dadurch also ein Teil genommen. Das ist fast noch schöner gesagt als erniedrigt, weil das für den allmächtigen Gott schlicht nicht gut passt.

lich das Wort *allerliebste*. Er sagt nicht, dass der Mensch auserwählt ist; auch nicht, dass er besonders schön oder wohlgeformt ist. Er argumentiert mit der Liebe Gottes zu seinem Geschöpf, für das er einen Platz in der Welt vorgesehen hat. Wenig später spricht der Ackermann dem Tod genau das vehement ab:

Wo kommt Ihr dann hin, Herr Tod? Im Himmel dürft Ihr nicht wohnen, der ist den guten Geistern vorbehalten; kein Geist seid Ihr nach Eurer Rede; wenn Ihr dann nichts mehr auf Erden zu schaffen habt und die Erde keinen Bestand mehr hat, so müßt Ihr geradewegs in die Hölle.[16]

Damit sagt er, dass der Tod nur ein Dienstleister ist, für den kein Platz vorgesehen ist. Am Ende aller Dinge wird der Tod keinen Platz haben und nirgends hinkönnen. Ja, stimmt – was ist am Tag des Jüngsten Gerichts eigentlich mit dem Tod? Wohin kommt er? Es sind essentielle Fragen, die hier von einem gebildeten und gleichwohl gläubigen Autor diskutiert werden. Aber auch dieser Prozess muss zu einem Ende kommen. Jeder Gerichtsprozess endet mit einem Urteilsspruch, der Richter ist Gott selbst. Er schließt mit einer wunderschönen Rede, die mit einem Gleichnis beginnt:

Der Frühling, der Sommer, der Herbst und der Winter, die vier Beleber und Betreiber des Jahreslaufs, die entzweiten sich in großem Streit. Jeder von ihnen rühmte

---

16 Tepl, Der Ackermann, S. 69.

*sich der guten Absicht seiner Tätigkeit und wollte der
Beste sein. Der Frühling sagte, er belebe und lasse
schwellen alle Früchte. Der Sommer sagte, er mache
reif und rund alle Früchte. Der Herbst sagte, er ernte
und bringe ein in den Stadel, die Keller wie die Häuser
alle Früchte. Der Winter sagte, er verzehre und ver-
brauche alle Früchte und vertreibe alle giftigen Wür-
mer. Sie rühmten sich und stritten heftig. Sie hatten
aber vergessen, daß sie sich einer übertragenen Herrschaft rühmten. Ebenso macht Ihr beide es. Der Kläger
beklagt seine Verlustsache, als ob er ein Erbrecht auf
sie hätte; er bedenkt nicht, daß sie von Uns verliehen
wurde. Der Tod rühmt sich gewaltiger Herrschaft, die
er doch nur von Uns zu Lehen erhalten hat.*[17]

Die Jahreszeiten halten für Gott als Metapher her, um den
Streitenden klar zu machen, dass alles, was auf der Erde
wandelt und seinen Kreislauf hat, in seiner Gnade steht.
Dies macht er besonders an der Stelle klar, wo der Sommer die Früchte »rund« macht. Im Neuhochdeutschen
steht hier »zeittig«. Dieses Wort ist eine Tautologie[18], um
zu zeigen, dass alles seine Zeit hat. Die Früchte werden
rund, wenn die Zeit gekommen ist und sterben aber ebenso wieder ab, wenn sie noch im Winter am Baum hängen.
Gott setzt den Tod dort ein, wo er gebraucht wird – ebenso wie den Ackermann. Keiner der beiden darf an dieser
Aufteilung rütteln; ebenso wenig wie jemand einfach aus

---

17 Tepl, Der Ackermann, S. 75.
18 etwas wird doppelt gesagt (= zwei Wörter, die das Gleiche meinen), um es zu betonen

seiner Rolle fallen und den Tod anzweifeln kann. Weil aber beide ihre Argumente gut vorgebracht haben, lautet sein Urteil folgendermaßen:

Darum gebühre Dir, Kläger, die Ehre, Dir Tod, der Sieg! Jeder Mensch ist verpflichtet, dem Tod das Leben, den Leib der Erde, die Seele Uns zu überantworten.[19]

Gott kann nicht aufheben, was von Natur aus so vorgesehen ist. Der Tod muss den Prozess daher formal gewinnen. Dennoch gebührt dem streitenden Menschen die Ehre, dass er seine Argumente vorgebracht hat. Fast können wir uns vorstellen, wie da der Tod in Gestalt einer übergroßen Fledermaus vor dem mächtigen Richtstuhl steht – gespannt zuhörend, aber sicher, dass er gewinnen muss. Und dann ist da der kleine Ackermann, vielleicht mit seiner Mütze in Händen, die er abgenommen hat, als er den Gerichtssaal betreten hat. Er wird den Kopf beugen, wenn Gott das Urteil verkündet. Vielleicht wird er ihn gar nicht körperlich sehen können. An diesem Punkt bin ich sicher, er weint.

Daher bleibt ihm auch nichts anderes übrig, als in Kapitel 34 ein Gebet für seine Frau zu sprechen, die hier zum ersten Mal bei ihrem Namen genannt wird – womöglich, um in der Ewigkeit sicher gefunden werden zu können: Margaretha. Es beginnt damit, dass er Gott mit verschiedenen Bezeichnungen anruft:

---

19 Tepl, Der Ackermann, S. 75.

Immerwachender Wächter aller Welt, Gott aller Götter,
Herr, wunderbarer Herr aller Herren, Allmächtiger
aller Geister, Fürst aller Fürstentümer, ...
Ewige Lampe, ewiges Dauerlicht, recht fahrender
Schiffer, Deine Kogge geht niemals unter! Banner-
führer, unter dessen Banner niemand sieglos wird,
der Hölle Gründer, des Erdkloßes Former, des Meeres
Zügler, ...[20]

Wir merken: Er geht Himmel und Erde auf und ab, um
aufzuzeigen, wo Gott überall gegenwärtig ist. Es ist me-
ditativ; vielleicht kniet er vor einer Kerze. Die anderen
beiden sind längst gegangen. Es geht nicht mehr darum,
zu streiten, sondern sich ein letztes Mal zu verabschieden
und um einen Platz für sie zu bitten:

..., empfange gnädig den Geist, empfange gütig die
Seele meiner allerliebsten Frau, die ewig Ruhe schen-
ke ihr, mit Deiner Gnaden Tau labe sie, unter dem
Schatten Deiner Flügel halte sie, nimm sie, Herr, in
die vollkommene Erfüllung, wo Erfüllung zuteil wird
den Geringsten wie den Größten. Laß sie, Herr, woher
sie gekommen ist, wohnen, in Deinem Reich bei den
ewigen, seligen Geistern.[21]

Er spricht davon, dass Gott ihre Seele empfangen und ihr
Ruhe schenken möge. Auch soll sie unter seinen Flügeln
in sein ewiges Reich eingehen. Wir sind mit jeder dieser

---

20 Tepl, Der Ackermann, S. 77ff.
21 Tepl, Der Ackermann, S. 81.

Formulierungen an die heilige Messe erinnert, besonders dort, wo es um die Erwartung geht, in das ewige Reich aufgenommen zu werden, was wir aus dem Glaubensbekenntnis und dem Vaterunser kennen. Auch schließt der Ackermann den Kreis, über den der Tod ganz zu Beginn gesprochen hat: Er spricht von dem Ort, von dem sie gekommen ist und an den sie jetzt zurückkehren kann. Es ist das Bekenntnis zu den drei Kernbereichen, die Paulus für ein erfülltes Leben, das von Liebe geprägt ist, im ersten Korintherbrief definiert: Glaube, Liebe und Hoffnung: *Jetzt schauen wir in einen Spiegel / und sehen nur rätselhafte Umrisse, / dann aber schauen wir von Angesicht zu Angesicht. Jetzt ist mein Erkennen Stückwerk, / dann aber werde ich durch und durch erkennen, / so wie ich auch durch und durch erkannt worden bin. Für jetzt bleiben Glaube, Hoffnung, Liebe, diese drei; / doch am größten unter ihnen ist die Liebe.*[22] Was wir hier zu lesen bekommen, ist die Geschichte einer großen Liebe. Der Ackermann liebte seine Frau. Sein Glaube ist tief in Gott verwurzelt, an den er sich als Richter wendet. Wie in der Bibelstelle ist der Ackermann überzeugt davon, Gott eines Tages *von Angesicht zu Angesicht* gegenüber zu treten. Es bleibt die Hoffnung, dass es für seine Frau weitergeht und er einmal mit ihr im Himmel zusammen sein wird.

So beginnt das Zeitalter mit einem funkensprühenden Streitgespräch, in dem es um alles geht – inklusive der Frage, wo der Mensch eigentlich steht. Wir betrachten einen Text, der sechshundert Jahre alt ist und haben noch

22 Die Bibel, Einheitsübersetzung, Korinther 1, 12-13.

immer keine Antwort gefunden. In der Literatur ist diese Frage unzählige Male diskutiert worden. Eine Figur, der sie über die Jahrhunderte hinweg von verschiedenen Schriftstellern immer wieder in den Mund gelegt wurde und die Tod und Teufel ganz nahegekommen ist, treffen wir als nächstes: Faust.

1.2 VON DER WISSENSCHAFT

Johann Georg Faust wurde im späten 15. Jahrhundert geboren. Er war Arzt und Alchemist, Magier, Astrologe und Wahrsager. Diese Kombination war nicht ungewöhnlich. Wer sich mit Medizin beschäftigte, beschäftigte sich auch mit Alchemie. Wer Astrologe war, war auch Magier. Insofern ist Faust ein gewöhnlicher Gelehrter, der auch in einer Handvoll zeitgenössischer Dokumente erwähnt wird. Es hat diesen Mann also tatsächlich gegeben. Das Meiste über die Biografie von Johann Faust bleibt im Dunkeln; nicht zuletzt, ob er tatsächlich einen Doktortitel erworben hat.

Heute kennen wir nur noch die Sagengestalt *Faust* aus den Dramen Johann Wolfgang von Goethes, aber als literarische Figur taucht Johann Faust schon wenige Jahre nach seinem Tod auf. Der Grund ist, dass er besonders grausam gestorben sein soll – im Jahr 1540 oder 1541 ist er bei einer Explosion in seinem Zimmer im *Hotel zum Löwen* in Staufen im Breisgau umgekommen. Als man seinen Leichnam fand, soll dieser fürchterlich entstellt gewesen sein. Für die Zeitgenossen war klar: Der Teufel hat ihn geholt. Diese Geschichte wird weitergetragen.

Im Jahr 1587 erscheint die *Historia von D. Johann Fausten* auf der Frankfurter Buchmesse und wird sofort ein Riesenerfolg. Wer der Autor ist, bleibt unbekannt, aber der Verleger Johann Spies sichert sich damit seine Existenzgrundlage – das Büchlein ist ein Bestseller. Warum? Geschichten von Menschen, die einen Pakt mit dem Teufel eingehen, gibt es zuhauf. Was hier aber anders ist: Die Sage ist an eine historische Persönlichkeit geknüpft. Faust ist nicht irgendein Mensch, der sich im Leben verirrt hat und nun mit dem Teufel einen Pakt beschließt; er ist Gelehrter. Wie der Ackermann, dem wir zuvor begegnet sind, fordert auch er Gott und Teufel heraus, weil er in seinem Erkenntnisgewinn weiter gehen will als jeder vor ihm. Für den Ackermann ist der Disput mit Gott ein zutiefst persönliches Thema, Faust hingegen nur am Erkenntnisgewinn interessiert. Gefühle irgendeiner Art sind für ihn nicht ausschlaggebend. Folgerichtig wird es genau das sein, was er (bitter) erfahren muss.

Die Geschichte spielt im 16. Jahrhundert, Schauplatz ist Wittenberg und Umgebung. Damit sind die Ereignisse eindeutig im Umfeld der Reformation verortet. Obwohl wir uns hier schon in der Neuzeit befinden, hat die Erzählung nichts an sich, was auf den Humanismus der deutschsprachigen Renaissance verweisen würde. Erzählt wird die Geschichte eines Mannes, der einen Pakt mit dem Teufel schließt und daran zugrunde gehen muss. Die Botschaft ist klar und tief in der Gedankenwelt des Mittelalters verhaftet: Wer sich von Gott abwendet, muss grausam sterben. Folgerichtig beginnt das Buch deshalb auch mit einer *Vorred an den Christlichen Leser:*

Wiewol alle Sünde in jhrer Natur verdammlich sind /
vnnd den gewissen Zorn vnd Straffe Gottes auff sich
tragen / so ist doch von wegen der vngleichen Vmbstän-
de jmmer eine Sünde grösser vnd schwerer / wirdt auch
beydes hie auff Erden vnnd am Jüngsten Tag ernst-
licher von Gott gestrafft denn die andern / Wie vnser
HERR Christus selber saget / Matth. 11. Es werde
Tyro / Sydon / vnd Sodoma am jüngsten Tag träglicher
ergehen / denn Chorazim / Bethsaida vnd Caper-
naum. Ohn allen zweiffel aber ist die Zauberey vnd
Schwartzkünstlerey die gröste vnnd schwereste Sünde
für Gott vnd für aller Welt[23]

Das Buch startet mit einer Mahnung und einer Bibelstelle. Gleich zu Beginn will der anonyme Autor klarstellen,
was er dem Publikum mitteilen möchte: Wer zaubert, ist
des Teufels. Er beginnt mit einer allgemeinen Aussage
darüber, dass es viele Sünden gibt, die alle verwerflich
sind, jede in ihrem Ausmaß. Am Jüngsten Tag[24] wird derjenige von Gott gestraft, der Sünde auf sich geladen hat.
Dann wird Christus zitiert, auf die in Großbuchstaben
geschriebene Anrede »Herr« folgt die Bibelstelle Matthäus, 11.[25] Darin verurteilt Jesus die Bewohner der Städte
Chorazin, Tyrus, Sidon und Kapernaum, weil diese sich
nicht zu ihm bekannt haben. Er vergleicht ihr Schicksal
mit jener der Stadt Sodom, die, gemeinsam mit Gomor-

---

23 Historia, S. 8.
24 gemeint ist der Tag des Jüngsten Gerichts, an dem Jesus wiederkommen und über die Menschen richten wird
25 Die Bibel, Einheitsübersetzung, Matthäus 11, 20-24; Vom Gericht über die galiläischen Städte.

rha, im Alten Testament von Gott durch einen Regen aus Feuer und Schwefel vernichtet wurde. Der Grund dafür: Die Einwohner hatten Sünde auf sich geladen.[26] Aber ganz gleich, wie schwerwiegend die Sünden in der Bibel waren – es gibt eine, die noch viel schrecklicher ist als alle anderen, nämlich Zauberei und Schwarzkünstlerei.[27] Was folgt, ist eine Geschichte, die von eben dieser größten aller Sünden erzählt.

Johann Fausten hat ein Problem, denn ihm ist langweilig. Für uns wäre das ein Grund, um eine Runde um den Block spazieren zu gehen oder die nächste Staffel Bridgerton zu binge-watchen. Faust hat allerdings etwas anderes im Sinn. Weil er alles studiert hat, wendet er sich dem zu, was man nicht studieren, sondern nur ausprobieren kann – der Zauberei. Er versucht sich auch gleich an einem Meisterstück, indem er den Teufel selbst beschwört.

Kam also zu einem dicken[28] Waldt / wie etliche auch sonst melden / der bey Wittenberg gelegen ist / der Spesser Wald[29] genandt / wie dann D. Faustus selbst hernach bekandt hat. Jn diesem Wald gegen Abend in

---

26 Die Bibel, Einheitsübersetzung, Genesis 19; auch im Koran findet sich diese Erzählung.
27 Synonym für: Alchemie
28 hier: dicht
29 der Spessart kann geografisch nicht gemeint sein, wahrscheinlicher ist der Speckwald bei Wittenberg; siehe dazu Kommentar der Kritischen Ausgabe, Historia, S. 186f.

einem vierigen Wegscheid[30] *machte er mit einem Stab*
etliche Circkel herumb / vnd neben zween / daß die
zween / so oben stunden / in grossen Circkel[31] *hinein*
giengen / Beschwure also den Teuffel in der Nacht /
zwischen 9. vnnd 10. Vhrn. Da wirdt gewißlich der
Teuffel in die Faust gelacht haben / vnd den Faustum
den Hindern haben sehen lassen / vnd gedacht: Wolan /
ich wil dir dein Hertz vnnd Muht erkühlen[32]

Den Teufel beschwört man am besten im tiefsten Wald,
wo niemand einen sehen kann. Faust begibt sich also in
ein dichtes Waldstück, wo er mit einem Stab einige Kreise
in den Boden zeichnet. So kann er den Teufel innerhalb
der Kreise zwischen neun und zehn Uhr nachts hervor-
rufen. Dieser hat aber keine Lust auf Faust und veräppelt
ihn erstmal. Die Formulierung *den Hindern sehen lassen*
kann wortwörtlich so gemeint sein oder aber bedeuten,
dass er dem Magier mit Verachtung begegnet. Der Teufel
will den guten Arzt auf die Probe stellen und ihm *Hertz*
vnnd Muht erkühlen, ihn also ernüchtern und ihm zeigen,
wer hier der Herr ist. Drei Mal muss Faust ihn heraufbeschwören bis er bleibt:

---

30 Ein »Wegscheid« ist eine Kreuzung, wo sich Hexen und Geister; siehe dazu Kommentar der Kritischen Ausgabe, Historia, S.
187.
31 Kreis
32 Historia, S. 15f.

Einmal sprang ein Liechtlin³³ in die Höhe / denn das ander hernider / biß sich enderte³⁴ vnd formierte ein Gestalt eines fewrigen Manns / dieser ging vmb den Circkel herumb ein viertheil Stund lang. Bald darauff endert sich der Teuffel vnd Geist in Gestalt eines grauwen Münchs³⁵ / kam mit Fausto zusprach / fragte / was er begerte. Darauff war D. Fausti Beger³⁶ / daß er morgen vmb 12. Vhrn³⁷ zu Nacht jhm erscheinen solt in seiner Behausung / deß sich der Teuffel ein weil wegerte. D. Faustus beschwur jhn aber bey seinem Herrn / daß er jm sein Begern solte erfüllen / vnd ins Werck setzen. Welches jm der Geist zu letzt zusagte / vnd bewilligte.³⁸

Beim dritten Versuch klappt es endlich. Wir sehen mit Faust einen Mann entstehen, der aus Feuer besteht und um den Kreis herumschleicht. Eine Weile beobachtet Faust ihn, sieht zu, wie er um den Bannkreis schreitet. Wir stellen uns die Gestalt lang und dünn vor; sie geht gebückt, vielleicht spricht sie mit sich selbst. Dann verändert sich der Teufel von einem Feuermann in einen grau gekleideten Mönch.³⁹ Als Mönch gewandet fragt der Teu-

---

33 Lichtlein
34 änderte
35 grau gekleideter Mönch
36 anderes Wort für: Wunsch
37 gemeint ist: zur zwölften Stunde, um zwölf Uhr
38 Historia, S. 17.
39 Verweist auf die Bettlerorden der Zeit; hier wird aus protestantischer Sicht vor den katholischen Bettlermönchen gewarnt, die einen vom wahren Glauben abbringen wollen; siehe dazu Kommentar der Kritischen Ausgabe, Historia, S. 187.

fel ihn, was er begehre. Faust antwortet, dass er morgen um zwölf Uhr bei ihm erscheinen soll – die Uhrzeit ist natürlich nicht zufällig gewählt: Der Teufel soll ihn zur Geisterstunde, um Mitternacht, besuchen. Darauf hat der Teufel aber keine Lust und *wegert* (weigert) sich. Erst als Faust das »Zauberwort« ausspricht, sagt er zu. Der Arzt und Magier *beschwur jhn aber bey seinem Herrn.* Das Wort *beschwören* passt hier in zweierlei Hinsicht gut: Faust hat den Teufel *beschworen,* ihn also durch Magie herbeigeholt. *Jemanden beschwören* bedeutet aber auch, jemandem etwas zu versprechen. Faust tut in diesem einen Wort beides, sodass der Teufel ihm seine Zusage gibt. Der Arzt und Magier verspricht ihm, sich auf ihn einzulassen und Gott abzuschwören. Bereits in diesem kurzen Halbsatz legt Faust seine Seele in die Hände des Teufels. Dieses Vorgehen kann auch als die pervertierte Form der christlichen Taufe gesehen werden. Der Täufling wird per Ritus in die Gemeinschaft der Christenheit aufgenommen, indem er im Namen des Vaters, des Sohnes und des Heiligen Geistes das Sakrament empfängt. Der Begriff *Sakrament* hat seinen Ursprung im lateinischen *sacramentum* (kirchenlateinisch) und *sacrare* (lateinisch). Die Bedeutung: *einer Gottheit weihen, widmen, heilig, unsterblich machen.*[40] Ein Sakrament besteht aus zwei Teilen, einer Handlung und der Aussprache einer bestimmten Wortformel. Das Wort *beschwören* bei Faust verweist demnach ebenfalls auf beide Dimensionen: Faust hat den Teufel beschworen; ihn durch das Zeichnen der Kreise physisch herbeigeholt.

---

40 Deutsches Wörterbuch DWDS; online: https://www.dwds.de/wb/Sakrament (zuletzt abgerufen am 19.03.2022)

Jetzt spricht er die Worte aus, die die Gestalt überzeugen. Anstatt wie bei der Taufe auf den Namen Gottes zu schwören, um sich auf das Heilige zu berufen, schwört Faust hier rituell mit dem Namen Gottes auf den Teufel. Das kann nicht gut gehen.

Der Teufel und Faust schließen einen Vertrag ab, der die genaue Regelung beinhaltet. Faust listet sechs Punkte auf, die er vom Teufel erwartet – darunter, dass er immer zur Verfügung stehen und ihm alles geben solle, was er begehrt. Der Teufel wiederum listet fünf Punkte auf, in denen es ihm vor allem darum geht, dass Faust das Christentum verleugnet. Im korrekt aufgesetzten Vertrag[41] wird dann auch das erste Mal der Teufel beim Namen genannt: Mephistopheles. Dr. Faust unterschreibt kraft seiner vollen geistigen Kapazität den Vertrag mit seinem Blut. Vom Tag der Unterzeichnung bleiben ihm nun 24 Jahre, dann kommt Mephistopheles, um ihn zu holen.

In den vierundzwanzig Jahren bekommt Faust alles, was er möchte. Er reist um die Welt, sogar bis hinauf in die Sterne, stellt Fragen über das Universum und die Beschaffenheit der Welt, betrinkt sich, geht mit jeder Frau ins Bett, die er begehrt und spielt den dummen Menschen in seiner Umgebung Streiche. Dieser Teil des Buches ist über weite Strecken komisch und derb. Faust ist vom Suchenden zum Findenden geworden. Es gibt da nur einen Wunsch, den er noch übrig hat: die Liebe. Aber in welche Frau könnte sich jemand, der schon alles gesehen hat, verlieben?

---

41 Historia, S. 22f.

Derhalben er Morgens seinen Geist anmanet[42] / er solte jm die Helenam darstellen / die seine Concubina[43] seyn möchte / welches auch geschahe / vnd diese Helena war ebenmässiger Gestalt / .... / mit lieblichem vnnd holdseligem Anblicken. Als nun Doct. Faustus solches sahe / hat sie jhm sein Hertz dermassen gefangen / daß er mit jhr anhube[44] zu Bulen / vnd für sein Schlaffweib bey sich behielt / die er so lieb gewann / daß er schier kein Augenblick von jr seyn konnte / Ward also in dem letzten jar Schwangers Leibs[45] von jme / gebar jm einen Son / dessen sich Faustus hefftig[46] frewete / vnd jhn Iustum Faustum nennete. Diß Kind erzehlt D. Fausto vil zukünfftige ding / so in allen Ländern solten geschehen. Als er aber hernach vmb sein Leben kame / verschwanden zugleich mit jm Mutter und Kindt.[47]

Natürlich! Die Geliebte kann keine andere sein als die Frau aller Frauen, für die der größte Krieg vom Zaun gebrochen wurde, den die antike Welt gekannt hat: Helena von Troja. Die schöne Helena war die Frau des Königs von Sparta, verliebte sich aber in Paris, den Königssohn von Troja, und floh mit ihm. Daraufhin rüstete ihr Ehemann Menelaos zum Kampf und zog, mit Verstärkung durch seinen mächtigen Bruder Agamemnon, vor die Stadt Troja, um diese nach einem zermürbenden Krieg

---

42 befehlen
43 Geliebte
44 anfangen
45 gemeint ist: sie war von ihm schwanger
46 sehr
47 Historia, S. 110.

dem Erdboden gleich zu machen. Mit dabei: Hector, der große Bruder von Paris, Achilles, der Liebling der Götter und Odysseus, der nach dem Kampf um die Stadt und seiner List mit dem Trojanischen Pferd seine ganz eigene Reise antreten musste. Helena also, die schönste Frau aller Zeiten! Diese wird seine Geliebte, hier durch das wenig schmeichelhafte Wort *Schlaffweib* definiert. Er verliebt sich in sie, denn sie *hat ihm sein Herz gefangen* und *er konnte keinen Augenblick ohne sie sein.* Was sie für ihn empfindet, bleibt offen, ist hier aber auch nicht wichtig. Helena ist eine Puppe, ein Symbol für die beste Frau, die man besitzen kann. Sie hat weder Seele, noch Persönlichkeit, was auch dadurch offenkundig wird, dass sie nach Fausts Tod mitsamt dem gemeinsamen Kind einfach verschwindet. Der Sohn, der aus dieser Verbindung entsteht, trägt den Namen *Iustum Faustum*, Justus Faust. *Justus* kommt aus dem Lateinischen und bedeutet *der Gerechte.* Es ist ein Name der Antike und ein klitzekleiner Verweis auf das Gedankengut des beginnenden Humanismus. Außerdem mag der Name auf die christliche Vorstellung der Erbsünde verweisen. Adam und Eva haben im Paradies Schuld auf sich geladen, den Apfel gegessen und sich von Gott abgewandt. Alle ihre Nachkommen, also die gesamte Menschheit, muss sich nun mit der Erbsünde herumschlagen. *Justus Faustus* könnte darauf hindeuten, dass es ein Kind frei von Sünde ist. Hingegen, und das passt sehr gut in die Thematik des nach Wissen strebenden Menschen, die immer mit dem Fauststoff verknüpft ist, ist er auch nicht wirklich ein Mensch. Wäre er einer, würde er nach Fausts Tod weiterleben. Der Tod eines Elternteils hat keinen Einfluss auf den Todeszeitpunkt des Kindes.

Die beiden sind getrennte Lebewesen. Im Fall von Faust und seinem Sohn allerdings kann der Sohn ohne den Vater nicht überleben. Statt sich eigenständig zu entwickeln, wie es jedes Kind lernen muss, bleibt er immer nur ein blasses Mini-Me des Vaters, der sich an ihm erfreut und ihm alles Wissen über die Zukunft offenbart, ihm aber keine Menschlichkeit mitgeben kann. Mit Helena und Justus will Faust die Liebe kennenlernen, aber er scheitert und mit ihm gehen auch die beiden Abziehbilder dieses großen Gefühls. Was passiert, wenn wirklich Liebe im Spiel ist, wird uns Goethe erst viel später in seinem Drama *Faust* zeigen.

Die 24 Jahre sind um. Faust bettelt und fleht, aber wer mit dem Teufel einen Vertrag gemacht hat, kommt nicht aus. Der Doktor lädt ein letztes Mal seine Studenten zu sich nach Hause ein. Beim Abendessen hält er eine Rede, die so beginnt:

Meine liebe Vertrawete vnd gantz günstige[48] Herren / Warumb ich euch beruffen[49] hab / ist diß / daß euch viel jar her an mir bewußt / was ich für ein Mann war / in vielen Künsten und Zauberey bericht / welche aber niergendt anders / dann vom Teuffel herkommen / zu welchem Teuffelischen Lust mich auch niemandt gebracht / als die böse Gesellschafft / so mit dergleichen Stücken vmbgiengen / darnach mein nichtwerdes[50] Fleisch vnd Blut / mein Halßstarriger vnd Gottloser

48 günstig kommt hier von Gunst, also in seiner (oder ihrer) Gunst stehend
49 hergerufen
50 nicht wert, d.h. unwürdig

40

Willen / vnd fliegende Teuffelische gedancken / welche
ich mir fürgesetzet / daher ich mich dem Teuffel ver-
sprechen müssen / nemlich / in 24 jaren / mein Leib
vnd Seel. Nu sind solche Jar biß auff diese Nacht zum
Ende gelauffen / vnd stehet mir das Stundtglaß[51] *vor*
den Augen / daß ich gewertig seyn muß[52] */ wann es*
außläufft / vnd er mich diese Nacht holen wirt[53]

Er richtet seine Worte an die befreundeten Studenten,
um ihnen seine Geschichte zu erzählen. Mit dieser Rede
verortet er sich zweifach im Christentum: Einerseits ist
es eine Lebensbeichte, andererseits klingt hier motivisch
das letzte Abendmahl an, bei dem Jesus seine Jünger am
letzten Tag seines Lebens zu sich lud, um sich von ihnen
zu verabschieden, Brot und Wein mit ihnen teilte und
dann seinem Schicksal entgegenging. Genau so ist diese Szene auch gemeint; ein letztes Mal lädt Dr. Faust zu
einem Abendessen, bevor er sich, im völligen Wissen, was
passieren wird (wie auch Jesus), seinem Schicksal stellt.
Er bekennt vor den Studenten, dass alles, was er geleistet hat, was sie an ihm kennen, ein Werk des Teufels ist.
Am Ende seines Lebens beichtet der Doktor, dass sein
Gottloser Wille ihn dazu gebracht hat, sich dem Teufel zu
verschreiben. Die Frist von 24 Jahren läuft heute Nacht
ab. Mephistopheles wird ihn holen kommen. Er betont
aber auch, dass sie sich keine Sorgen um ihn machen und
ruhig bleiben sollen:

---

51 die Sanduhr
52 dass ich zusehen muss
53 Historia, S. 119f.

*/ auch so jr ein Gepölter vnd Vngestümb[54] im Hauß
höret / wöllt jr drob mit nichten erschrecken / es sol euch
kein Leyd widerfahren / wöllet auch vom Bett nicht
auffstehen / vnd so jr meinen Leib tod findet / jhn zur
Erden bestatten lassen. Dann ich sterbe als ein böser
vnnd guter Christ / ein guter Christ / darumb daß
ich eine hertzliche[55] Reuwe[56] habe / vnd im Hertzen
jmmer vmb Gnade bitte / damit meine Seele errettet
möchte werden / Ein böser Christ / daß ich weiß / daß
der Teuffel den Leib[57] wil haben / vnnd ich wil jhme
den gerne lassen / er laß mir aber nur die Seele zu
frieden.[58]*

Dr. Faust bittet die Studenten, bei ihm im Haus zu bleiben. Auch hier ist eine Parallele zur biblischen Erzählung
zu finden – Jesus wird von seinen Jüngern zum Ölberg begleitet, den letzten Weg muss er aber selbst gehen. Faust
betritt das Schlafgemach alleine; die Studenten sollen
unten bleiben. Er versichert ihnen, *es sol euch kein Leyd
widerfahren,* es wird euch nichts passieren. Dann bittet er
sie noch darum, seinen Leichnam zu bestatten. Im vollen
Wissen, dass jemand, der kein Christ ist, nicht in geweihter Erde auf dem Friedhof bestattet werden kann, fügt er

---

54 Gepolter und Wirbel
55 im Herzen
56 Reue
57 alter Begriff für »Körper«, aber auch in der christlichen Philosophie als eigene Dimension im Verhältnis Körper (nur irdisch) –
Leib (verändert sich im Laufe eines Lebens; mit der Seele verbunden) – Seele gedacht
58 Historia, S. 121.

noch hinzu, er sei beides: ein guter und ein böser Christ.
Ein guter Christ, weil er bereut, was er getan hat. Hier
bringt er einen zentralen Begriff aus der Lehre Luthers
ins Spiel, nämlich die Gnade. Den Grundsatz der lutheri-
schen Reformationslehre bilden drei Begriffe: *sola fide, sola
gratia, sola scriptura* – nur durch den Glauben, nur durch
die Gnade, nur durch die Schrift. Dies ist die Antwort
der Reformation auf die Frage, wie man zu Gott finden
kann. Sie ist Ausdruck einer theologischen Gegenposition
zur katholischen Kirche des 16. Jahrhunderts. Alleine der
tief empfundene Glaube und die Berufung auf die Schrift
können den Menschen den Weg zu Gott weisen. Es ist
kein Priester nötig, um ihnen zu erklären, was in der Bibel steht. Diese Kritik ist vor allem eine am niedrigen
Bildungsstand der meisten Kleriker der Zeit. Kritik am
Ablasshandel formuliert das Prinzip *sola gratia*. Der Ablasshandel hat verschiedene Ausprägungen – im Wesent-
lichen geht es darum, sich oder einen geliebten Menschen
durch Geldzahlungen aus dem Fegefeuer[59] frei zu kaufen.
Dieser Handel machte den Papst in Rom zu einem reichen
Mann. Nicht zu vergessen ist hier, dass die Renaissance in
Italien längst begonnen hat. Nach dem Humanisten auf
dem Papstthron, Papst Pius II. (Aenea Silvio Piccolomini,
Mitte des 15. Jahrhunderts) und dem machtgierigen Papst
Alexander VI. (Rodrigo Borgia, Ende des 15. Jahrhunderts) beginnt mit Papst Julius II. (Giuliano della Rovere,
Anfang 16. Jahrhundert) die Generation der Kriegerpäps-
te, die sich mehr als Renaissancefürsten wahrnehmen und
weniger als spirituelle Führer der Gläubigen. Um Gebiete

---

59 im christlichen Verständnis der Zeit ein Teil der Hölle

zu erobern und Kriege zu führen, brauchen sie vor allem eines: Geld. Da kommt ihnen das Prinzip des Ablasshandels natürlich gerade recht.[60] Martin Luther aber sagt, nachdem er bei einer Romreise den Schock seines Lebens über die Zustände der Ewigen Stadt und des Papsttums bekommen hat, dass nur die Gnade Gottes den Menschen retten kann. Diese ist seinem theologischen Modell nach immer gewährleistet, deshalb ist die Beichte im Protestantismus kein Sakrament. Dr. Faustus beruft sich auf dieses Verständnis; Gott wird ihm demnach Gnade gewähren, denn der Mensch steht grundsätzlich in der Gnade Gottes. Außerdem kann der Allmächtige in seine Seele blicken und weiß, dass Faust tief bereut, was er getan hat. Er setzt also seine Hoffnung darauf, dass er von Gott erlöst wird – der Teufel soll seinen Leib bekommen, nicht aber seine Seele. So sehr aber die Hoffnung auf Erlösung besteht, das Ende wird blutig:

Es geschahe aber zwischen zwölff vnd ein Vhr in der Nacht / daß gegen dem Hauß her ein grosser vngestümer[61] Wind gienge / so das Hauß an allen orten vmbgabe / als ob es alles zu grunde gehen / vnnd das Hauß zu Boden reissen wolte[62]

Der Tod kommt natürlich zur Geisterstunde, also um Mitternacht. Ein Sturm zieht auf, der gegen das Haus poltert und es ist, als würde es sofort einstürzen.

---

60 Den Ablasshandel gibt es natürlich schon viel länger; unter anderem wurden damit auch die Kreuzzüge im Mittelalter finanziert.
61 nicht zu bändigen, sehr stark
62 Historia, S. 122.

/ darob die Studenten vermeynten zu verzagen /
sprangen auß dem Bett / vnd huben an einander zu
trösten / wolten auß der Kammer nicht / Der Wiert
lieff auß seinem in ein ander Hauß. Die Studenten
lagen nahendt bey der Stuben / da D. Faust jnnen
war /[63]

Die Studenten, denen Faust versprochen hat, dass ihnen
nichts geschehen wird, springen vor Schreck aus dem Bett.
Wir stellen uns mit ihnen zusammen und versuchen, sie
zu beruhigen. Eigentlich sind wir gar nicht da und wissen
ja auch, dass dies nur ein Buch ist. Aber ganz so sicher
sind wir dann doch nicht, als der Wirt laut schreiend an
uns vorbeiläuft. So viel Platz ist in dem Raum nicht, sodass wir alle nahe bei der Türe stehen, die zu Dr. Fausts
Zimmer führt. Während wir einander umarmt halten,
hören wir ein schreckliches Geräusch:

sie hörten ein greuwliches[64] *Pfeiffen vnnd Zischen / als*
ob das Hauß voller Schlangen / Natern[65] *vnnd anderer*
schädlicher Würme were / in dem gehet D. Fausti thür
uff in der Stuben[66] */ der hub an vmb Hülff vnnd Mor-*
dio zu schreyen[67] */ aber kaum mit halber Stimm / bald*
hernach hört man jn nicht mehr.[68]

---

63 Historia, S. 122.
64 grauenhaft
65 Nattern (eine Schlangenart)
66 das Zimmer
67 heute: Zeter und Mordio schreien; sich die Seele aus dem Leib
schreien
68 Historia, S. 122.

Ein furchtbares Pfeifen und Zischen erfüllt unsere Ohren, als ob das Haus voller Schlangen wäre. Die Schlange, das Urzeichen der Sünde, ist zurückgekommen, um seinen Tribut einzufordern. Es sind alle Arten von Schlangen, die hier eingedrungen zu sein scheinen. Kurz schwingt die Türe zum Schlafzimmer auf. Wir schließen die Augen, weil wir nicht wissen wollen, was sich dahinter verbirgt. Wir hören Faust schreien und um sein Leben flehen. Irgendwann wird das Schreien schwächer (*mit halber Stimm*), dann hört es auf. Ist es vorbei? Als die Sonne zaghaft zum Fenster hineinscheint, wagen wir wieder, die Augen zu öffnen:

Als es nun Tag ward / vnd die Studenten die gantze Nacht nicht geschlaffen hatten / sind sie in die Stuben gegangen / darinnen D. Faustus gewesen war / sie sahen aber keinen Faustum mehr / vnd nichts / dann die Stuben voller Bluts gesprützet[69] / Das Hirn klebte an der Wandt[70] / weil jn der Teuffel von einer Wandt zur andern geschlagen hatte. Es lagen auch seine Augen vnd etliche Zäen allda / ein greulich vnd erschrecklich[71] Spectackel[72]. Da huben die Studenten an jn zubeklagen vnd zubeweynen / vnd suchten jn allenthalben[73] / Letztlich aber funden sie seinen Leib heraussen bey

---

69 gespritzt
70 Wand
71 erschreckend
72 Szenerie, Anblick
73 überall

dem Mist[74] *ligen / welcher greuwlich anzusehen war /*
dann jhme der Kopff vnnd alle Glieder schlotterten.[75]

Wir erheben uns, wobei wir uns gegenseitig stützen. Blass sehen wir in die Augen der anderen, die von dunklen Ringen umgeben sind. Vielleicht haben wir ja alles nur geträumt? Langsam nähern wir uns dem Zimmer und werfen einen Blick hinein: kein Dr. Faust, dafür eine Szenerie aus einem Splatter-Movie – die Wände des Zimmers sind blutbespritzt, Teile des Hirns kleben darin. Es sieht so aus, als hätte der Teufel den Körper unseres Professors von einer Wand zur anderen geschlagen. Auf dem Boden verteilt: Zähne und Augen. Manche von uns müssen sich übergeben, andere schreien auf und beklagen das Schicksal des Toten, ehe sie ihn suchen gehen. Der Körper des Mannes, der immer noch mehr wissen wollte und dafür alles gegeben hat, liegt auf dem Mist, im Kuhdung. Das, was davon noch übriggeblieben ist, bewegt sich gespenstisch. Sein Pakt mit dem Teufel hat ihm selbst die ewige Ruhe, den letzten Wunsch für einen Toten, versagt.

Faust hat seine gerechte Strafe erhalten. Wer den Pakt mit dem Teufel eingeht, kann nicht gerettet werden. Es ist das Fazit aus einer Zeit, die zum ersten Mal in das Spannungsfeld zwischen Wissenschaft und Glaube gerät, weil diese beiden Sphären sich zu trennen beginnen. Faust ist zu Beginn schlicht neugierig. Diese Neugierde kann Gott nicht stillen, sondern nur sein Gegenprinzip, der Teufel. Diese Prämisse ist neu, denn im Mittelalter

---

74 hier: Dung, Dreck
75 Historia, S. 122f.

hatte die Neugierde, die die Menschen (vor allem auch Männer und Frauen der Kirche!) dazu bewogen hat, Dinge zu hinterfragen, noch sehr viel mit dem Glauben zu tun. Der Gedankengang war einfach: Gott hat die Erde erschaffen und alles, was darauf lebt und wirkt. Wenn ich nun Gott nahe sein möchte, muss ich ihn in der Schöpfung suchen. Anders gesagt: Wenn ich verstehe, wie eine Pflanze wächst, bringt mich dieses Wissen Gott näher. Erst später trennen sich die Prinzipien, sich Wissen über die Welt anzueignen und an Gott zu glauben. Faust ist ein Charakter, der für diese Trennung symbolisch geworden ist. Er repräsentiert den frei denkenden Menschen nicht nur in seiner Funktion als Forscher, sondern auch als Anhänger der Reformation. Dort ist er frei von dogmatischen Vorschreibungen der katholischen Kirche. Somit ist diese Figur wie keine andere eine, die für eine Zeitenwende steht. An der Schwelle vom Mittelalter zur Neuzeit steht ein Faust, der forscht und zweifelt – und die Liebe noch nicht finden darf.

Dieses Büchlein des 16. Jahrhunderts ist ein Rohdiamant: ein aufregendes, unausgewogenes Sammelsurium und ein bunter Stilmix der Traditionen der zeitgenössischen Predigten, der Jesuitendramen der Gegenreformation[76] und

---

76 Das Jesuitendrama ist eine eigene Gattung von Drama, das in Schulen aufgeführt wurde, um das Publikum moralisch zu bilden. Es diente vor allem dazu, die Glaubenssätze Reformation zu widerlegen. Der Kampf um die »richtige« Konfession wurde im 15. und 16. Jahrhundert vor allem auf den Bühnen (auch auf den Wanderbühnen) ausgetragen. Der Aufbau der Stücke ist immer derselbe: die Hauptfigur ist entweder ein Heiliger oder eine Heilige oder ein

des Schelmenromans[77]. Diese literarischen Gattungen werden im kommenden Jahrhundert sowohl ihre Höhepunkte als auch ihren Untergang erleben. Die Figur des Dr. Faust wird aber indes weiterleben – bei Christopher Marlowe im elisabethanischen England und bei Gotthold Ephraim Lessing in der deutschen Aufklärung taucht sie beispielsweise auf und hält stets die Essenz der Fragen des Zeitalters bereit: Gelehrsamkeit und Hybris, verbotene Wünsche und die Suche nach Erfüllung, das Spannungsfeld zwischen Gott und Mensch.

Mensch, der moralisch einen falschen Weg eingeschlagen hat und im Laufe der Handlung bekehrt wird.
77 Schelm: Bezeichnung für Narr oder Clown; jemand, der Unsinn macht.

KAPITEL 2: SINN & UNSINN

Weite Teile Europas stehen in Brand. Im Jahr 1618 beginnt ein Krieg, der den Kontinent dreißig Jahre lang in Atem halten wird. Offiziell ist es ein Religionskrieg, aber wer tiefer blickt, weiß: es geht wie immer um sehr viel Macht. Unter dem Begriff *30-jähriger Krieg* werden mehrere Kriegshandlungen gefasst, in denen es um konfessionelle Streitigkeiten geht. Wir erinnern uns: Martin Luther schlägt im Jahr 1517 seine Thesen an der Schlosskirche zu Wittenberg an. Er ist nicht der erste, der die Machenschaften der Kirche seiner Zeit mit Sorge sieht. Er ist auch nicht der erste, der die Bibel auf Deutsch übersetzt. Aber er ist zur richtigen Zeit am richtigen Ort. Luther selbst will keine Kirchenspaltung, sondern eine Reform. Mit großen Bedenken betrachtet er die Praxis des Ablasshandels. Der Mann, der dafür verantwortlich ist, heißt Johann Tetzel und dieser wird auch sein erbittertster Gegenspieler. Mit ihrem Disput, aber auch mit seiner Unnachgiebigkeit tritt Luther eine Lawine los, die die Kirche überrollt. Eilig sammelt sich die römische Kirche zum Konzil von Trient, um das Schlimmste zu verhindern. Sie scheitert. Eine Verurteilung Luthers ist zwecklos, denn längst haben die Landesfürsten ihre große Chance gewittert: sich vom Einfluss der Kirche zu befreien. Was von außen so aussieht, als ginge es um edle Themen des Glaubens, ist in Wahrheit ein Machtspiel, in dem die einfachen Menschen gnadenlos zerrieben werden – auf beiden Seiten. Der Konfessionsstreit gipfelt hundert Jahre nach Luthers Thesenanschlag im sogenannten *30-jährigen Krieg*. In Wahrheit unterteilt sich dieser Krieg in vier Abschnitte. Noch eine Handvoll anderer Kriege steht damit im Zusammenhang und mehrmals werden, sogar von den kommandierenden Offizieren, die Seiten gewechselt, beispielsweise von Albrecht Wallenstein. Alles beginnt mit dem sogenannten *Prager Fenstersturz*. Die protestantischen[78], böhmischen Stände sind unzufrieden, ziehen zur Burg und werfen kurzerhand den Statthalter Prags samt dem Kanzleisekretär aus dem Fenster, um ihren Unmut über die Auflösung ihrer Kirchen auszudrücken. Dieser Vorfall setzt eine Reihe von Mechanismen in Gang, an deren Ende sich Europa im Krieg befindet. Städte werden zerstört, Leben ausgelöscht, ganze Landstriche entvölkert. Das (vorläufige) Ende markiert der *Westfälische Friede*. Wir kennen den Ablauf und wie jeder Krieg wird auch dieser nicht von jungen Soldaten auf dem Schlachtfeld entschieden, sondern von alten Männern an einem runden Tisch. Geändert hat sich für die Bevölkerung praktisch nichts.

Das Lebensgefühl der Menschen ist von Schrecken geprägt. Sie suchen den Sinn im Leben und im Sterben. Denn wenn ich für nichts mehr lebe, wofür lohnt es sich dann, zu sterben?

Diese Frage stellt sich auch für einen Mann, der im Jahr 1636 über das Elend des Krieges schreibt und kei-

---

78 heißt hier: evangelisch

ne Hoffnung mehr sieht: Andreas Gryphius. Er ist der Sohn eines evangelischen Pfarrers, wächst im heutigen Polen auf und ist Arzt. Gryphius ist trotz des Krieges in Europa unterwegs, besucht die Universität Leiden und doch sitzt ihm der Schrecken, der den Kontinent heimsucht, immer im Nacken:

Thränen des Vaterlandes!

Wir sind doch nunmher gantz / ja mehr denn gantz verheeret!
Der frechen Völcker Schaar[79] */ die rasende Posaun*
Das vom Blutt fette Schwerdt / die donnernde Carthaun[80] */*
Hat aller Schweiß / und Fleiß / und Vorrath auffgezehret.
Die Türme stehn in Glutt / die Kirch ist umgekehret.
Das Rathauß ligt im Grauß / die Starcken sind zerhaun /
Die Jungfern sind geschänd't / und wo wir hin nur schaun
Ist Feuer / Pest / und Tod / der Hertz und Geist durchfähret.[81]

Wie ersichtlich ist, gab es damals noch keine einheitliche Rechtschreibung. Die Sprachgesellschaften, die

---

79 die Schar, heute nicht mit doppeltem a geschrieben; meint: viele, eine große Menge an
80 bezeichnet ein altes Artillerie-Geschütz, das im 30-jährigen Krieg verwendet wurde
81 Gryphius, Gedichte, S. 7.

in dieser Zeit in Mode sind, versuchen, die deutsche Sprache in jeder Hinsicht zu vereinheitlichen und »salonfähig« zu machen. Also ihr das Derbe zu nehmen, sodass sich die Literatur auf Deutsch mit jener des Französischen und Italienischen messen kann. Die für unser Auge merkwürdig aussehenden Wörter halten uns jedoch keineswegs davon ab, einen Blick auf diese Zeilen zu werfen und tief in uns von der Hoffnungslosigkeit bewegt zu sein, die überallhin ausgegriffen hat. Gleich zu Beginn steht die Feststellung, dass alle *gantz verheeret* seien, also völlig zerstört. Das erste Wort *wir* zeigt schon: Es geht allen so; wenigstens allen, die in diesem *Vaterland* des Titels, das seine Tränen vergießt, leben. Die Posaune *rast*, das Schwert ist *fett von Blut*, die Carthaun *donnert*. Alle diese Verbkonstruktionen verweisen auf Chaos und Schrecken, denn etwas Rasendes ist zu schnell, als dass man es begreifen (und damit mit ihm fertig werden) könnte. Das *Fettsein von Blut* bedeutet, überall ist Blut in Massen und die Geschütze donnern über alles hinweg, lärmen, haben kein Ziel. *Schweiß und Fleiß* verstärken den Ausdruck, dass alle Anstrengung umsonst ist, jeder Vorrat, also an Mut, Tapferkeit, Hoffnung und wahrscheinlich auch an Essen, ist aufgebraucht. Es gibt keine Infrastruktur mehr – keine Türme, keine Kirche, kein Rathaus. Schließlich dringt der Krieg sogar in die Körper ein und nimmt den Menschen die Jungfräulichkeit, ihre Unschuld, selbst ihre Herzen und ihr Geist sind von ihm vereinnahmt. Alles steht in Flammen: die Umgebung ebenso wie das körperlich Intimste des Menschen. In der letzten Verszeile fällt dem Krieg dann auch noch das spirituell Intimste zum Opfer:

Das auch der Seelen Schatz / so vilen abgezwungen.[82]

2.1 VON DER SINNLOSIGKEIT

Wir hören den Kanonendonner noch in unseren Ohren und wenden uns um, als wir eine Gestalt durch den Wald auf uns zukommen sehen. Es ist ein Mann in Soldatenuniform. Er scheint zu humpeln und dabei ein wenig zu sich selbst zu murmeln. Erst, als er uns zu sich herwinkt, folgen wir ihm zögerlich. Gestatten? Hans Jakob Christoffel von Grimmelshausen, der diesen extravaganten Namen auch gut zu nützen weiß. In seiner Literatur sind nämlich die Namen der Protagonisten meist Anagramme[83] seines eigenen Namens. Schon die Kindheit des Autors wird vom Krieg durcheinandergewirbelt, denn er muss aus seinem Geburtsort in die Festung Hanau fliehen, die von protestantischen Truppen gehalten wird. Mitten im Krieg, kurz vor seiner Heirat, tritt er zum Katholizismus über und ist damit einer von vielen, die ihre Konfession wechseln. Sein großer Roman über den Krieg heißt *Der abenteuerliche Simplicissimus.* Darin begleiten wir den Tunichtgut Simplicissimus, der in die Kriegswirren hinein-

---

82 Gryphius, Gedichte, S.7.
83 Bei einem Anagramm werden die Buchstaben des ursprünglichen Namens oder Wortes durcheinandergewürfelt, sodass sich die Reihenfolge ändert und daraus ein anderer Name entsteht.

stolpert und dem folglich die verrücktesten Dinge passieren. Am Anfang weiß er nicht einmal, wie er heißt:

EINSIEDEL.
Wie heißest du?

SIMPLICIUS.
Ich heiße Bub.

EINSIEDEL.
Ich sehe wohl, dass du kein Mägdlein bist, wie hat dir aber dein Vatter und Mutter gerufen?

SIMPLICIUS.
Ich habe keinen Vatter oder Mutter gehabt.

EINSIEDEL.
Wer hat dir dann das Hemd gegeben?

SIMPLICIUS.
Ei, mein Meuder.

EINSIEDEL.
Wie heißet dich dann dein Meuder?

SIMPLICIUS.
Sie hat mich Bub geheißen, auch Schelm, ungeschickter Dölpel, und Galgenvogel.

EINSIEDEL.
Wer ist dann deiner Mutter Mann gewest?

SIMPLICIUS.
Niemand.

EINSIEDEL.
Bei wem hat dann dein Meuder des Nachts geschlafen?

SIMPLICIUS.
Bei meinem Knan.

EINSIEDEL.
Wie hat dich dann dein Knan geheißen?

SIMPLICIUS.
Er hat mich auch Bub genennet.

...

EINSIEDEL.
Kannst du auch beten?

SIMPLICIUS.
Nein, unser Ann und mein Meuder haben als das Bett gemacht.

EINSIEDEL.
Ich frage nicht hiernach, sondern ob du das Vatterunser kannst?

SIMPLICIUS.
Ja ich.

EINSIEDEL.
Nun so sprichs dann.

SIMPLICIUS.
Unser lieber Vatter, der du bist Himmel, heiliget werde
Nam, zrkommes d'Reich, dein Will schee Himmel ad
Erden, gib uns Schuld, als wir unsern Schuldigern
geba, führ uns nicht in kein bös Versucha, sondern erlös
uns von dem Reich, und die Kraft, und die Herrlich-
keit, in Ewigkeit, Ama.

EINSIEDEL.
Bist du nie in die Kirchen gangen?

SIMPLICIUS.
Ja ich kann wacker steigen und hab als ein ganzen
Busem voll Kirschen gebrochen.

EINSIEDEL.
Ich sage nicht von Kirschen, sondern von der Kirchen.[84]

Es ist unschwer zu erkennen: Die Kommunikation ist
mühsam. Ständig reden die beiden aneinander vorbei,
obwohl ihm der Einsiedler, dem Simplicissimus begegnet, doch nur eine einfache Frage stellt. Simplicissimus
kennt seinen Namen nicht und auch nicht die Namen
der Eltern, die er im spessarter Dialekt *Knan* und *Meuder*

---

84 Grimmelshausen, Simplicissimus, S. 22f.

nennt[85]. Dann kommt die wichtigste Frage des Zeitalters: Wenn jemand schon nicht seinen eigenen Namen kennt, muss er doch wenigstens beten können, denkt der Einsiedler. Aber hier versteht Simplicissimus schon einmal das Verb falsch, weil er denkt, es bedeute, dass jemand Betten macht. Als sich der Irrtum aufklärt und der Junge nach dem Vaterunser gefragt wird, wird klar, dass er keine Ahnung hat: Einzelne Begriffe stimmen in der Reihenfolge, aber insgesamt ergibt das Gebet keinen Sinn. Der Einsiedler sieht sein Gegenüber vollends verloren. Hilflos fragt er ihn, ob er jemals in einer Kirche war. Aber auch hier gibt es ein Problem mit dem Vokabular, denn Simplicissimus versteht *Kirsche* statt *Kirche*.

Simplicissimus steht hier als dümmlicher Bub stellvertretend für viele Schicksale der Zeit, nämlich Kinder, die ihre Namen nicht kennen. Der Krieg hat ihnen ihre Eltern (und auch ihre Namen) genommen. Was die Szene so lustig macht, ist die Fehlkommunikation sowie die Tatsache, dass ein Einsiedler, der ja zu solchem wird, um seine Identität abzulegen und sich einem neuen Leben (mit einem neuen Namen) im Kloster verschreiben, dem Namen des Jungen so viel Bedeutung beimisst. Der Autor Grimmelshausen zeigt hier gleich zu Beginn, dass es um alle Namenlosen geht, die in den Krieg kommen und in ihm verschwinden und völlig bedeutungslos werden.

Was aber ist die Eigenheit eines Menschen, der keinen Namen trägt? Er kann alles werden. Und auf seiner

---

85 Die Begriffe kommen aus dem Spessart, einer Gebirgsregion zwischen Bayern und Hessen. Dort sind sie schon im Althochdeutschen (ab dem 12. Jahrhundert) bezeugt.

Weiterreise wird Simplicissimus buchstäblich auch alles: Narr, Jäger, Frauenheld, Edelmann. Das Besondere an diesen Abenteuern: Es ist alles verkehrt! Als Jäger etwa wird er in ein Nonnenkloster entsandt, um es zu bewachen. Das klingt dann aber so:

> *Das Paradeis fanden wir, wie wirs begehrten, und noch darüber; anstatt der Engel schöne Jungfrauen darinnen, welche uns mit Speis und Trank also traktierten, ...*[86]

Das Kloster hat also einen Namen, und nicht irgendeinen, sondern *Paradies*. Das klingt allerdings so überhaupt nicht klösterlich, sondern eher nach einem Bordell. Die Beschreibung geht damit weiter, dass dort Jungfrauen, Essen und Wein auf sie warten. Es entstehen Bilder im Kopf, die diese Zustände nicht in eine klösterliche Umgebung ordnen würden. Schließlich wollen Simplicissimus und seine Kumpel etwas aus dem Pfarrhaus stehlen. Lapidar meint der junge Soldat: *Ich aber ließe mein Herz bei den Knackwürsten.*[87]
Simplicissimus hetzt weiter durch die Weltgeschichte, diskutiert mit einem Pfarrer über den Glauben, häuft Geld an und verliert es wieder. Einmal kommt er unter besonders interessanten Umständen zu Einkommen. Er findet sich in Paris wieder, der Stadt der Liebe.

86 Grimmelshausen, Simplicissimus, S. 65f.
87 Grimmelshausen, Simplicissimus, S. 71.

Gleich hierauf kam Befehl, dass man mich noch vor
dem Essen baden sollte, dann bemeldtes Jungfräulein
ging ab und zu, und brachte das Badgezeug, so alles
nach Bisam und wohlrüchender[88] Seifen roche. Das
Leinengerät war vom reinesten Cammertuch und mit
teuren holländischen Spitzen besetzt; ich wollte mich
schämen und vor der Alten nicht nackend sehen lassen,
aber es half nichts, ich musste dran und mich von ihr
ausreiben lassen[89];... so war die Schlafhaub samt den
Pantoffeln mit Gold und Perlen gestickt, also dass ich
nach dem Bad dort saße zu protzen, wie der Herzkö-
nig.[90]

Er wird von einer alten Zofe gebadet und neu gekleidet.
Alles ist aus feinstem Stoff und der Begriff *Herzkönig*
nimmt schon voraus, was passieren wird. Bald gesellen
sich nämlich drei wunderschöne Frauen zu ihm. Es geht
im Folgenden heiß her:

... und sobald ich hinzukam, fiel sie mir um den Hals,
bewillkommte mich mit vielem Küssen, und bisse mir
vor hitziger Begierde schier die unter Lefzen[91] herab;
ja sie find an meinen Schlafpelz aufzuknöpfeln und
das Hemd gleichsam zu zerreißen, zog mich also zu ihr,
und stellt sich unsinniger Liebe also an, dass nicht aus-
zusagen. Sie konnte nichts anders Teutsch, als Rick zu
mir mein Herz! das Übrige gab sie sonst mit Gebärden

---

88 wohlriechend
89 gemeint ist: er musste sich waschen lassen
90 Grimmelshausen, Simplicissimus, S. 100f.
91 die Unterlippen

zu verstehen. Ich gedachte zwar heim an meine Liebste,
aber was half's, ich war leider ein Mensch, und fand
ein solche wohlproportionierte Kreatur, und zwar von
solcher Lieblichkeit, dass ich wohl ein Ploch[92] hätte sein
müssen, wenn ich keusch hätte davonkommen sollen.[93]

Die Dame verliert keine Zeit, küsst ihn und fängt sofort
an, ihn zu entkleiden. Die *unsinnige Liebe* bedeutet hier,
seine Sinne zu verlieren, sich vor Lust gar zu vergessen.
Seine Bettgefährtin hat sich sogar einen deutschen Satz
angeeignet, um ihm die wichtigsten zwei Punkte klar
machen zu können. Erstens: Er solle zu ihr rücken. Zweitens: Er ist der Herzkönig, als der er vorher gekleidet
wurde. Alles andere muss offenbar nicht näher besprochen werden, sondern ergibt sich aus der Situation. Simplicissimus, der zwar etwas überfordert, aber auch angetan
von der stürmischen französischen Geliebten ist, versucht
erst gar nicht, sich zu rechtfertigen – er ist eben auch nur
ein Mann. Die verkehrte Welt offenbart sich aufs Neue,
als er abreist:

Nach geendigter Zeit der acht Tag setzt man mich
im Hof, mit verbundenen Augen, in eine zugemachte
Gutsche zu meiner Alten, die mir unterwegs die Augen

---

92 kommt von Stock und meint hier: stockdumm sein; also er
müsste schon ein Narr sein, um nicht auf dieses Angebot einzugehen; Nachweis: Deutsches Wörterbuch von Jacob Grimm und
Wilhelm Grimm, Erstbearbeitung (1854–1960), digitalisierte
Version im Digitalen Wörterbuch der deutschen Sprache, <https://
www.dwds.de/wb/dwb/ploch>, zuletzt abgerufen am 12.01.2022.
93 Grimmelshausen, Simplicissimus, S. 102.

wieder aufbande, und führte mich in meines Herrn
Hof; alsdann führ die Gutsche wieder schnell hinweg.
Meine Verehrung war 200 Pistolet, ...[94]

Aha! Simplicissmus ist also eigentlich von den Damen
entführt worden, um ihn für ihre Zwecke zu gebrauchen.
Dafür erhält er am Ende des Abenteuers auch Geld. Die
Rollen sind vertauscht: Es ist nicht er, der in ein Bordell
geht, sich eine Frau herrichten lässt und dann bezahlt,
sondern vielmehr wird er selbst abgeholt, hübsch gemacht
und dann von den Frauen für seine Dienste entlohnt. Auf
seine verwirrte Nachfrage, ob er Trinkgeld dalassen solle,
reagiert die alte Botin genervt. All diese heiteren Szenen
passen letztlich zum Bild des Krieges, denn jede Üppig-
keit, alle Kleidung des Herzkönigs, muss vergehen, um
der Realität wieder Platz zu machen. Der Luxus ist nur
eine Fassade, die jeden Moment bröckeln und die Schrecken des Krieges wieder zum Vorschein bringen kann.
Im Krieg scheint alles wie unter einem Brennglas – das
Gegenstück zu extremem Schrecken ist extremer Luxus.
Unterschwellig ist immer die Angst da, dass alles morgen
vorbei sein könnte, also weshalb sich nicht heute vergnü-
gen?

Am Ende jedenfalls darf Simplicissmus dann doch
noch seinen Namen erfahren. Er trifft auf seinen alten
Knan, der ihm offenbart, gar nicht sein richtiger Vater zu
sein: Sein Name ist Melchior Sternfelß von Fuchsheim.
Und ja, natürlich ist auch das ein Anagramm von Hans
Jakob Christoffel von Grimmelshausen. Aber auch, wenn

---

94 Grimmelshausen, Simplicissimus, S. 103.

Simplicissimus dadurch in gewisser Weise seinen Platz in der Welt gefunden hat, steht sein Entschluss fest: Er will Einsiedler werden, weil er keinen Sinn mehr im Leben sieht. Damit kehren wir mit ihm zurück an den Anfang, als er noch ein namenloser Junge war und zu der Figur des Einsiedlers, der ihm die ersten Fragen nach seinem Platz in der Welt gestellt hat. Mit einer langen, diesmal ernsten Rede verabschiedet sich der Protagonist von nichts weniger als der Welt selbst.

Adjeu Welt, dann auf dich ist nicht zu trauen, noch von dir nichts zu hoffen, in deinem Haus ist das Vergangene schon verschwunden, das Gegenwärtige verschwindet uns unter den Händen, das Zukünftige hat nie angefangen, das Allerbeständigste fällt, das Allerstärkste zerbricht, und das Allerewigste nimmt ein End; also, dass du ein Toter bist unter den Toten, und in hundert Jahren lässt du uns nicht eine Stund leben. Adjeu Welt, denn du nimmst uns gefangen, und lässt uns nicht wieder ledig, du bindest uns, und lösest uns nicht wieder auf; du betrübest und tröstest nit, du raubest, und gibest nichts wieder, ...[95]

Jeder Absatz seiner Rede beginnt mit einem *Adjeu Welt*, mit dem sich Simplicissimus von allem Irdischen lossagt, aber auch seine Enttäuschung darüber ausdrückt, dass nichts in seinem Leben Sinn ergeben hat. Er hat keine Hoffnung mehr. Die Vergangenheit kommt nie mehr wieder, dem Gegenwärtigen kann man nur beim Sterben

---

95 Grimmelshausen, Simplicissimus, S. 143.

zusehen und das Zukünftige wird es nicht geben, weil es keine Hoffnung gibt. Nicht einmal das *Allerewigste* ist ewig, sondern muss zu Ende gehen. Er spricht von sich selbst nicht von einem Lebenden, sondern bereits von einem Toten. Die Welt nimmt ihn gefangen; man könnte fast denken, sie würde ihn versklaven. Damit reflektiert er eine theologische und philosophische Fragestellung, die bis in unsere heutige Zeit andauert: Warum bin ich hier? Ich habe es mir nicht ausgesucht, am Leben zu sein. Es ist ein Leben, das für Simplicissimus nichts mehr bereithält. Die lustigen Abenteuer sind vorüber. Von ihnen ist nichts geblieben.

2.2 VON DER VERGÄNGLICHKEIT

Auch Andreas Gryphius verabschiedet sich in einer seiner Oden von der Welt:

Verleugnung der Welt

Was frag ich nach der Welt! sie wird in Flammen stehn:
Was acht ich reiche Pracht: der Tod reißt alles hin!
Was hilfft die Wissenschafft / der mehr denn falsche Dunst:
Der Libe Zauberwerck ist tolle Phantasie:
Die Wollust ist fürwahr nichts als ein schneller Traum;
Die Schönheit ist wie Schnee' / diß Leben ist der Tod.[96]

---

96 Gryphius, Gedichte, S. 96.

Es ist fast, als würde er zu Simplicissimus sprechen, wie sie bei einem Glas Wein beisammensitzen. Sie würden an einem zerkratzten Holztisch einander gegenüberkauern, die Lippen schon etwas schwer vom Alkohol. Beide würden ihrer Enttäuschung über die Welt Ausdruck verleihen. Die Welt, da wären sie sich sicher, wird in jedem Fall untergehen und mit ihr alles, woran sie glauben: die Pracht, die vermeintlich fortschrittliche Wissenschaft, die alles erklären kann und doch immer wieder an ihre Grenzen stößt. Nicht einmal der Liebe können sie trauen, denn diese ist nur Illusion, als Wollust getarnt und schnell vorüber. Wie Schnee schmilzt sie einfach davon. Die wahre Meisterschaft von Andreas Gryphius offenbart sich aber in einer anderen Ode.

Vanitas! Vanitatum Vanitas!

1 Die Herrlikeit der Erden
Muß Rauch und Aschen werden /
Kein Fels / kein Aertz[97] kan stehn.
Diß was uns kan ergetzen[98] /
Was wir für ewig schützen /
Wird als ein leichter Traum vergehn.[99]

Vanitas ist Latein und bedeutet *Vergänglichkeit*. Auch diesem Gedicht liegt der gleiche Gedankengang zugrunde. Was es aber so großartig macht, ist, dass sich die sonst

---

97 Eisenerz
98 begeistern
99 Gryphius, Gedichte, S. 92.

so langen Verszeilen des Zeitalters auf ganz kurze Verse gleichsam verdichten. Das Reimschema ist hier a/a/b/c/ c/b. Es ist geordnet, aber gleichzeitig intensiv. Die Botschaft ist klar: Alles, was wir für unsterblich halten, ist nur ein *leichter Traum*. Es ist aber nicht bloß eine theoretische Abhandlung, sondern spricht uns direkt an:

2 Was sind doch alle Sachen /
Die uns ein Hertze machen /
Als schlechte Nichtikeit?
Was ist des Menschen Leben /
Der immer umb muß schweben;
Als eine Phantasie der Zeit?[100]

Lassen wir uns auf dieses Bild ein: Alle Dinge, die uns am Herzen liegen, existieren überhaupt nicht, denn in der Gegenwart ist die Vergänglichkeit bereits angelegt. Unsere Leben, sagt er hier, sind eine *Phantasie der Zeit*. Damit spielt er mit einem Phänomen, das wir tagtäglich wahrnehmen und doch nicht begreifen können. Denn was ist schon Zeit? Was, wenn er recht hat und unsere Leben eben nur eine Phantasie der Zeit sind? Der Mensch will sorgenfrei sein, aber er kann nicht wirklich zur Blüte kommen.

9 So wachsen wir auff Erden
Und hoffen groß zu werden /
Und Schmertz- und Sorgen frey:
Doch eh wir zugenommen /

---

100 Gryphius, Gedichte, S. 92.

Und recht zur Blüte kommen /
Bricht uns des Todes Sturm entzwey.[101]

Er zeichnet das Bild einer Blüte, die erst aufgehen soll und dann plötzlich von einem Sturm hinweggerissen wird. Blumen stehen in der Literatur der Zeit immer für das pralle Leben, das jedoch morgen schon wieder verwelkt sein kann – der Tod lauert überall. Betrachten wir das Gemälde *Stillleben mit Blumenvase und Totenkopf* von Adriaen van Utrecht aus dem Jahr 1642[102]. Es ist ein Stillleben, also sind darauf keine Personen abgebildet, dennoch geht es um das Menschenleben. Die Blumen, die ganz links dominierend sind, scheinen in ihrer Blüte zu stehen. Aber je weiter wir den Blick nach rechts wandern lassen, desto mehr wird uns bewusst: Lebendig ist hier nichts. Es fällt der Totenkopf ins Auge, dann die Uhr in der Mitte vorne und, fast verdeckt hinter der Muschel, die Sanduhr. Alle drei sind Symbole dafür, dass die Zeit abläuft. Eben noch, könnte man denken, war die goldene Schale gefüllt. Erst vor kurzem hat jemand ein Fest veranstaltet, für das er die zerbrechlichen Gläser verwendet hat, die sich nur ganz leicht vor dem Hintergrund abheben. Sie sind ein Symbol für die Zerbrechlichkeit des Lebens. Die Münzen und die Perlen verweisen darauf, dass kein Reichtum auf die letzte Reise mitgenommen werden kann. Alle Gläser sind leer getrunken. Unser Blick wandert zurück zum Blumenstrauß. Duften die Rosen denn tatsächlich noch? Oder sind sie nicht schon langsam dabei

---

101 Gryphius, Gedichte, S. 93.
102 Abbildung 1, S. 385.

67

zu verblühen? Was also hilft, um nicht zu verzweifeln? Es gibt nur einen Ausweg, ist sich Gryphius sicher: den Glauben.

14 Verlache Welt und Ehre /
Furcht / Hoffen / Gunst und Lehre /
Und fleuch[103] den HErren an.
Der immer König bleibet:
Den keine Zeit vertreibet:
Der einig ewig machen kan.

15 Wol dem der auff ihn trauet!
Er hat recht fest gebauet /
Und ob er hir[104] gleich fällt:
Wird er doch dort[105] bestehen /
Und nimmermehr vergehen
Weil ihn die Stärke selbst erhält.[106]

Die irdischen Dinge bedeuten nichts. Haben wir aber Vertrauen in Gott, kann uns nichts geschehen. Wenn das Diesseits keine Hoffnung mehr bietet, so gibt es noch die Hoffnung auf das Leben danach. Auf dieser Welt ist nichts für immer, in der nächsten aber alles. Gryphius beschwört hier das Bild herauf, das wir aus der ersten Strophe von Franz Schuberts *Heilig, heilig, heilig*[107] kennen:

---

103 flehen
104 gemeint ist: auf der Erde
105 gemeint ist: im nächsten Leben
106 Gryphius, Gedichte, S. 94.
107 Johann Philipp Neumann (1774-1849) hat den Text verfasst, Franz Schubert (1797-1828) hat ihn vertont.

Heilig, heilig, heilig,
heilig ist der Herr!
Heilig, heilig, heilig,
heilig ist nur Er!
Er, der nie begonnen,
Er, der immer war,
ewig ist und waltet, sein wird immerdar.[108]

Gott kennt keinen Anfang und kein Ende; er hat nie begonnen, war immer da und wird immer hier sein. Genau in dieser Reihenfolge schreibt ihm auch Gryphius diese Eigenschaften zu. In Versblock 15 ist davon die Rede, dass man *fest bauen* sollte. Dieser Ausdruck bezieht sich nicht nur auf die Tatsache, dass man Sicherheit hat, sondern auf eine Bibelstelle, die sich in Matthäus 16,18 findet, als Jesus verkündet: *Ich aber sage dir: Du bist Petrus und auf diesen Felsen werde ich meine Kirche bauen und die Pforten der Unterwelt werden sie nicht überwältigen.*[109] Der Name *Petrus* kommt vom Lateinischen *petra*, was *Stein* bedeutet. Jesus bezeichnet hier also nicht etwa einen Ort, der geografisch fassbar ist, sondern er setzt sein Vertrauen in einen Menschen. Dieses Vertrauen, das Jesus in die Menschen setzt, ist ein zentraler Punkt der christlichen Theologie. Gryphius fordert den Menschen hier auf, sein Vertrauen auch in Gott zu setzen, der in der letzten Verszeile *die Stärke selbst* ist. Wir haben also die Antwort dieser Zeit gefunden: Das Leben erlangt dadurch Bedeutung,

---

108 https://www.liederindex.de/songs/4690 (zuletzt abgerufen am 12.01.2022).
109 Die Bibel, Einheitsübersetzung, Matthäus 16, 18.

dass man es zu Gott hin ausrichtet. Das bedeutet keinesfalls, dass man nicht in der Gegenwart leben sollte und bezeichnet auch nicht das, was wir so umgangssprachlich »auf das Jenseits ausgerichtet sein« nennen. Es ist vielmehr die Hoffnung, dass etwas gut wird und dass am Ende alles Sinn ergibt – es ist die Hoffnung einer Zeit, die den Tod besser kennt als das Leben.

Ein letztes Mal sieht sie das Schloss auf dem Felsen thronen. Dann wendet sich Catharina Regina von Greiffenbach um und macht sich auf den Weg nach Nürnberg. Was sie zu diesem Zeitpunkt nicht weiß: Sie wird ihr Zuhause niemals wiedersehen. Die protestantische Familie hat ihren gesamten Besitz verloren und ist verarmt. Catharina wird früh Halbwaise, als der Vater stirbt. Die Vormundschaft übernimmt der Halbbruder ihres Vaters, der sie später auch zu einer Heirat zwingt. Trotzdem geht es ihr besser als vielen anderen, denn sie darf auf Reisen gehen sowie Sprachen erlernen und wird so zu einer der wichtigsten österreichischen Dichterinnen ihrer Zeit. Als sie in Nürnberg lebt, entwickelt sich eine enge Freundschaft zum Gelehrten Jakob Böhme, der sie als Protegé annimmt und ihr hilft, sich in der Kunstwelt zu etablieren. Eines ihrer schönsten Gedichte beschreibt das Leben als eine Reise. Machen wir uns mit ihr auf den Weg...

Auf meinen bestürmeten Lebens-Lauff

Wie sehr der Wirbelstrom so vieler Angst und plagen
mich drähet um und um / so bistu doch mein Hort /
mein mittel punct / in dem mein Zirkel fort und fort

mein Geist halb hafften bleibt vom sturm unausge-
schlagen.

Der *Wirbelstrom* steht hier für die Unstetigkeit des Lebens. Ein *Strom* ist mit Wasser verbunden, sie befindet
sich also auf See. Ein *Hort* ist ein Zufluchtsort. Irgendjemand, und wir ahnen schon wer, ist der sichere Ort, an
den sie gelangen wird. Er ist ihr Mittelpunkt und stellt
sicher, dass ihr Geist unversehrt ankommt.

Mein Zünglein stehet stät / von Wellen fort getragen /
auf meinen Stern gericht. Mein Herz und Aug' ist
dort /
es wartet schon auf mich am Ruhe-vollen Port:
dieweil muß ich mich keck in weh und See hinwagen.

Das *Zünglein* ist hier ein kleines Licht. Mit den *Wellen* sind
wir sicher: Sie ist auf dem Wasser. Der *Stern* ist ihr Leit-
motiv, an das sie sich klammert, wenn sie Angst hat, die
Richtung zu verlieren. Bis sie in den *Port*, also den *Hafen*,
einlaufen kann, muss sie mutig (*keck*) bleiben. Genau dieses Bild widerspricht der Auffassung, die erschreckend oft
zu hören ist, dass tiefgläubige Menschen sich nur zurück-
lehnen und alles von Gott machen lassen würden. Denn
Gott verlangt, das sehen wir hier bei Catharina, auch Mut
und Gestaltungswillen, ehe er jemanden errettet. Es ist
eine Spiritualität, die auf den Einzelnen ausgelegt ist –
natürlich, das muss sie sein, weil die individuellen Kriegs-
erfahrungen so vielfältig und so tiefgreifend sind. Die
dogmatische Ausarbeitung wichtiger Streitfragen rund
um die Konfessionalisierung ist ein Elitenprogramm; mit

der alltäglichen Spiritualität der einfachen Menschen hat das nichts zu tun. Und diese einfachen Menschen haben auch ihre Zweifel, wie wir im letzten Versblock erfahren:

offt will der Muht / der Mast / zu tausend trümmern springen.
Bald thun die Ruder-Knecht / die sinnen / keinen Zug.
Bald kan ich keinen Wind in glaubens-Segel bringen.

jetz hab ich / meine Uhr zu richten / keinen fug.
Dann wollen mich die Wind auf andre zufahrt dringen,
bring' an den Hafen mich / mein GOtt / es ist genug![110]

Auch sie zweifelt und der Mast ihres Schiffes, der das Segel sicher halten soll, droht zu zerspringen. Ihre Sinne bezeichnet sie dabei als *Ruderknechte*, die ihr helfen, über das Meer der Welt zu navigieren. Ein wunderschönes Bild, das zeigt, dass Geist und Sinnlichkeit keineswegs als Gegenteile gedacht sind. Manchmal kann sie keinen *Wind in Glaubenssegel* bringen, weil ihr der Glaube verloren geht. Dann fährt das Schiff nicht weiter. Sie richtet ihre Uhr, also das, was ihre Lebenszeit bemisst. Das Wort *Fug* kommt aus dem Mittelhochdeutschen und bedeutet *Sinn* (wir verwenden heute viel öfter das Gegenteil: *Unfug* für *Unsinn*). Sie verliert den Sinn und darüber hinaus hat sie Angst, auf Winde zu vertrauen, die sie vom richtigen Weg abbringen. Die Ausrichtung auf Gott ist aber das

---

110 Greiffenberg, Geistliche Sonnette, Lieder und Gedichte, Bd. 1, S. 58.

einzige, das einem am Ende eines Lebens den Weg in den sicheren Hafen weist.

Es ist eine spirituelle Literatur, ohne Verschnörkelungen, in klaren Bildern und Worten. So befremdlich manche Wörter für uns heute klingen mögen, so treffen sie dennoch eine sehr aktuelle Diskussion: die einer eigenen Spiritualität, die ein großes Problemfeld der römisch-katholischen Kirche unserer Zeit ist. Dabei ist es, wie die Worte Catharina von Greiffenbergs zeigen, nicht so schwierig. Noch direkter auf den Punkt bringt es der Dichter Angelus Silesius in nur zwei Verszeilen in *Das Himmelreich ist inwendig in uns*:

> *Christ mein, wo laufst du hin? Der Himmel ist in dir;*
> *Was suchst du ihn dann erst bei eines andern Tür?*[111]

Es ist eine Botschaft an unsere Zeit: Bleib stehen! Hetze nicht Dingen nach, die vergänglich sind. Mit dem Blick auf die damals noch nicht entdeckte Psychologie würden wir sagen: Lauf nicht vor den großen Fragen davon, beschäftige dich zuerst damit, ob du selbst ein guter Mensch bist, bevor du über andere urteilst. *Der Himmel ist in dir.* Das, was du suchst, ist längst angelegt. Wir haben heute Angst, es Gott zu nennen, weil dieser Begriff über die Jahrhunderte so aufgeladen wurde. Wir wollen einen neuen Begriff und finden aber keinen, der auch nur ansatzweise passen könnte. Moral, Gewissen, Philosophie – aus allen diesen Konzepten ist das Christentum nicht

---

111 Silesius, Cherubinischer Wandersmann, Erstes Buch, Nr. 298, Bd. 3, S. 40.

wegzudenken. Wenn man aber Gott, so warnt Silesius, woanders sucht, als in sich selbst, wird man ihn immer verpassen. Es ist der Aufruf zu einer individuellen Spiritualität, den wir hier in Worten, die vierhundert Jahre alt sind, so klar formuliert sehen. Übersetzt bedeutet das: Ich kann noch so viele Kerzen anzünden, noch so viele dem Zeitgeist entsprechende Yogaübungen machen – wenn ich den Kern nicht begreife, bleibe ich mir selbst und damit auch meiner Spiritualität fremd.

Der Autor Angelus Silesius wird als Johannes Scheffler in eine protestantische Familie hineingeboren. Er ist Lyriker, Theologe und Arzt. Im Laufe seines Lebens konvertiert er zum Katholizismus. Mit dieser Entscheidung – in beide Richtungen – ist er typisch für seine Zeit. Sein Grund dafür ist aber interessant: Der Protestantismus, schreibt er nämlich, sei ihm zu dogmatisch. Das Katholische habe ihm etwas Entscheidendes voraus: die Mystik. Die Mystik ist eine Art der Spiritualität, die uns das erste Mal im Mittelalter begegnet. Sie meint eine individuelle Gotteserfahrung, für die es theoretische Konzepte und sehr persönliche Dichtungen gibt, die voller Fantasie und Neologismen[112] sind und bis heute bestehen. Die Individualität der mystischen Erfahrung ist wie gemacht für ein Zeitalter, in dem äußerlich nichts mehr Ordnung hat. Dementsprechend steht hier aber nicht Gott im Mittelpunkt, sondern derjenige, der weiß, was es heißt, Mensch zu sein und mit dem es leichter fällt, auf einer Ebene zu kommunizieren: Jesus.

---

112 Wortneuschöpfungen

Er will das Jesulein als den wahren Morgenstern in
dem Himmel seines Herzens haben

1 Morgenstern der finstern Nacht,
der die Welt voll Freuden macht,
Jesulein,
Komm herein,
Leucht in meines Herzens Schrein.[113]

Jesus ist der Lichtbringer in der dunklen Nacht des Lebens. *Der die Welt voll Freuden macht* bezieht sich auf die
Frohbotschaft des Herrn, die er überbringt. In der nächsten Zeile wird Jesus direkt vereinnahmt und nicht mehr
als eigenständig betrachtet, sondern als jemand, der jedem
gehört. Der *Schrein des Herzens* zeigt, wie kostbar die Gefühle sind, die mit Jesus in Verbindung stehen, aber auch,
dass jedes einzelne Herz einen Schrein darstellt, dessen
Gefühle es wert sind, von Jesus gesegnet zu sein.

Angelus Silesius geht aber noch weiter. Er reiht sich
in eine Tradition der weiblichen Mystik ein, nämlich jener der Brautmystik. In diesem Genre wird die Seele als
Braut gesehen, die mit Jesus verheiratet wird. Immer ist
damit mitgedacht, dass sie sich ihm auch körperlich hin-
gibt. Was daraus entsteht, und das werden wir in der »originalen« Brautmystik in Band 3 noch sehen, ist ein wilder
Mix aus Erotik und Religiosität, dessen Bildprogramm
zart und fordernd zugleich auf den Leser und die Leserin
wirkt.

---

113 Silesius, Heilige Seelenlust oder geistliche Hirten-Lieder,
Erstes Buch, Nr. XXVI, Bd. 2, S. 69.

Sie fragt bei den Kreaturen nach ihrem Allerliebsten

1 Wo ist der Schönste, den ich liebe?
Wo ist mein Seelenbräutigam?
Wo ist mein Hirt und auch mein Lamm,
...[114]

Das Pronomen *sie* im Titel kann eine Frau bezeichnen, aber auch die Seele selbst. Jesus wird als *der Schönste* bezeichnet, aber auch, gleich in der zweiten Verszeile, als *Seelenbräutigam*. Für den Kenner ist damit klar, dass wir uns in der Brautmystik befinden. Als der *Hirte* und das *Lamm* wird Jesus in der Bibel bezeichnet: *Der Herr ist mein Hirt, nichts wird mir fehlen.*[115] Wer einen Hirten zur Seite gestellt bekommt, bekommt den Weg gewiesen. Das *Lamm* bezieht sich auf das Agnus Dei (= Lamm Gottes; auch: Osterlamm) und meint Jesus Christus selbst, der für die Menschheit geopfert wurde. Diese beiden Bilder kombiniert machen Jesus zu einer Führungsperson, auf die man sich verlassen kann. Gleichzeitig bezieht sich das Symbol des Lamms aber auf seine eigene Verletzlichkeit und damit seine Menschlichkeit.

---

114 Silesius, Heilige Seelenlust oder geistliche Hirten-Lieder, Erstes Buch, Nr. XII, Bd. 2, S. 49.
115 Buch der Psalmen, Psalm 23,1; hier ist Gott gemeint, nicht Jesus (die Stelle ist im Alten Testament zu finden); aber auch in Johannes 10,11, in dem sich Jesus selbst als »guter Hirte« bezeichnet: Ich bin der gute Hirt. Der gute Hirt gibt sein Leben hin für die Schafe. (siehe die Einheitsübersetzung der Bibel wie oben zitiert)

3 Wo ist mein Brunn, ihr kühlen Brünne?
Ihr Bäche, wo ist meine Bach?
Mein Ursprung, dem ich gehe nach?
Mein Quell, auf den ich immer sinne?
Wo ist mein Lustwald, o ihr Wälder?
... [116]

Hier wird durch den *Lustwald* die erotische Anspielung
deutlich. Außerdem arbeitet der Dichter mit den Motiven
aus dem Hohelied des Salomo aus der Bibel. Dort klingt
das Werben und die Vereinigung der Liebenden so:

Ein verschlossener Garten ist meine Schwester Braut,
/ ein verschlossener Born[117], / ein versiegelter Quell.
An deinen Wasserrinnen- / ein Granatapfelhain mit
köstlichen Früchten, / Hennaholden[118] samt Narden-
blüten, Narde[119], Krokus[120], Gewürzrohr[121] und Zimt,
/ alle Weihrauchbäume, Myrrhe und Aloe, / allerbester

---

116 Silesius, Heilige Seelenlust oder geistliche Hirten-Lieder,
Erstes Buch, Nr. XII, Bd. 2, S. 50.
117 altes Wort für »Brunnen«
118 Strauch der Hennapflanze
119 Die Pflanze der Narde kommt aus dem Gebiet des heutigen
Indien. Ihr Öl wird schon seit langer Zeit für kostbare Öle und
Salben verwendet.
120 Kommt aus dem Orient; es gibt aber verschiedene Arten. Die
wichtigste ist die Safranblüte, die zur Familie der Krokusse gehört.
Safran ist ein kostbares orientalisches Gewürz.
121 Eine Cannabisart, die einer (heiligen) Salbe beigemengt war,
um Schmerzen zu lindern.

Balsam. Die Quelle des Gartens bist du, / ein Brunnen lebendigen Wassers, / das vom Libanon fließt.[122]

Es ist alles da: der Brunnen, aus dem fließendes Wasser strömt. Dieser Brunnen ist *verschlossen*, denn er ist nicht jedem zugänglich. Die Erotik birgt im Hohelied wie auch bei Silesius ihr Geheimnis, das nicht so einfach zu entschlüsseln ist. Entschlüsseln kann es nur derjenige, der wahrhaft liebt. Granatäpfel stehen für Leidenschaft. Sie sind oft auf barocken Stilleben zu sehen. Die anderen Kräuter und Pflanzen dienten zur Herstellung heiliger und kostbarer Öle. Weihrauch wurde in rituellen Handlungen gebraucht. Wir kennen den Duft noch heute aus Kirchen, wenn gerade erst eine Messe stattgefunden hat. Die Geliebte wird hier körperlich gepriesen, aber immer ist mitgedacht, dass der Liebende ebenso die Schönheit ihrer Seele sehen und respektieren muss. Das Wasser steht hier symbolisch für das Durchdringen des Körpers und der Seele der Geliebten. Wasser ist essentiell, um alles wachsen und leben zu lassen. Der oder die Geliebte wirkt belebend auf das lyrische Ich. Der *Lustwald* bei Silesius steht in direkter Verbindung mit dem *Lustgarten* aus dem Hohelied. Und die *Wälder* des barocken Dichters beziehen sich auf die verschiedenen, exotischen Pflanzen, die Salomo aufzählt, wenn er über seine Vision einer *Gartenquelle* spricht, als die er die Geliebte sieht. Das Gedicht

---

122 Die Bibel, Einheitsübersetzung, Das Hohelied 4, 12ff./ Wer zur kulturgeschichtlichen Bedeutung der Genusspflanzen noch weiterlesen möchte: Thomas Miedaner, Genusspflanzen (Springer 2018).

ist erotisch aufgeladen in seiner Symbolik. Es wird klar deutlich, dass dieser Geliebte der einzige ist.

5 Wo ist mein Leitstern, meine Sonne,
Mein Mond und ganzes Firmament?
Wo ist mein Anfang und mein End?
Wo ist mein Jubel, meine Wonne?
Wo ist mein Tod und auch mein Leben?
Mein Himmel und mein Paradeis[123]*?*
Mein Herz, dem ich mich so ergeben,
daß ich von keinem andern weiß?[124]

Wieder tritt Jesus als Synonym für Licht oder den Leitstern in Erscheinung – wie schon, als wir Catharina auf ihrem Schiff begleitet haben. Er ist das *ganze Firmament*, also der gesamte Himmel, nicht etwa nur ein Teil davon. Der Gegensatz *Tod und Leben* spielt auf Jesus (und Gottes) Rolle an, in seinem paradoxen Wesen Anfang und Ende aller Dinge zu sein. Jesus ist nichts weniger als ihr Herz, also das spirituell Intimste, das ein Mensch hat. *Von keinem andern weiß* bedeutet einerseits, keinen anderen neben ihm zu haben, aber es kann auch heißen, dass sie jungfräulich in diese Beziehung geht. *Wissen* und *erkennen* sind im Gebrauch nicht so klar unterschieden wie heutzutage. Die sprachliche Wendung *jemanden erkennen* bedeutet unter anderem, ihn körperlich zu entdecken oder

---

123 gemeint ist das Paradies; hier aber noch mit dem Diphtong (Doppellaut) »ei« geschrieben. Vergleiche dazu das österreichische Wort für Tomate: Paradeiser. Die Bedeutung: Paradiesapfel.
124 Silesius, Heilige Seelenlust oder geistliche Hirten-Lieder, Erstes Buch, Nr. XII, Bd. 2, S. 50.

ihm/ihr die Jungfräulichkeit zu nehmen. Von keinem anderen zu wissen, kann folglich auch heißen, noch nie den Körper eines anderen Mannes *erkannt* zu haben, also noch jungfräulich zu sein.

Am Ende des Gedichts steht ein Wunsch:

6 ...
Dann hoff ich, wird mirs wohl gelingen,
Daß ich, o Jesu, finde dich.[125]

Befolgt man alle Ratschläge, also in sein Innerstes zu schauen, sich nicht vom Weg abbringen zu lassen, die Schönheit der Natur als Gottesbeweis anzusehen, kann man darauf hoffen, Jesus zu finden. Das Schöne an diesen Verszeilen ist, dass es kein Aufruf zu einem besseren Leben ist. Vielmehr teilt der Autor mit uns die Erfahrung seiner Spiritualität, verbunden mit dem Wunsch, am Ende Jesus gegenübertreten zu dürfen. Es ist ein persönliches Zeugnis. Genau dort ist die Literatur der Zeit so stark, denn so holprig und ungeschliffen sie auch klingt, hier finden wir, was wir suchen: das reine Gefühl.

---

125 Silesius, Heilige Seelenlust oder geistliche Hirten-Lieder, Erstes Buch, Nr. XII, Bd. 2, S. 51.

KAPITEL 3: RELIGION & GE-RECHTIGKEIT

Wir machen einen großen Sprung; fast ein Jahrhundert überspringen wir, um zu den neuen wichtigen Playern der deutschen Literatur zu gelangen. Was zwischen der Verzweiflung des 30-jährigen Krieges und Gotthold Ephraim Lessings Dramen liegt, ist das Ringen um das Wesen der Sprache selbst, das zu durchgestylt ist, als dass es große Gefühle zulassen könnte. Es sind moralisch aufgeladene Dramen aus dem katholischen und protestantischen Umfeld, eine Fülle an Heiligengeschichten über die richtige Lebensweise, die den Leser und die Leserin schier erschlägt. Wer nun denkt, dies sei ein Merkmal der Religiosität an sich, irrt. In diese Zeit fällt nämlich auch der Beginn der Aufklärung, in der es ebenso moralisch korrekt zugehen muss. Es ist, als hätte die Zeit ihre Protagonisten im Würgegriff, sodass sie gefesselt vor sich hindämmern. Sie sind – im einen wie im anderen Fall – Hüllen, die dazu dienen, moralische Ideen von Gut und Böse, Recht und Unrecht zu transportieren. Dabei bleibt aber etwas Entscheidendes auf der Strecke und das ist der Grund, weshalb sowohl die Jesuitendramen, als auch die Schauspiele der Aufklärung heute niemanden mehr begeistern: ihre Menschlichkeit. Wir finden diese Menschlichkeit erst wieder bei Gotthold Ephraim Lessing, der zwei unerhörte Charaktere auf die Bühne bringt: einen weisen Juden und eine tapfere Bürgerstochter.

3.1 VON DER RELIGION

Das Schauspiel *Nathan der Weise* von Gotthold Ephraim Lessing wird 1783 in Berlin uraufgeführt und wird sein letztes sein. Die Geschichte spielt in der Stadt Jerusalem zur Zeit des Dritten Kreuzzugs (1189-1192). Die Hauptfigur ist der Jude Nathan. Beherrscht wird die Stadt von Sultan Saladin, der sie von den Christen zurückeroberte. Der Sultan ist eine viel rezipierte Figur; meist wird er als Gegenpol zu den Kreuzrittern dargestellt. Hier dient er aber vor allem als Element einer explosiven Dreieckskonstellation, die die Stadt Jerusalem selbst abbildet: der Muslim Saladin, der Jude Nathan und ein junger christlicher Tempelherr. Das Setting ist in dieser Stadt der monotheistischen Religionen gesetzt. Religion ist hier als Konzept, aber auch als Streitpunkt dargestellt und nicht als persönliche Erfahrung wie in der Lyrik des zweiten Kapitels. Die Fronten sind verhärtet, dabei kriegt jeder sein Fett ab, wie wir bald sehen können. So wettert etwa die Schwester des Sultans, Sittah:

Hab ich des schönen Traums nicht gleich gelacht?
Du kennst die Christen nicht, willst sie nicht kennen.
Ihr Stolz ist: Christen sein; nicht Menschen. Denn
Selbst das, was, noch von ihrem Stifter her
Mit Menschlichkeit den Aberglauben wirzt,
Das lieben sie, nicht weil es menschlich ist:

Weil's Christus lehrt; weil's Christus hat getan. –

...

Um den Namen, um den Namen
Ist ihnen nur zu tun.[126]

Sittah ist erzürnt darüber, dass Sultan Saladin nichts dagegen gehabt hätte, sie einem Christen zur Frau zu geben. Sie wirft ihm vor, dass er die Christen nicht wirklich durchschaut. Mehr noch: Sie sagt, es geht ihnen nur
darum, Christen zu sein. Ob sie Menschen sind, ist ihnen
gleich. Zwar spricht sie nicht abwertend über Jesus (den
Stifter), weil dieser, um es salopp zu formulieren, mit dem
Unsinn begonnen hat – er hatte wenigstens Menschlichkeit. Die Christen heutzutage hängen aber nur noch dem
Namen an, so ist ihre Meinung.

In der Stadt, über die der Sultan herrscht, gibt es aber
noch die anderen beiden monotheistischen Religionen,
die bald enger verflochten sein werden, als es ihnen allen
lieb ist. Auftritt: der junge Tempelherr. Er rettet ganz zu
Beginn eine junge Frau vor den Flammen. Es ist Recha,
die Tochter des Juden Nathan, den sie *den Weisen* nennen.
Er gilt als rechtschaffener und gütiger Mann. In einem
Zweiergespräch mit dem Tempelherrn drückt er seine
Überzeugung aus:

NATHAN.

...

Ich weiß, wie gute Menschen denken; weiß,
Dass alle Länder gute Menschen tragen.

---

126 Lessing, Nathan der Weise, S. 39.

TEMPELHERR.
Mit Unterschied, doch hoffentlich?

NATHAN.
Jawohl; An Farb', an Kleidung, an Gestalt verschie-
den.[127]

Damit formuliert Nathan seine Grundeinstellung eines
friedlichen Zusammenlebens. Natürlich versteht er, dass
der Tempelherr mit dem *Unterschied*, den er anspricht, die
Religionen meint, aber er trickst ihn rhetorisch aus, indem er ihm beipflichtet, um dann eine Antwort zu geben,
die sein Gegenüber nicht hören wollte: Die Menschen
unterscheiden sich nur äußerlich. Während der Tempelherr und Nathan sich anfreunden, ist Recha sich sicher,
dass sie sich in ihren jungen Retter verliebt hat. Dieser
Gedanke gefällt ihrer Kammerzofe Daja und so ist sie
es, die den jungen Tempelritter überreden will, sich doch
einmal mit Recha zu treffen. Dieser aber winkt ab:

TEMPELHERR.
Von heut an tut
Mir den Gefallen wenigstens, und kennt
Mich weiter nicht. Ich bitt' Euch drum. Auch lasst
Den Vater mir vom Halse. Jud' ist Jude.
Ich bin ein plumper Schwab. Des Mädchens Bild
Ist längst aus meiner Seele; wenn es je
Da war.

---

127 Lessing, Nathan der Weise, S. 54.

DAJA.
Doch Eures ist aus ihrer nicht.

TEMPELHERR.
Was soll's nun aber da? was soll's?

DAJA.
Wer weiß!
Die Menschen sind nicht immer, was sie scheinen.

TEMPELHERR.
Doch selten etwas Bessers. (Er geht.)

DAJA.
Wartet doch! Was eilt Ihr?

TEMPELHERR.
Weib, macht mir die Palmen nicht
Verhasst, worunter ich so gern sonst wandle.

DAJA.
So geh, du deutscher Bär! so geh! – Und doch
Muss ich die Spur des Tieres nicht verlieren.
(Sie geht ihm von weiten nach.)[128]

Daja will ihre Herrin mit ihm verkuppeln, aber es ist ihm bereits unangenehm, dass er Recha gerettet hat, denn immerhin ist sie ein »Judenmädchen«. Einerseits spricht er mit *Jud' ist Jude* eindeutig beleidigend, andererseits aber

---

128 Lessing, Nathan der Weise, S. 35.

setzt er nach, er sei nur ein *plumper Schwab*, soll heißen: einfach gestrickt. Dass er ein pessimistischer Mensch ist, wird mit seiner Zeile *Doch selten etwas Besseres* deutlich. Von seinen rüden Worten lässt sich Daja aber nicht beirren. Sie ruft, er solle warten. Er entgegnet, sie soll ihn nicht missmutig machen (die Palmen, unter denen er wandelt, gefallen ihm ja eigentlich). Daraufhin setzt sie ihm nach, er sei ein deutscher Bär, also grob und unbeholfen. Wir können uns aber ein Lächeln um ihre Lippen vorstellen, als sie diese Neckerei ausspricht. Sie folgt *dem Tier*, um seine Spur nicht zu verlieren. Wir sehen sehr gut: Die Figuren diskutieren philosophisch, streiten, sagen abschätzige Dinge, aber es ist alles doch noch sehr gepflegt. Hier schimmert Lessing als Aufklärer durch. Schimpfwörter sind nicht gestattet. Seine Gefühle gesteht sich demnach auch nicht der deutsche Bär zuerst ein. Recha macht den ersten Schritt:

RECHA.
Mir völlig unbewusst!
Denn was ich höchstens dir gestehen könnte,
Wär, dass es mich – mich selbst befremdet, wie
Auf einen solchen Sturm in meinem Herzen
So eine Stille plötzlich folgen können.
Sein voller Anblick, sein Gespräch, sein Tun
Hat mich ...

DAJA.
Gesättigt schon?

RECHA.
Gesättigt, will
Ich nun nicht sagen; nein — bei weitem nicht —

DAJA.
Den heißen Hunger nur gestillt.

RECHA.
Nun ja; Wenn du so willst.

DAJA.
Ich eben nicht.

RECHA.
Er wird
Mir ewig wert; mir ewig werter, als
Mein Leben bleiben: wenn auch schon mein Puls
Nicht mehr bei seinem bloßen Namen wechselt;
Nicht mehr mein Herz, sooft ich an ihn denke,
Geschwinder, stärker schlägt — Was schwatz ich?
Komm,
Komm, liebe Daja, wieder an das Fenster,
Das auf die Palmen sieht.[129]

Recha offenbart Daja, dass sie in den jungen Tempelherrn
verliebt ist. Und da sind endlich wieder alle Wörter, die
ganz große Gefühle anzeigen: der *Sturm in meinem Herzen, sein voller Anblick, der heiße Hunger*, der nicht gestillt
werden kann und der *Puls*, der bis jetzt *bei seinem bloßen*

---

129 Lessing, Nathan der Weise, S. 71.

Namen gewechselt hat. Diagnose: Verliebtheit. Es ist ein Gespräch, das zwei Freundinnen heute miteinander führen könnten. Selbst das bisschen Necken, wenn Daja *Ich eben nicht* sagt, ist uns nicht fremd. Sie spielt damit darauf an, dass sie den *heißen Hunger* nach dem Tempelherrn nicht nachvollziehen kann. Es ist der augenzwinkernde Einwurf einer Frau, die ihrer Freundin dabei zuhört, wie sie von einem Mann schwärmt. Wir alle kennen das, vermutlich in beiden Rollen.

Während Recha sich ihrer Gefühle klar wird, gibt es jedoch wichtige philosophische Fragen zu klären. Sultan Saladin wollte den Juden Nathan, von dessen Weisheit er schon so viel gehört hat, schon lange kennenlernen. Deshalb lässt er ihn vorladen. Saladin braucht nämlich einen Sparringpartner für die theologischen Fragestellungen, mit denen er sich auseinandersetzt. Deshalb fragt er direkt:

SALADIN.
…
Was für ein Glaube, was für ein Gesetz
Hat dir am meisten eingeleuchtet?

NATHAN.
Sultan,
Ich bin ein Jud'.

SALADIN.
Und ich ein Muselmann.
Der Christ ist zwischen uns. – Von diesen drei
Religionen kann doch eine nur

Die wahre sein. – Ein Mann, wie du, bleibt da
Nicht stehen, wo der Zufall der Geburt
Ihn hingeworfen: oder wenn er bleibt,
Bleibt er aus Einsicht, Gründen, Wahl des Bessern.
Wohlan! so teile deine Einsicht mir
Dann mit.[130]

Nathan antwortet lapidar, er sei Jude. Daraufhin entgegnet der Sultan, er sei Muslim. Und dann gibt's da ja auch noch die Christen. Saladin fragt: Welche ist die wahre Religion? Es kann doch nur eine geben. Der *Zufall der Geburt* soll nicht gelten, also in welche Familie jemand hineingeboren wurde. Wenn jeder frei entscheiden könnte – welche wäre die richtige? Nathan erhält ein wenig Bedenkzeit. Als er zurückkommt, erzählt er dem Sultan eine Geschichte: Es ist die sogenannte *Ringparabel*[131], die als das Herzstück des Dramas gilt.

Wir können uns vorstellen, Nathan steht in einem orientalischen Palast. Draußen glüht die Mittagshitze und die Sonne ergießt sich über die hellen Fliesen. Nathan trägt einen langen Mantel, schürzt die Lippen, sodass sich sein Bart kräuselt und beginnt zu erzählen: Es war einmal ein Ring von unschätzbarem Wert, der einen

130 Lessing, Nathan der Weise, S. 76.
131 Die sogenannte Ringparabel betont die Gleichheit der drei monotheistischen Religionen und deren Gemeinsamkeit, nämlich das menschenwürdige Miteinander. Der Begriff Parabel bedeutet Gleichnis. Der Ring steht für den Ring in der Geschichte, der die Liebe des Vaters zu seinen Söhnen symbolisiert. Wer heute diesen Begriff gebraucht, betont die Wichtigkeit der Menschenwürde ebenso wie den Frieden zwischen den Religionen.

Opal als Stein hatte, *der hundert schöne Farben spielte.*[132] Damit diese Kostbarkeit immer in der Familie und folglich im Königreich blieb, sollte jeder Vater den Ring dem Sohn vererben, den er am liebsten hatte. Irgendwann kam der Ring an einen König, der drei Söhne hatte, die er alle gleichermaßen liebte. Der König wusste nicht, wem er den Ring geben sollte und entschied sich zu einer List. Heimlich ließ er das Schmuckstück von einem Künstler nachmachen, sodass er jedem seiner Söhne einen Ring geben konnte. Dann starb er und die Sache flog natürlich auf, weil jeder der Söhne dachte, er wäre der rechtmäßige Erbe und so zogen sie vor Gericht. Der Richter überlegte lange und erinnerte sich dann, dass der Ring magische Kräfte besitzen sollte. Er sollte denjenigen, der ihn besaß, am beliebtesten von allen machen. Da das aber nicht zu funktionieren schien, konnte der Richter kein Urteil fällen. So gab er den Söhnen einen Rat: Euer Vater, sagte er zu ihnen, hat euch alle gleich geliebt, deshalb wollte er niemanden benachteiligen. Der echte Ring ist wahrscheinlich verschwunden, aber das ist nicht das Wesentliche. Das Wichtige ist, dass euer Vater euch alle drei gleich geliebt hat. Damit schloss er den Prozess. Nathans Stimme verebbt. Der Sultan ist gefesselt von dem Gleichnis, das er soeben gehört hat und stammelt: *Bei dem Lebendigen! Der Mann hat Recht.*[133] Er wirft sich vor Nathan auf die Knie und bittet ihn darum, sein Freund sein zu dürfen. Die beiden versichern einander ihre Achtung und ihre Brüderlichkeit – ehe sie aufs Geschäft zu sprechen

---

132 Lessing, Nathan der Weise, S. 78.
133 Lessing, Nathan der Weise, S. 81.

kommen. Denn Saladin braucht für seine Feldzüge Geld. Dieses kann Nathan ihm geben. Ihre philosophisch-theologische Diskussion mündet in weltliche Belange... Nathans Gleichnis ist heute noch so aktuell wie damals. Die Ringe sind verteilt und es bleibt die Frage: Warum ist es so wichtig, wo der originale Ring ist, wenn doch nur die Liebe Gottes zählt?

Inzwischen tut sich übrigens etwas an der Liebesfront, der Tempelherr gesteht sich nämlich doch ein, dass er in Recha verliebt ist.

DER TEMPELHERR.
(geht, mit sich selbst kämpfend, auf und ab; bis er losbricht)
– Hier hält das Opfertier ermüdet still. –
Nun gut! Ich mag nicht, mag nicht näher wissen,
Was in mir vorgeht; ...
– Sie sehn, und das Gefühl,
An sie verstrickt, in sie verwebt zu sein,
War eins. – Bleibt eins. – Von ihr getrennt
Zu leben, ist mir ganz undenkbar; wär
Mein Tod, – und wo wir immer nach dem Tode
Noch sind, auch da mein Tod. – Ist das nun Liebe:
So – liebt der Tempelritter freilich, – liebt
Der Christ das Judenmädchen freilich. – Hm!
Was tut's? – Ich hab in dem gelobten Lande, –
Und drum auch mir gelobt auf immerdar! –
Der Vorurteile mehr schon abgelegt. –
Was will mein Orden auch? Ich Tempelherr
Bin tot; war von dem Augenblick ihm tot,
Der mich zu Saladins Gefangnen machte.

Der Kopf, den Saladin mir schenkte, wär
Mein alter?[134]

Der Tempelherr bezeichnet sich selbst als *Opfertier*, wodurch er wieder, wie schon von der Kammerzofe Daja, als Tier bezeichnet ist. Wir sehen hier jemanden, der mit Gefühlen hadert, die er nicht haben zu dürfen glaubt. Erst sträubt er sich gegen den Gedanken, aber dann muss er sich eingestehen, dass er meint, *in sie verwebt zu sein*, also quasi körperlich mit Recha verbunden. Er kann sich nicht vorstellen, ohne sie zu leben. Wenn das Liebe ist, schließt er aus seinem Gefühlswirrwarr, ist das wohl einfach so – dann liebt er als Christ tatsächlich eine Jüdin. In Jerusalem, *in dem gelobten Lande*, hat er die Liebe gefunden. Wir begegnen hier einem jungen Mann, der im Verlauf des Stücks eine ganze Reihe von Erfahrungen gemacht hat und nicht mehr der grobe, pessimistische Mensch ist, der zu Beginn noch vor Daja weggelaufen ist. Doch es gibt ein Problem: Er ist Mitglied des Templerordens. Dieser Ritterorden wird wohl im 12. Jahrhundert in Jerusalem gegründet – wann lässt sich jedoch nicht mit Sicherheit feststellen. Sicher ist aber, dass die Mitglieder einen Eid auf Armut, Gehorsam und Keuschheit ablegen müssen. Der Orden untersteht bis zu seiner offiziellen Auflösung im 14. Jahrhundert direkt dem Papst. Erstmals werden die Ideale des Adels und des Mönchtums vereint, um eine Bruderschaft zu gründen, die die Pilger auf ihrer Reise ins Heilige Land schützen soll. Deshalb ist das Keuschheitsgelübde eigentlich ein zusätzliches Problem. Im Stück

---

134 Lessing, Nathan der Weise, S. 85f.

scheint das aber niemanden zu stören, jedenfalls wird es dort nie erwähnt. Zum Schluss des Monologs erfahren wir noch, dass Sultan Saladin dem Tempelherrn die Freiheit aus der Gefangenschaft geschenkt hat. Komisch, weshalb wohl? Unterdessen kommt ans Licht, dass Recha nicht die leibliche Tochter Nathans ist. Ihre Zofe Daja scheint dahingehend mehr zu wissen. Die Emotionen gehen hoch, denn die junge Frau soll in Wahrheit eine Christin sein! Nathan wird abermals zum Sultan vorgeladen – diesmal jedoch, um sich zu erklären. Die Sache ist kompliziert und am Schluss muss man gut aufpassen, um in der Geschwindigkeit der Enthüllungen nicht verwirrt zurückzubleiben. Es kommt heraus, dass Recha die Tochter des verstorbenen Bruders von Sultan Saladin, Assad, ist, die dieser mit einer deutschen Fürstin gezeugt hat. Und es kommt noch dicker: Recha und der Tempelherr sind Geschwister. Werfen wir noch einmal einen Blick auf das Eingeständnis seiner Liebe:

DER TEMPELHERR.
... – Sie sehn, und das Gefühl,
An sie verstrickt, in sie verwebt zu sein,
War eins, – Bleibt eins. – Von ihr getrennt
Zu leben, ist mir ganz undenkbar; wär
Mein Tod, – und wo wir immer nach dem Tode
Noch sind, auch da mein Tod. – Ist das nun Liebe:
So – liebt der Tempelritter freilich, – liebt
Der Christ das Judenmädchen freilich. – Hm!
Was tut's? – Ich hab in dem gelobten Lande, -
Und drum auch mir gelobt auf immerdar! –

Er sagt, er habe das Gefühl, *an sie verstrickt, in sie verwebt zu sein.* So, können wir hinzufügen: wie Geschwister ein Leben lang von einem unsichtbaren Band zusammengehalten werden. Sie *waren eins* und *bleiben eins.* Jetzt wissen wir: Sie sind im wahrsten Sinne des Wortes aus demselben Stoff gemacht. Er will nicht von ihr getrennt sein und kann sich ein Leben ohne sie nicht vorstellen – mehr noch, sein Tod wäre auch der ihre. Und er irrt nicht: Ja, das ist Liebe, in diesem Fall Geschwisterliebe. Das Land, das ihm *gelobt auf immerdar* ist, darf es sein, denn es ist der Ort, an dem er seine Schwester wiedergefunden hat. Der ungehobelte Bär hat einen Zugang zur Liebe gefunden. Wir können annehmen: Weil er Recha vorher noch nicht kannte (immerhin lebt er als Tempelritter in Keuschheit), kann er sie nicht richtig zuordnen. Das vermeintliche *Judenmädchen* ist sein eigenes Fleisch und Blut. An dieser Stelle klärt sich auch, weshalb Sultan Saladin ihn freigelassen hat: Er wusste nämlich, dass er den Sohn seines Bruders vor sich hatte.

Alles endet gut. Die letzte Regieanweisung lautet: *Unter stummer Wiederholung allseitiger Umarmung fällt der Vorhang.*[135] Wer jetzt denkt: wie kitschig!, sei gewarnt. Mit diesem Schauspiel sehen wir nicht etwa eine verklärte Gutmenschengeschichte, sondern eine Vision. Die Figuren des Dramas sind real. Sie stehen zu ihren Überzeugungen, sie fluchen, sie fühlen. Was sie alle eint, ist ihr Wunsch nach Frieden und Gerechtigkeit. Was hier auf die Bühne gebracht wird, ist die Vision von Versöhnung, der das Eingeständnis zugrunde liegt, dass die Mehrheit

---

135 Lessing, Nathan der Weise, S. 152.

94

der Menschen diesen Frieden und diese Gerechtigkeit will. Dass letztlich alle miteinander verwandt sind, mag wie ein dramatischer Taschenspielertrick wirken. Aber bevor wir überzeugt sind, dass Lessing es sich schlicht einfach gemacht hat, schauen wir genauer hin: Einfach wäre gewesen, wenn Recha Christin gewesen wäre, sodass es dem Tempelritter erlaubt wäre, sie zu heiraten. Das Problem wäre aus der Welt geschafft worden, weil sie kein *Judenmädchen* mehr wäre. Aber an diesem Ausgang ist Lessing nicht interessiert. Er will es seinen Figuren nicht einfach machen, sondern ihnen – und damit uns – vor Augen führen, dass wir alle im gleichen Boot sitzen.

Warum diese Botschaft? Gotthold Ephraim Lessing wird als Sohn eines Pfarrers geboren. Schon als Kind zeigt sich seine Hochbegabung in Wort und Schrift. Ein Leben lang beschäftigt er sich mit dem Glauben und darauf aufbauend mit der Verbindung zwischen Vernunft und Religion. Als er schließlich beruflich »ankommt«, bekleidet er das Amt eines Bibliothekars in Wolfenbüttel. Ihm ist der Ort schon bald zu eng. Lessings freier Geist will mehr. Als sein kleiner Sohn im Alter von nur einem Tag stirbt und seine Frau am Kindbettfieber, stürzt der Autor in eine Depression. Ein genialer Kopf droht an der Welt zu zerbrechen, die keinen Platz für ihn bereithält. Unglücklich in der Arbeit und mit seinen aus seiner Sicht unvollkommenen philosophischen Gedanken zieht er sich immer mehr zurück.

Nathan der Weise ist Lessings letztes Drama, bevor sich sein Gesundheitszustand dermaßen verschlechtert, dass er nur 52-jährig an einem Winterabend im Haus eines

Freundes zusammenbricht. Gotthold Ephraim Lessing, der Mann, der von klein auf ein rationales Genie war und die literarische Strömung der Aufklärung definiert hat wie kein zweiter, schließt die Augen in den Armen des Mannes, der ihn aufgefangen hat: Simson Alexander David, ein Jude. Sein bester Freund ist zu dieser Zeit Moses Mendelssohn, der Begründer der jüdischen Aufklärung. Und ja, die Figur des Nathan ist eine Verneigung vor Moses.

Und was taten die Christen? Sie weigerten sich, den Dichter in geweihter Erde zu begraben, weil an dessen Totenbett ein Jude anwesend war. Das Grab des Mannes, dessen letzte Botschaft an die Welt die Umarmung der Religionen war, war jahrzehntelang verschollen. Heute hat es einen Grabstein und die Blumen darauf blühen in den buntesten Farben. Wir drehen uns beschämt um. Der Ring mit dem Opal, *der hundert schöne Farben spielte,* hält die Welt noch immer umklammert.

3.2 VON DER SCHULD

Das Thema Gerechtigkeit lässt die Schriftsteller nicht los, auch nicht abseits der Religion. Mit dem Versuch einer Entwicklung von Moral abseits der Religion geht auch die Frage einher, was Recht und Unrecht eigentlich sei. Dabei dient eine Gruppe als Beispiel, die bisher nicht als Held in Erscheinung treten durfte: die Frauen. In seinem Drama *Emilia Galotti* lotet Gotthold Ephraim Lessing nicht nur aus, wie das Leben der Menschen noch immer von der ständischen Gesellschaft[136] geprägt wird, sondern bringt etwas Neues auf die Bühne: das Bauchgefühl. Seine Figuren sind beides: klug und intuitiv.

Es beginnt alles damit, dass der Prinz sich heftig verknallt:

DER PRINZ.
Bei Gott! Wie aus dem Spiegel gestohlen! (Noch immer die Augen auf das Bild geheftet) O, Sie wissen es ja wohl, Conti[137], dass man den Künstler dann erst recht lobt, wenn man über sein Werk sein Lob vergisst.

CONTI.
Gleichwohl hat mich dieses noch sehr unzufrieden mit mir gelassen. – Und doch bin ich wiederum sehr zufrieden mit meiner Unzufriedenheit mit mir selbst. – Ha! dass wir nicht unmittelbar mit den Augen malen! Auf dem langen Wege, aus dem Auge durch den Arm in den Pinsel, wie viel geht da verloren!

...

DER PRINZ.
Lieber Conti, – (die Augen wieder auf das Bild gerich-

---

136 Dieser Begriff ist wissenschaftlich schwer zu fassen, weil es verschiedene Definitionen gibt. Gemeint ist aber im Grunde, dass sich die Gesellschaft in Adel, Klerus, (Bürgertum), Bauern, usw. teilt. Diese sogenannten »Stände« durften untereinander nicht heiraten. Wer in einen Stand geboren wurde, gehörte ihm ein Leben lang an.
137 Conti ist der Maler des Bildes

tet) wie darf unsereiner seinen Augen trauen? Eigent-
lich weiß doch nur allein ein Maler von der Schönheit
zu urteilen.

CONTI.
Und eines jeden Empfindung sollte erst auf den Aus-
spruch des Malers warten? – Ins Kloster mit dem, der
es von uns lernen will, was schön ist![138]

Er kann die Augen nicht von dem Bild lassen, das eine
wahre Schönheit zeigt: Emilia Galotti. Sehen wir uns
den Aufbau der Emotionen in beiden Dialogabschnitten
an. Erst kommt ein Ausruf: *Bei Gott!* Und die rhetorische Frage: *Wie darf unsereiner seinen Augen trauen?*. Der
Sprecher ist bewegt und platzt schier vor Begeisterung.
Im zweiten Teil hängt der Prinz jeweils eine allgemein-
gültige Floskel an, um seine Emotionen zu zügeln. Damit
will er seine intuitive Begeisterung zurücknehmen und
wieder auf ein »sachliches« Level zurückkommen. Im
ersten Fall spricht er davon, dass man den Künstler am
meisten lobt, wenn man ihn zu loben vergisst. Der Maler
Conti reagiert darauf achselzuckend und fährt fort, wie
das so ist mit dem Malen. Er führt aus, dass er durchaus
kritisch auf sein Bild blickt und dass so viel der Schönheit
verloren geht. Der Prinz aber bricht erneut in Gefühls-
äußerungen aus, diesmal gefolgt vom Statement, dass nur
ein Maler wissen kann, was schön ist. Hierauf geht Conti
zwar auch ein, aber er spricht sich für die Begeisterung
aus. Der Maler will niemand sein, der jemandem sagt,

---

138 Lessing, Emilia Galotti, S. 10f.

was er zu fühlen hat. Er sieht seine wahre Kunstfertigkeit darin begründet, dass Menschen emotional auf sein Werk reagieren. Das Kloster gebraucht er hier als Symbol für fehlende Emotionalität und fehlende Lebenslust.

Sofort kauft der Prinz dem überraschten Conti das Bild ab. Er ruft seinen Kammerherrn Marinelli zu sich und erkundigt sich nach dem Heiratsstatus von Emilia Galotti. Da erfährt er, dass sie mit dem Grafen Appiani verlobt ist. Weil er aber der Prinz ist, will er nicht so einfach aufgeben. Und das Objekt seiner Begierde? Emilia geht erstmal in die Kirche. Dorthin begleiten wir sie jedoch nicht, sondern bleiben mit den Eltern zurück. In ihrem Haushalt wird alles für die Hochzeit vorbereitet. Vater und Mutter unterhalten sich:

CLAUDIA.
Ihrer Seele! – Sie ist in der Messe. – Ich habe heute, mehr als jeden andern Tag, Gnade von oben zu erflehen, sagte sie, und ließ alles liegen, und nahm ihren Schleier, und eilte –

ODOARDO.
Ganz allein?

CLAUDIA.
Die wenigen Schritte – –

ODOARDO.
Einer ist genug zu einem Fehltritt! –[139]

139 Lessing, Emilia Galotti, S. 22.

99

Emilia möchte an ihrem Hochzeitstag beten. Die Mutter ist ob der Festivitäten in hellem Aufruhr. Es ist der Vater, der das erste Bauchgefühl im Stück äußert, mit zwei kleinen Wörtern: *Ganz allein?* Es ist nicht so, dass er seine Tochter patriarchisch überwachen will, sondern wir werden im Laufe des Stückes sehen, wie sehr Odoardo Emilia liebt und sie vor der Welt beschützen will. Claudia antwortet unbesorgt, es seien doch nur wenige Schritte. Das Bild der Schritte nimmt der Vater auf, um seine Bedenken erneut zu äußern. Er spricht von dem *Fehltritt* aber nicht in dem Sinn, dass seine Tochter ihn enttäuschen könnte. Für ihn ist die Welt da draußen für eine junge Frau voller Gefahren und Versuchungen, die ihr das Glück rauben könnten.

Bald schon wissen wir: Er hat recht. Denn jemand lauert Emilia ausgerechnet in der Kirche auf: der Prinz. Wir werden aber nicht Zeugen der Szene, sondern die wirklich entscheidenden Situationen passieren hinter der Bühne. Das lässt uns fiebrig zurück und triggert unsere Fantasie: Was ist passiert? Dass etwas vorgefallen sein muss, wird schnell deutlich.

EMILIA (stürzet in einer ängstlichen Verwirrung herein).
Wohl mir! wohl mir! – Nun bin ich in Sicherheit. Oder ist er mir gar gefolgt? (Indem sie den Schleier zurückwirft und ihre Mutter erblicket.) Ist er, meine Mutter? ist er? – Nein, dem Himmel sei Dank![140]

---

140 Lessing, Emilia Galotti, S. 27.

Ihre Bewegungen sind fahrig. Sie *stürzt herein* und beginnt mit zwei Ausrufen. Erleichtert stellt sie fest, sicher im Elternhaus angekommen zu sein. Dort wirft sie den Schleier von sich, um Atem zu holen. Fast können wir ihre roten Wangen sehen, die noch vom Laufen erhitzt sind. Den Saum des Kleides hat sie gerade fallengelassen. Emilia steht verstört und schwer atmend im Vorzimmer der Eltern. Die Erleichterung, dass er ihr nicht gefolgt ist, stellt sich langsam ein. Die Mutter, Claudia, ist besorgt: *Was ist dir, meine Tochter?*[141] Emilia erzählt ihr, was passiert ist:

EMILIA.
Eben hatt' ich mich – weiter von dem Altare, als ich
sonst pflege, – denn ich kam zu spät –, auf meine Knie
gelassen. Eben fing ich an, mein Herz zu erheben: als
dicht hinter mir etwas seinen Platz nahm. So dicht
hinter mir! – Ich konnte weder vor noch zur Seite
rücken, – so gern ich auch wollte; aus Furcht, dass eines
andern Andacht mich in meiner stören möchte. – An-
dacht! das war das Schlimmste, was ich besorgte. –[142]

Wir wissen schon aus dem Dialog zwischen Claudia und Odoardo, dass Emilia spät dran ist. Sie hetzt in die Kirche und setzt sich weit weg vom Altar. Diese Beschreibung passt nicht nur zum Zeitdruck, unter dem sie steht, sondern auch inhaltlich. Sie ist weit entfernt von göttlichem Beistand. Dann beginnt sie, ihr *Herz zu erheben*, also zu

141 Lessing, Emilia Galotti, S. 27.
142 Lessing, Emilia Galotti, S. 28.

beten. Das Erheben des Herzens zu Gott, in einem individuellen Gebet, kennen wir schon aus der Lyrik von Angelus Silesius: Es ist der Mensch, der sich zu Gott erheben soll und nicht umgekehrt. Die Spiritualität der Zeit ist hier also abgebildet. Und dann spürt Emilia etwas. Sie sieht die Person nicht, denn sie nähert sich ihr von hinten. Sie hat ein mulmiges Gefühl, zumal diese Person dicht an sie heranrückt. Da erstarrt sie, rutscht weder vor, noch zurück. Sie will auch niemanden der anderen Anwesenden beim Gebet stören. Heute sind wir uns sicher: Das ist nichts weniger als sexuelle Belästigung. Doch das ist noch nicht alles:

EMILIA.

...

Aber es währte nicht lange, so hört ich, ganz nah an meinem Ohre, - nach einem tiefen Seufzer, - nicht den Namen einer Heiligen, - den Namen, - zürnen Sie nicht, meine Mutter – den Namen Ihrer Tochter! – Meinen Namen! – O dass lauter Donner mich verhindert hätten, mehr zu hören! – Es sprach von Schönheit, von Liebe – Es klagte, dass dieser Tag, welcher mein Glück mache, - wenn er es anders mache – sein Unglück auf immer entscheide. – Es beschwor mich – hören musst ich dies alles. Aber ich blickte nicht um; ich wollte tun, als ob ich es nicht hörte.[143]

Jetzt beginnt der Übergriffige, also der Prinz, zu sprechen. Es ist schmerzhaft, dieser Erzählung zuhören zu

---

143 Lessing, Emilia Galotti, S. 28.

müssen, denn es ist alles da: das Seufzen, das wir aus Berichten von Belästigung kennen, dann wird der eigene Name ausgesprochen, der sich plötzlich in etwas Schmieriges, beinahe Verhasstes, verwandelt. Emilia würde sich am liebsten die Ohren zuhalten. Sie spricht von *Donner*, der sie daran hindern soll zu hören, was sie hören muss. Und dann ist da noch der Einschub *zürnen Sie nicht, meine Mutter*, in der Täter und Opfer umgekehrt werden, genau wie heute. Warum sollte die Mutter auf Emilia böse sein? Weil Emilia tief in sich das Gefühl hat, schuld zu sein, obwohl sie es ist, der Unrecht widerfährt. Die Stimme flüstert weiter und spricht von *Schönheit, von Liebe*. Es sind wohl sexuelle Anspielungen hinzuzufügen, obwohl sie hier nicht explizit genannt werden. Wir wissen, dass Emilia von diesen Dingen noch nichts weiß. Mit Sicherheit ist sie an diesem, ihrem Hochzeitstag noch Jungfrau. Und dann wird wieder ihr die Schuld gegeben: Wenn sie heiratet, wird er unglücklich. Es jagt uns einen Schauer über den Rücken, wie aktuell die Argumentation ist, wie gleich das Schema seit dreihundert Jahren. Wie genau aber der Autor auch beobachtet: Anstatt zu schreien, tut sie so, als ob sie den Prinzen nicht hören würde – und betet:

EMILIA.

...

Was konnt ich sonst? – Meinen guten Engel bitten, mich mit Taubheit zu schlagen; und wann auch, wann auch auf immer! – Das bat ich; das war das Einzige, was ich beten konnte. – Endlich ward es Zeit, mich wieder zu erheben. Das heilige Amt ging zu Ende. Ich

zitterte, mich umzukehren. Ich zitterte, ihn zu erbli-
cken, der sich den Frevel erlauben dürfen. Und da ich
mich umwandte, da ich ihn erblickte –

CLAUDIA.
Wen, meine Tochter?

...

EMILIA.
Den Prinzen.[144]

Emilia ruft innerlich ihren Schutzengel zu Hilfe. Lieber
wolle sie ein Leben lang ertauben, wenn sie diese Worte
nur jetzt nicht mehr ertragen müsste. Ihr ganzer Wunsch
ist, taub zu werden. Dann endet die Messe und sie ist erlöst. Am ganzen Körper zitternd erhebt sie sich – und
sieht ihrem Belästiger in die Augen. Claudia fragt mit er-
stickter Stimme, wer es sei, als die Erzählung kurz pau-
siert. Und Emilia nennt den Mann, der sie bedrängt hat.
Dann sagt sie noch: *Das war die einzige Überlegung, deren*
ich fähig war – oder deren ich nun mich wieder erinnere.[145]
   Sigmund Freud würde wohl von Verdrängung sprechen. Emilia kann sich an den Rest des Geschehens nicht
mehr erinnern – nicht daran, wie sie wieder zurück zu den
Eltern fand und auch nicht sonst, was geschah. Ihr Geist
hat die Erinnerung zu ihrem Schutz ausgelöscht. Viel
Zeit haben die beiden Frauen nicht, das Ausgesproche-

---

144 Lessing, Emilia Galotti, S. 28f.
145 Lessing, Emilia Galotti, S. 29.

ne zu verdauen, denn Emilias Bräutigam, Graf Appiani, macht einen Überraschungsbesuch. Er bringt Emilia Perlenschmuck als Geschenk, damit sie sich für die Hochzeit bereitmachen kann. Emilia reagiert dankbar, aber sie hat schon davon geträumt und hier ist das zweite Bauchgefühl ausgesprochen:

EMILIA.
Als ob ich es trüge, und als ob plötzlich sich jeder Stein desselben in eine Perle verwandele. – Perlen aber, meine Mutter, Perlen bedeuten Tränen.[146]

Es ist eine Vorahnung auf das, was kommt. Die Form der Perlen erinnert an Tränen und das ist es tatsächlich auch, womit das Stück zu Ende geht. Zuvor aber versuchen alle mit vereinten Kräften, Emilia vor dem Prinzen zu schützen. Wobei die Mutter dem Vater zunächst nicht erzählen möchte, was passiert ist, um ihn nicht zu beunruhigen. Der Prinz will noch heute den Graf Appiani in seinen Diensten auf eine Mission schicken, aber dieser wehrt höflich ab, da es sein Hochzeitstag ist. Nichts kann ihn umstimmen. Zunehmend wird die Lage für den Prinzen aussichtslos. Sein Kammerherr Marinelli weiß, es bleibt nur noch eine Möglichkeit: Der Graf muss noch vor der Hochzeit sterben. Marinelli ringt dem Prinzen geschickt die Erlaubnis ab, alles Nötige zu tun, um die Hochzeit zu verhindern. Als der Schuss fällt - und auch hier passiert das Entscheidende nicht auf der Bühne -, ist der Prinz schockiert. Er ist im doppelten Sinn Täter und

---

146 Lessing, Emilia Galotti, S. 33.

ein Feigling ist er noch dazu. Was diese Figur aber so hervorragend geschrieben macht, ist die Tatsache, dass er kein »Bösewicht« im strengen Sinn ist. Als er weiß, dass er für den Mord am Grafen Appiani verantwortlich ist, stürzt ihn das in tiefe Zweifel über sein Vorgehen. Viel Zeit zur Reflexion hat er aber nicht, denn das Attentat hat sich nahe seines Lustschlosses ereignet (das hat Marinelli natürlich so geplant). Deshalb muss Emilia in das Lustschloss fliehen. Erst ist sie erleichtert, dem Attentat entkommen zu sein. Dann aber erfährt sie, wessen Schloss das ist.

EMILIA.
Wer, sagen Sie?

MARINELLI.
Unser gnädigster Prinz selbst.

EMILIA (äußerst bestürzt).
Der Prinz?[147]

Intuitiv weiß sie in diesem Augenblick, dass sie hier nicht unbeschadet davonkommt. Noch aber ist Hoffnung: Claudia ist der Tochter nachgekommen – und sie ist rabiat.

CLAUDIA.
(die in die Türe tritt, indem Battista herausgehen will).

---

147 Lessing, Emilia Galotti, S. 47.

Ha! der hob sie aus dem Wagen! Der führte sie fort! Ich
erkenne dich. Wo ist sie? Sprich, Unglücklicher!

BATTISTA.
Das ist mein Dank?

CLAUDIA.
O, wenn du Dank verdienest: (in einem gelinden Tone)
– so verzeihe mir, ehrlicher Mann! – Wo ist sie? –
Lasst mich sie nicht länger entbehren. Wo ist sie?[148]

Sofort erkennt Claudia den Diener des Prinzen, Battista,
der Emilia aus der Kutsche fortgeschafft hat. Sie will ihn
direkt zur Rede stellen. Battista aber greift zu einer List:
Er zeichnet sich als Retter Emilias, um Claudia zu be-
sänftigen. Diese fällt zwar darauf herein, aber sie fragt
auch augenblicklich wieder nach ihrer Tochter. Als sie erfährt, dass sie sich im Lustschloss des Prinzen befindet,
weiß sie, es ist höchste Zeit, Emilia von hier fortzuschaf-
fen. Ihr Bauchgefühl sagt ihr, etwas stimmt hier ganz und
gar nicht. Um alles noch komplizierter zu machen, tritt
plötzlich Gräfin Orsina auf, die dem Prinzen nachstellt.
Dieser ist von ihr genervt und bittet Marinelli, die Gräfin
schnellstmöglich wieder loszuwerden. Dieser tritt jedoch
einer eloquenten[149] Gesprächspartnerin gegenüber, der er
nicht gewachsen ist. Sie fragt ihn ohne Umschweife, warum der Prinz nicht auf ihren Brief reagiert hat. Da wählt
Marinelli das falsche Wort:

---

148 Lessing, Emilia Galotti, S. 51.
149 gemeint ist: sie kann gut mit Worten umgehen

MARINELLI.
Aus Zerstreuung, weiß ich. – Nicht aus Verachtung.

ORSINA *(stolz).*
Verachtung? – Wer denkt daran? – Wem brauchen Sie das zu sagen? – Sie sind ein unverschämter Tröster, Marinelli! – Verachtung! Verachtung! Mich verachtet man auch! mich! – (Gelinder, bis zum Tone der Schwermut) Freilich liebt er mich nicht mehr. Das ist ausgemacht. Und an die Stelle der Liebe trat in seiner Seele etwas anders. Das ist natürlich. Aber warum denn eben Verachtung? Es braucht ja nur Gleichgültigkeit zu sein. Nicht wahr, Marinelli?

MARINELLI.
Allerdings, allerdings.

ORSINA *(höhnisch).*
Allerdings? – O des weisen Mannes, den man sagen lassen kann, was man will! – Gleichgültigkeit! Gleichgültigkeit an die Stelle der Liebe? – Das heißt, Nichts an die Stelle von Etwas. Denn lernen Sie, nachplauderndes Hofmännchen, lernen Sie von einem Weibe, dass Gleichgültigkeit ein leeres Wort, ein bloßer Schall ist, dem nichts, gar nichts entspricht. Gleichgültig ist die Seele nur gegen das, woran sie nicht denkt; nur gegen ein Ding, das für sie kein Ding ist. Und nur gleichgültig für ein Ding, das kein Ding ist, – das ist so viel, als gar nicht gleichgültig. – Ist dir das zu hoch, Mensch?

MARINELLI *(vor sich).*
O weh! Wie wahr ist es, was ich fürchtete![150]

Marinelli versucht zu erklären, warum der Prinz Orsina nicht geantwortet hat und will die Sache beruhigen. Stattdessen macht er es aber mit dem Wort *Verachtung* nur noch schlimmer. Sofort fährt die Gräfin auf hundertachtzig. Wie meint dieser ungezogene Typ das, *Verachtung?* Von dem hochfahrenden Tonfall kommt sie zurück *bis zum Tone der Schwermut.* Wer den Charakter der Gräfin durchschaut, weiß: Das ist nur gespielt. Sie gibt die Einsichtsvolle. Nun ja, die Liebe sei eben nun vergangen. Und hängt an ihre Beobachtung eine allgemeine Aussage an, wobei sie dabei ein neues, aufgeladenes Wort verwendet: *Gleichgültigkeit.* Marinelli, der die Tiraden über sich ergehen lässt, pflichtet ihr bei, um sie möglichst schnell loszuwerden. Aber Orsina verhöhnt ihn als *nachplauderndes Hofmännchen.* Und sie hebt zur vielleicht schönsten Definition über das Verhältnis zwischen Liebe und Gleichgültigkeit an, das die Bühne kennt: Gleichgültigkeit, belehrt sie ihn, sei das Schlimmste. Verachtung bedeutet immerhin ein großes anderes Gefühl – auch, wenn es nicht positiv besctzt ist. Das Gegenteil von Liebe ist also nicht Verachtung, wie es Marinelli plump angenommen hat, sondern Gleichgültigkeit einer Person gegenüber. Man setzt *Nichts an die Stelle von Etwas.* Weil das aber nichts Rationales ist, ist es in ihrer Rede auch die *Seele,* die gleichgültig ist. Die Gräfin hat Marinelli rhetorisch im Würgegriff – und kostet diese Position mit

---

150 Lessing, Emilia Galotti, S. 60f.

einem komplizierten Gleichnis aus: *nur gegen ein Ding, das für sie kein Ding ist. Und nur gleichgültig für ein Ding, das kein Ding ist, - das ist so viel, als gar nicht gleichgültig.* Die Seele, meint sie, ist nur gegen etwas gleichgültig, das für sie *kein Ding ist*, also nicht einmal existiert. Und jetzt müssen wir genau lesen: *Und nur gleichgültig für ein Ding, das kein Ding ist.* Das Subjekt ist noch immer die Seele. Der Satz sieht fast gleich aus, wie der vorige, aber die Bedeutung ist eine andere: die Seele eines Menschen ist auch nur gleichgültig (also passiv gedacht) für jemanden, der selbst kein Ding ist, also gar nicht existiert, sprich: Ein Mensch, dem die Seele eines anderen gleichgültig ist, ist selbst kein richtiger Mensch. Natürlich meint sie damit den Prinzen und, um Marinelli vollends zu verwirren, hängt sie noch daran: *das ist so viel, als gar nicht gleichgültig.* Das ist schlicht eine allgemeine Aussage, dass diese Gedanken nicht gleichgültig, also sehr wichtig sind. Sie bezeichnet den Prinzen somit als unmenschlich. Und noch etwas Wichtiges sagt sie: *Lernen Sie von einem Weibe, dass Gleichgültigkeit ein leeres Wort, ein bloßer Schall ist.* Marinelli soll sich von einer Frau, die sich mit so etwas auskennt, aufklären lassen. Damit macht die Gräfin etwas Bemerkenswertes, denn sie bezeichnet die angebliche Schwäche von Frauen, ihre Intuition und ihre Emotionalität, als ihren Vorteil. Im Prinzip sagt sie: Das können nur Frauen, du komisches Heinzelmännchen. Rhetorisch ist Marinelli besiegt. Aber seine Überheblichkeit lässt ihn am Schluss mit dem Satz *O weh!...* nur denken, dass diese Frau halt einfach sehr viel redet. Es ist die Meisterschaft Lessings, in diesen kleinen Dialogen die Klugheit und emotionale Reife seiner Charaktere sichtbar zu machen.

Auch Orsina hätte das Unglück noch abwenden können, denn sie durchschaut das Spiel des Prinzen. Die
Schlinge zieht sich zu. Fast sieht es so aus, als würden
der Prinz und Marinelli auffliegen. Es kommt zu einer
heftigen Diskussion zwischen den beiden, im Zuge derer
Marinelli dem Prinzen vorwirft, den Plan fast ruiniert
zu haben. Warum? Weil er Emilia in der Kirche nach-
gestellt hat. Was das Vorhaben der beiden also beinahe
verraten hätte, waren die unkontrollierten Emotionen des
Prinzen. Ihm steht das Bauchgefühl im Weg.

Nach einer Weile taucht Odoardo, Emilias Vater, im
Schloss auf. Gräfin Orsina unterrichtet ihn von ihrem
Verdacht, dass der Prinz hinter dem Attentat auf Graf
Appiani steckt. Claudia versichert Odoardo, dass Emilia
den Prinzen bis jetzt auf Abstand gehalten hat. Dann be-
geht Odoardo einen großen Fehler: Er schickt die beiden
Frauen (freilich, um sie in Sicherheit zu wissen), die am
meisten auf ihre Intuition vertrauen können, fort, um die
Sache zu klären. Orsina und Claudia müssen abreisen.
Claudia ist mulmig zumute und ihr Bauchgefühl sagt ihr,
dass die Sache nicht gut enden wird:

CLAUDIA.
*Aber – wenn nur – Ich trenne mich ungern von dem
Kinde.*[151]

Der Prinz und Marinelli verwickeln Odoardo daraufhin
in einem meisterhaften Dialog in eine Frage von Recht
und Unrecht, stellen die Situation um den Tod des Gra-

---

151 Lessing, Emilia Galotti, S. 73.

fen immer wieder ein bisschen anders dar – und drohen ihm schließlich. Denn der Vater hat seine Entscheidung getroffen: Emilia muss ins Kloster. Das würde natürlich den ganzen Plan des Prinzen zunichtemachen, denn dann kann er sie nicht mehr heiraten. Schließlich sind Odoardo und Emilia alleine. Emilia ist ganz ruhig.

EMILIA.
Entweder ist nichts verloren: oder alles. Ruhig sein können, und ruhig sein müssen: kömmt es nicht auf eines?[152]

Emilia hat sich in ihr Schicksal gefügt. Obwohl noch nichts geschehen ist (der Prinz hat sie nicht angerührt), weiß sie, dass eine Entscheidung kurz bevorsteht. Und sie weiß, dass sie etwas für immer verloren hat. Der Vater sagt ihr, dass der Prinz Emilia zur Stadt fahren würde. Emilia aber weiß, was passieren wird, wenn sie alleine bleibt. Und fordert jetzt ihr Recht auf Selbstbestimmung ein:

EMILIA.
Das bin ich. Aber was nennen Sie ruhig sein? Die Hände in den Schoß legen? Leiden, was man nicht sollte? Dulden, was man nicht dürfte?

ODOARDO.
Ha! wenn du so denkest! – Lass dich umarmen, meine

---

152 Lessing, Emilia Galotti, S. 84.

*Tochter! – Ich hab' es immer gesagt: das Weib[153] wollte
die Natur zu ihrem Meisterstücke machen. Aber sie
vergriff sich im Tone; sie nahm ihn zu fein. Sonst ist
alles besser an Euch, als an Uns. ...[154]*

Seine Tochter will sich nicht einfach so geschlagen geben.
Das macht den Vater stolz und er fährt damit fort, seine
Überzeugung zu teilen, dass Frauen den Männern außer
der körperlichen Statur in allem anderen überlegen seien.
Emilia hat Angst, aber sie weiß auch, dass sie weder der
Gewalt, noch der Verführung widerstehen können wird.
Daher entreißt sie dem Vater seinen Dolch[155], um sich das
Leben zu nehmen. Odoardo hält sie zurück, aber Emi-
lia wendet einen rhetorischen Trick an, um den Vater zu
überreden, ihr das Leben zu nehmen: Sie appelliert näm-
lich an seine Ehre:

EMILIA.

...

*Ehedem[156] wohl gab es einen Vater, der seine Tochter
von der Schande zu retten, ihr den ersten den besten
Stahl in das Herz senkte – ihr zum Zweiten das Leben
gab. Aber alle solche Taten sind von ehedem! Solcher
Väter gibt es keinen mehr!*

---

153 altes Wort für: Frau
154 Lessing, Emilia Galotti, S. 84f.
155 Den hat er zuvor von der Gräfin Orsina bekommen – eigentlich, um ihn gegen Marinelli und den Prinzen einzusetzen.
156 gemeint ist: damals, vor langer Zeit

ODOARDO.

Doch, meine Tochter, doch! (Indem er sie durchsticht)
Gott, was hab ich getan! (Sie will sinken, und er fasst
sie in seine Arme.)

EMILIA.

Eine Rose gebrochen, ehe der Sturm sie entblättert. –
Lassen Sie mich sie küssen, diese väterliche Hand.[157]

Emilia hat ihre Entscheidung getroffen. Sie hat den Vater
überredet, sie zu töten. Damit hat sie sich ein letztes Stück
Selbstbestimmung herausgenommen, was sie in ihren
letzten Worten andeutet. Emilia vergleicht sich mit einer
Rose, die in voller Blüte, also in ihrer Jugend steht, und
die zerstört werden musste, bevor man ihr die prächtigen
Blätter raubt (ihre Schönheit, ihre Jungfräulichkeit, ihre
Unschuld). Marinelli und der Prinz stürmen herein und
sehen, was geschehen ist. Obwohl das Stück mit dem Tod
Emilias endet, ist es der Prinz, der verloren hat.

Es ist ein bemerkenswertes Schauspiel, das Lessing hier
auf die Bühne gebracht hat. Die Protagonisten sind neu,
die Verszeilen sind nicht verschachtelt, sondern kurz und
klar. Und noch etwas ist hier passiert: Die Motive aller
Charaktere beruhen auf Gefühlen. Der Prinz begehrt
Emilia, so fängt das Drama an. Emilia fühlt sich beläs-
tigt und danach ausweglos. Odoardo kommt gegen sein
Ehrgefühl nicht an, sondern lässt sich um den Finger wickeln. Emilia weiß, dass sie den Vater nur zu einem Mord

---

157 Lessing, Emilia Galotti, S. 86.

überreden kann, wenn sie ihm sagt, dass er, tut er es nicht, kein Ehrgefühl hat. Claudia hat die richtige Intuition, kann aber im entscheidenden Moment nicht handeln. Und Marinelli? Der hat keine Gefühle und bleibt deshalb, obwohl er eine so entscheidende Rolle spielt, seltsam blass hinter den anderen zurück.

Nach dem Lesen des Stückes bleibt die Frage: Wer trägt die Schuld an Emilias Tod? Der Prinz, weil er angefangen hat? Odoardo, weil er Emilia getötet hat? Emilia selbst, weil sie es von ihm verlangt hat? Claudia, weil sie ihr Kind nicht einfach mitgenommen hat, als sie in die Kutsche der Gräfin stieg? Marinelli, weil er den Mord an Graf Appiani befohlen hat? Es bleibt ein fahler Beigeschmack bei uns zurück, der in unserer Zeit, die sich angewöhnt hat, eher Schuldige zu suchen, als selbst aktiv zu werden, vielleicht aktueller ist als je zuvor. Manchmal ist die Schuldfrage nicht entscheidend, sondern, wie wir in der Situation selbst handeln.

Rund dreißig Jahre später schreibt Heinrich von Kleist, in seinem Werk ein ähnliches Chamäleon wie Heinrich Heine, dem wir in Band 1 begegnet sind, seine Novelle *Die Marquise von O.* Da bleibt es zu Beginn nicht einfach bei Worten, weshalb sich alles ganz anders entwickelt. Zunächst erinnern wir uns an die Worte, die Emilia Galotti sagte, nachdem der Prinz ihr in der Kirche aufgelauert hatte:

EMILIA.
... Das war die einzige Überlegung, deren ich fähig
war – oder deren ich nun mich wieder erinnere.[158]

Sie verdrängt hier, was passiert ist und kann sich an die
entscheidenden Momente nicht mehr erinnern. So ergeht
es auch der Marquise von O. Bei der Belagerung der Burg
wird sie von feindlichen Soldaten verschleppt. Doch bevor noch mehr passieren kann, wird sie von einem russi-
schen Offizier, dem Grafen F, gerettet.

Er stieß noch den letzten viehischen Mordknecht, der
ihren schlanken Leib umfasst hielt, mit dem Griff des
Degens ins Gesicht, dass er, mit aus dem Mund vor-
quellenden Blut, zurücktaumelte; bot dann der Dame,
unter einer verbindlichen, französischen Anrede den
Arm, und führte sie, die von allen solchen Auftritten
sprachlos war, in den anderen, von der Flamme noch
nicht ergriffenen, Flügel des Palastes, wo sie auch völ-
lig bewusstlos niedersank.[159]

Der galante Retter spricht Französisch, obwohl er kein
Franzose ist. Das tut er deshalb, weil Französisch die
Sprache des Adels ist. Es ist eine Art Code, sodass man
selbst im Krieg demjenigen vertrauen kann, der sie spricht.
Deshalb denkt sich die Marquise nichts Böses (eine andere Wahl hat sie ohnehin nicht) und lässt sich von ihm in
einen anderen Trakt des Palastes führen, wo sie in Ohn-

---

158 Lessing, Emilia Galotti, S. 29.
159 Kleist, Marquise von O., S. 5.

macht fällt. Als alles vorüber ist, sind ihr Vater und ihre Mutter überglücklich, sie wieder in die Arme schließen zu können.

Bald jedoch beginnt die Tochter, unter merkwürdigen Symptomen zu leiden: Übelkeit, Ohnmachtsanfälle. Weil die Marquise schon Witwe ist und zwei Kinder hat, ist ihr recht schnell klar, dass sie schwanger sein könnte. Zeitgleich kommt der russische Offizier ins Haus, um um die Hand der Marquise anzuhalten. Die Eltern sind verwundert über die Eile, die Graf F. an den Tag legt. Er erklärt das damit, dass er bald zu einem neuen Auftrag aufbrechen müsse. Die Marquise ist indifferent was ihre Gefühle für den Grafen betrifft. Auf Nachfrage meint sie:

> *Die Marquise antwortete, mit einiger Verlegenheit: er gefällt und missfällt mir; und berief sich auf das Gefühl der anderen.*[160]

Noch vertraut sie also nicht ihrem eigenen Gefühl, sondern stützt sich darauf, was die anderen sagen. Ein Gefühl wird aber immer mehr zur Gewissheit: Sie ist schwanger. Um ihre Umgebung nicht vorzeitig zu beunruhigen, ruft sie einen Arzt, der sie untersucht und den Verdacht bestätigt. Weil sich die Marquise für ihren Zustand schämt, gibt sie sich dem Arzt gegenüber jedoch empört. Dieser bleibt bei seinem Standpunkt, dass sie schwanger sei, woraufhin sie ihn der Lüge bezichtigt.

---

160 Kleist, Die Marquise von O., S. 18.

Die Marquise versicherte, dass sie von diesen Belei-
digungen ihren Vater unterrichten würde. Der Arzt
antwortete, dass er seine Aussage vor Gericht beschwö-
ren könne: öffnete die Tür, verneigte sich, und wollte
das Zimmer verlassen. Die Marquise fragte, da er
noch einen Handschuh, den er hatte fallen lassen, von
der Erde aufnahm: Und die Möglichkeit davon, Herr
Doktor? Der Doktor erwiderte, dass er ihr die letzten
Gründe der Dinge nicht werde zu erklären brauchen;
verneigte sich noch einmal, und ging ab.[161]

Dem Arzt ist das Spielchen zu blöd; er hat seine Diagnose gestellt und will jetzt einfach nur noch weg. Er
beteuert, seine Aussage sogar vor Gericht bestätigen zu
können, wenn es dazu kommen sollte. Die Marquise aber
hat noch eine wichtige Frage, die sie ihm stellen muss:
Gibt es noch eine andere Möglichkeit, durch die man
schwanger werden kann? Sie bemüht sich offenbar, die
Frage beiläufig zu stellen (während er seinen Handschuh
aufhebt), obwohl wir hier eine zutiefst verunsicherte Frau
sehen. Ihr Zorn auf den Arzt rührt von ihrer Panik her,
nicht zu wissen, wie das passieren konnte. Der Arzt geht
nicht auf die Gefühle seiner Patientin ein und wischt die
Frage vom Tisch. Sie sind eine erwachsene Frau, Mutter
zweier Kinder, sagt er sinngemäß zu ihr, Sie werden doch
wohl wissen, wo die Kinder herkommen. Damit geht er.
Die Marquise bleibt zurück und plötzlich trifft sie die Erkenntnis über die missliche Lage, in der sie sich befindet,
wie ein Blitz:

---

161 Kleist, Die Marquise von O., S. 21.

O Gott! sagte die Marquise, mit einer konvulsivischen
Bewegung: wie kann ich mich beruhigen. Hab ich nicht
mein eignes, innerliches, mir nur allzu wohlbekanntes
Gefühl gegen mich? Würd ich nicht, wenn ich in einer
anderen meine Empfindung wüsste, von ihr selbst
urteilen, dass es damit seine Richtigkeit habe?[162]

Einerseits weiß die Marquise, dass ihr Gefühl richtig ist,
aber sie kann sich nicht erklären, wie es dazu kommen
konnte. Die letzte Frage, die sie sich stellt, ist jene, ob sie
sich am Ende selbst belügt. Die Antwort ist: nein. Das
Problem ist nur: Wie soll sie es ihren Eltern sagen? Die
Eltern reagieren erwartungsgemäß heftig und verstoßen
sie. Die Konstellation der Eltern ist dieselbe wie in *Emilia
Galotti*. Der Vater, zu dem die Marquise immer ein gutes
Verhältnis gehabt hat, ist erbost. Er fürchtet vor allem die
Schande, die über seine Tochter kommen wird. Die Mutter verflucht die Marquise zwar auch, aber tief in ihrem
Inneren weiß sie, dass ihre Tochter nicht lügt. Die Mar-
quise muss das Elternhaus verlassen und wieder in ihrem
eigenen Haus leben. Mit den Kindern fährt sie noch am
gleichen Tag ab. Danach passiert etwas Erstaunliches:
Die Marquise gibt eine Zeitungsannonce auf. Mit dieser
beginnt übrigens auch die Novelle.

In M..., einer bedeutenden Stadt im oberen Italien,
ließ die verwitwete Marquise von O..., eine Dame
von vortrefflichem Ruf, und Mutter von mehreren
wohlerzogenen Kindern, durch die Zeitungen bekannt

---

162 Kleist, Die Marquise von O., S. 22.

machen: dass sie, ohne ihr Wissen, in andre Umstände
gekommen sei, dass der Vater zu dem Kinde, das sie ge-
bären würde, sich melden solle; und dass sie, aus Fami-
lienrücksichten, entschlossen wäre, ihn zu heiraten.[163]

Das ist mal ein Lösungsansatz. Bevor das Gerücht über
ihren Zustand die Runde macht, schaltet die Marquise
kurzerhand eine Zeitungsanzeige, um das Problem aus
der Welt zu schaffen. Chapeau, damit in die Öffentlich-
keit zu gehen! Das Prinzip, der Klatschpresse zuvor zu
kommen und mit offenen Karten zu spielen, kennt nicht
erst das 21. Jahrhundert. Die Städte sind in der Erzählung
nur mit ihren Anfangsbuchstaben angegeben, wohl um
sie »unkenntlich« zu machen, aber wahrscheinlich auch,
um die Allgemeingültigkeit der Erzählung zu unterstrei-
chen. Gleich in der zweiten Zeile wird außerdem klarge-
stellt, dass die Marquise einen vortrefflichen Ruf hat. Damit keine falsche Sentimentalität aufkommt, verweist die
Marquise in dem Schreiben auch auf die Tatsache, dass
sie zu heiraten beabsichtigt, um dem Skandal den Wind
aus den Segeln zu nehmen. Eine praktische Lösung.
Dass auch Emotionen mit dieser Entscheidung verknüpft sind, erfahren wir an der Stelle im Text, an der sie
diese trifft:

Nur der Gedanke war ihr unerträglich, dass dem jun-
gen Wesen, das sie in der größten Unschuld und Rein-
heit empfangen hatte, und dessen Ursprung, eben weil
er geheimnisvoller war, auch göttlicher zu sein schien,

---

163   Kleist, Die Marquise von O., S. 3.

als der anderer Menschen, ein Schandfleck in der bür-
gerlichen Gesellschaft ankleben sollte.[164]

Dass die Sache mit der *Unschuld und Reinheit* nicht ganz
der Wahrheit entspricht und die Empfängnis ganz normal von Statten ging, werden wir bald herausfinden. Das
Bemerkenswerte an diesem Gedankengang ist aber, dass
die Marquise sich um ihr Kind sorgt. Sie will nicht, dass
es von Geburt an gezeichnet ist. Es ist die Liebe zu ihrem
Kind, die sie die Entscheidung treffen lässt, zu heiraten,
wer auch immer durch diese Türe tritt, um ihm ein gutes
Leben zu ermöglichen.

Und sie erhält eine Antwort auf ihre Anzeige. Am dritten Tag des Monats soll sie sich im Haus des Vaters ein-
finden, dann würde derjenige, der ihren Zustand erklären kann, dort erscheinen. Die Mutter der Marquise, die
nicht glauben kann, dass ihre Tochter lügt, versucht noch,
sie auszutricksen. Aber da die Marquise tatsächlich keine
Ahnung hat, versöhnen sich die beiden miteinander und
auch mit dem Vater. Sie alle warten an besagtem Tag gespannt, wer durch diese Türe kommen würde. Die Über-
raschung ist groß, als er dasteht, in derselben Uniform, in
der er sie gerettet hat: Graf F., der russische Offizier. Die
Marquise erbleicht. Seine Kleidung scheint die Erinnerung, die sie aus Schock verloren hat, zu triggern. Plötzlich begreift sie: Er ist der Vater des Kindes. Keineswegs
hat er sie gerettet, sondern sie vergewaltigt! Trotzdem erscheint er und erneuert seine Bitte, sie heiraten zu dürfen.
Sie aber schreit:

---

164 Kleist, Die Marquise von O., S. 28.

Gehn Sie! gehn Sie! gehn Sie! rief sie, indem sie auf-
stand; auf einen Lasterhaften war ich gefasst, aber auf
keinen --- Teufel![165]

Zurecht ist sie gekränkt, verletzt und fühlt sich hinter-
gangen. Der Vater aber reagiert zum Wohl seiner Tochter: Er gestattet die Ehe, die sie nicht will. Das Argument
ist: Denk an deine Kinder. Der Graf F. ist untröstlich,
den Heiratsvertrag schickt er von Tränen durchfeuchtet
zurück. Es ist eine komplizierte Situation: Ja, natürlich
hat er sie vergewaltigt, aber sobald er aus dem Krieg zu-
rückkam, hat er ihr, in Ahnung, was daraus folgen könnte, die Hand angeboten – gleichsam, um seine Schuld
wieder gut zu machen. Der Aufschub der Hochzeit ging
von der Marquise und ihren Eltern aus. Wer genau auf-
passt, bemerkt die Unruhe des Grafen, das Händeringen,
die Blässe in seinem Gesicht, die Eile, mit der er auf die
Hochzeit drängt. Alle Anzeichen für Schuld waren längst
da. Als er von der Zeitungsanzeige erfährt, will er sofort
aufbrechen, um zur Marquise zu gelangen:

Der Graf schlug sich mit der Hand vor die Stirn. War-
um legte man mir so viele Hindernisse in den Weg! rief
er in der Vergessenheit seiner. Wenn die Vermählung
erfolgt wäre: so wäre alle Schmach und jedes Unglück
uns erspart! Der Forstmeister fragte, indem er ihn
anglotzte, ob er rasend genug wäre, zu wünschen, mit
dieser Nichtswürdigen vermählt zu sein? Der Graf
erwiderte, dass sie mehr wert wäre, als die ganze Welt,

---

165 Kleist, Die Marquise von O., S. 44.

die sie verachtete; dass ihre Erklärung über ihre Un-
schuld vollkommnen Glauben bei ihm fände; und dass
er noch heute nach V... gehen, und seinen Antrag bei ihr
wiederholen würde.[166]

Der Graf gibt für denjenigen, der zuhört, durch seine
emotionale Reaktion alles preis. Obwohl er als Offizier
strikt und höflich dargestellt wird, verraten ihn seine
Emotionen. Er verteidigt die Marquise vehement und
weiß, dass es seine Schuld ist, dass ihr die Demütigung,
den Vater des Kindes über eine Zeitungsanzeige zu finden, nicht erspart geblieben ist. Auch, als er das zweite
Mal vertröstet wird, gibt er nicht auf und schreibt daraufhin die Antwort auf die Annonce, um die Gelegenheit
zu bekommen, sich zu erklären. Am Ende heiraten die
beiden. Der Graf wird von der Marquise und ihrer Familie auf Abstand gehalten. Erst muss er beweisen, dass er
würdig ist. Das tut er aber – und verlässt sich auch hier
wieder auf sein Gefühl:

Er fing an, da sein Gefühl ihm sagte, dass ihm von al-
len Seiten, um der gebrechlichen Einrichtung der Welt
willen, verziehen sei, seine Bewerbung um die Gräfin,
seine Gemahlin[167], *von neuem an, erhielt, nach Verlauf*
eines Jahres, ein zweites Jawort von ihr, und auch eine
zweite Hochzeit ward gefeiert, froher als die erste...[168]

---

166 Kleist, Die Marquise von O., S. 30.
167 altes Wort für »Ehefrau«
168 Kleist, Die Marquise von O., S. 47.

Der Graf wartet respektvoll ab. Erst als sein Gefühl ihm sagt, dass die Zeit gekommen ist, bemüht er sich wieder um die Liebe seiner Frau. Diesmal hat er Erfolg und es wird ein zweites Mal geheiratet – nicht aus rationalen Gründen, sondern aus Liebe: *froher als die erste*. Es ist ein erstaunliches Ende, die beiden nach allem, was passiert ist, in den romantischen Sonnenuntergang zu entlassen. Wir sehen der Pferdekutsche mit dem Schriftzug *Just Married* darauf noch eine Weile nach. Ja, sind wir uns sicher, der Graf hat die Schuld völlig auf sich genommen und versucht, sie zu begleichen. Verlassen hat er sich dabei auf sein Gefühl von Recht und Unrecht. Am Ende hat er den richtigen Zeitpunkt abgewartet, um ihr Vertrauen zu gewinnen, hat sich eine Weile respektvoll zurückgehalten und ihr dennoch die Schande erspart, indem er sie formell geheiratet hat. Die Novelle heißt *Die Marquise von O.*, aber eigentlich ist es eine Geschichte über die Schuld eines Mannes. Und darüber, dass es nicht die moralischen Vorstellungen einer Gesellschaft sind, die uns den Weg weisen sollten, sondern unsere eigenen Gefühle.

KAPITEL 4: RICHTER & GERICHTETE

Was ist Recht? Was ist Gerechtigkeit? Die Aufklärer ringen um diese Fragen. Gerade auch deshalb, weil es darum geht, Staaten neu zu denken und individuellen Schicksalen Rechnung zu tragen. Dabei geht es ans Eingemachte: Wer darf leben, wer muss sterben? Wer die Moral der Kirche ausklammert, hat keine eindeutigen Antworten mehr auf diese entscheidenden Fragen. In der Philosophie geht es um Naturrecht und darum, ob ein Mensch von der Umgebung geformt wird oder von seinem eigenen Wesen. Es geht darum, wer gut und wer böse ist und warum. Kann man jemanden, der einfach verrückt ist, überhaupt verurteilen? Die Epochen davor haben sich mit dieser Frage leichtgetan: Nein, denn er ist ein Geschöpf Gottes. Jetzt aber tritt der Begriff des Wesens auf: Welches Wesen haben die Menschen und wovon wird es bestimmt? Während die Philosophie sich mit diesen Fragen auseinandersetzt, sucht die Literatur ihrerseits einen Weg, diesen Zeitgeist abzubilden. Wir nähern uns einer Individualität der Charaktere. Noch fungieren sie meist als Schablonen vor einer Gesellschaft, die sozialkritisch untersucht werden soll, aber der Weg wird für die starken Figuren geebnet, die über ihre eigenen Leben bestimmen. Dort, wo die Frage nach Recht und Unrecht begonnen werden soll, wird die Geschichte in ein historisches Setting verlegt, um einen gewissen Abstand halten zu können. Aber dort, wo es sich in Richtung Selbstbestimmung entwickelt, liegt die eigentliche Meisterschaft der Schriftsteller. Warum? Weil genau dort so etwas wie echte Gefühle durchblitzen.

4.1 VON GERICHTETEN

Wir schreiben das Jahr 1776. Offiziere, die herumlaufen und mehr oder weniger absichtlich unschuldige Frauen schwängern, sind in der zeitgenössischen Literatur oft zu finden. Auch in *Die Kindermörderin* haben wir ein solches Exemplar: Er spricht Französisch, flirtet mit Mutter und Tochter gleichzeitig und auch mit der Magd, um zu zeigen, welch toller Hecht er ist. Sein Name: Leutnant von Gröningseck.

Angehörige des Militärs haben einen hohen Stellenwert in der Gesellschaft. Das ist nachvollziehbar, da besonders das 18. Jahrhundert von kriegerischen Auseinandersetzungen geprägt ist. Es ist das Jahrhundert des Amerikanischen Bürgerkriegs, aber auch unzähliger Schlachten in Europa, im Laufe derer die Staaten Preußen und Österreich als Großmächte hervortreten. Soldaten sind daher oft als Charaktere auf der Bühne und in Büchern zu finden. Meist sind diese Figuren gleich angelegt: gutaussehend, die geborenen Verführer unerfahrener Mädchen, gefangen in ihrem Ehrenkodex, präpotent und meist nicht sehr sympathisch. Man könnte fast sagen, sie sind der neue Adel in der Literatur. Im Schauspiel von Heinrich Leopold Wagner trifft man abermals auf diesen Stereotypen. Dabei geht es dem Autor nicht nur darum, ein Bild der Gesellschaft zu zeichnen, vielmehr schreibt er auch, um für sich herauszufinden, was alles passieren könnte. Seine Inspiration: die Fallbeschreibungen von Kindesmörderinnen der Zeit.

Es würde zu weit greifen, hier schon von einer Art »Psychologisierung des Stoffes« zu sprechen. Noch dienen die Fälle der Kindesmörderinnen als Schablone für den Plot, den der Autor entwickelt. Wir können erkennen, welches Interesse der Autor hat: Es ist der Versuch, zu rekonstruieren, wie sich eine solche Geschichte von verlorener Ehre und ungewollter Schwangerschaft entwickeln könnte. Welche Figur wäre dafür besser geeignet, um die ungewollte Schwangerschaft zu verursachen, als ein Leutnant, der Verführer par excellence? Um eine Frau dazu zu bringen, ihr Kind zu töten, muss ein Ablauf verschiedener Gefühlslagen stattfinden. Wagner greift in seine Werkzeugkiste und bastelt die Geschichte nach folgender Bauanleitung:

Schritt 1: die Lust (des Erzeugers; in diesem Fall nicht ihre), Schritt 2: die Scham (die mit der Entdeckung der Schwangerschaft einhergeht), Schritt 3: die Einsamkeit (ihre Familie verstößt sie) und schließlich Schritt 4: die Verzweiflung (aufgrund der Ausweglosigkeit der Situation). Los geht's:

Schritt 1: die Lust. Auftritt: der tolle Hengst mit den Frauen, die ihn anhimmeln. Die Frau, die ihn am meisten begehrt, ist allerdings nicht etwa Evchen, sondern ihre Mutter, Frau Humbrecht:

FR. HUMBRECHT (sich mittlerweil betrachtend.)
Du hast fast recht, Eve, ich hätte den Domino[169] wie-
der umwerfen sollen – jetzt seh ichs erst, bey der Lampe
hab ichs nicht so bemerkt – mein Mantlett[170] ist fast gar
zu schmutzig.

EVCHEN.
Habs ihr ja gleich gesagt, aber da hat sie keine Ohren
gehabt[171].

V. GRÖNINGSECK.
Es ist gut, Leutgen! `s ist gut! Frau Humbrecht `s ist
gut, sag ich.

FR. HUMBRECHT.
Na denn! wenns nur ihnen gut genug ist, – (geht zu
ihm und spielt ihm an der Epaulette[172]) – ich hab eben
gedacht, unter der Maske sieht mans ja nicht, obs rein
oder schmutzig ist, und thust du ein weißes an, dacht
ich, so wird's doch auch verkrumpelt.

V. GRÖNINGSECK.
Eine vortreffliche Haushälterinn, bey meiner Treu!
(läßt Evchens Hand gehen, packt ihre Mutter um den
Leib, und stellt sie zwischen seine Beine) très bonne

---

169 ein wadenlanger Seidenmantel, meist schwarz, ohne Ärmel
und mit Kapuze
170 ein Mäntelchen; könnte auch »Kleidchen« heißen
171 gemeint ist: sie hat nicht auf sie hören wollen
172 eine Epaulette ist das Schulterstück einer Uniform

ménagère! – sind sie denn nicht müde geworden auf dem Ball, mein Weibchen?

FR. HUMBRECHT.
Ey wer kann denn da müd werden, es gibt immer etwas zu sehn! immer was neues! Ich hätt, glaub ich, noch die ganze Nacht und den ganzen Tag durch ohngegessen und ohngetrunken auf einem Fleck sitzen können.

EVCHEN.
Ich nicht! am Zusehn hätt ich gar keine Freud.

V. GRÖNINGSECK.
Du machst lieber selbst mit, nicht wahr?

EVCHEN (unschuldig.)
Ja!

FR. HUMBRECHT (lacht; sich recht auszulachen bückt sie sich vorwärts an des Lieutenants Brust, das Gesicht von Evchen abgekehrt: Er spielt ihr am Halsband, sie drückt ihm die Hand, und küßt sie.)
Das hat sie nicht verstanden: müssen ihr ihre Dummheit nicht übel auslegen. (Sich aufrichtend.) Sie sind auch gar zu schlimm, daß sie es nur wissen.[173]

Die ganze Szenerie schnürt uns vom ersten Augenblick an den Hals zu – Mutter und Tochter sind mit einem

---

173 Wagner, Die Kindermörderin, S. 10f.

Lieutenant nach einem Ball in einem Zimmer. Später wird sich dieses Etablissement als Bordell entpuppen. Die beiden haben die schweren Ballkleider ausgezogen und stehen praktisch im Unterhemd da. Dass die Mutter diesen Aufzug forciert hat, setzt dem Ganzen die Krone auf. Was jetzt passiert, macht alles jedoch noch viel schlimmer: Die Mutter sieht sich im Spiegel an und kokettiert damit, dass der Lieutenant ihr ein Kompliment macht. Dieser will ihr Aussehen zunächst nicht kommentieren, sie tritt aber näher an ihn und meint, dass es vor allem ihm gut genug sein muss. Zur Unterstreichung ihrer Aussage fasst sie ihm an die *Epaulette*, also das Schulterstück seiner Uniform. Damit packt sie ihn in der Bedeutung der Szene an seiner Ehre; man könnte auch sagen: Sie fasst ihm an den Penis, im übertragenen Sinn, wenn man die Wichtigkeit der Rangordnungen im Militär bedenkt. Dabei tut sie unschuldig und meint, dass ihr Unterkleid so dreckig ist, weil man ja ohnehin etwas anderes darüber trägt. Diese Kombination macht ihn nun so richtig an. Deshalb lässt er die gehaltene Hand Evchens los und zieht die Mutter zwischen seine Beine. An der Diminutivform[174] des Namens erkennen wir die Unschuld des Mädchens. Schließlich muss das Unvermeidliche folgen: Das Sprechen auf Französisch, denn das machen charmante Militärs nun einmal. Wie auch schon in Kleists *Die Marquise von O.* ist das Französischsprechen dazu da, Vertrauen in die Ehre des Sprechers zu generieren. Von Gröningseck nennt die Mutter vertraut *Weibchen*. Und

---

174 Verkleinerungsform; im Deutschen durch den Zusatz von -chen gebildet

sie redet bestätigt weiter: Die ganze Nacht hätte sie auf dem Ball verbringen können! Evchen, die das Spiel, dessen Zeugin sie wird, nur befremden kann, widerspricht der Mutter trotzig, dass sie nicht die ganze Nacht irgendwo hätte sitzen können. Wir wissen: Sie tut es um des Widersprechens Willen. Hier wiederum wittert von Gröningseck die Chance, in einen schlüpfrigen Dialog mit Evchen zu kommen und meint: *Du machst lieber selbst mit, nicht wahr?* Evchen, die ans Tanzen denkt, antwortet einfach mit Ja. Daraufhin lachen sich der Lieutenant und die eigene Mutter (!) krumm über ihre Naivität. Natürlich hat der Lieutnant bei »mitmachen« nicht ans Tanzen gedacht und die Mutter weiß das auch. Statt ihre Tochter zu beschützen, stellt sie sich aber auf seine Seite und lacht sie aus. Mehr noch: Die beiden befummeln sich (er nimmt ihr Halsband, sie seine Hand), während sie sich für die *Dummheit* der Tochter entschuldigt. Zuletzt neckt sie ihn noch einmal damit, wie *schlimm* er doch wäre – Arthur Schnitzlers junger Herr lässt grüßen.[175] Wir werden, mit einem Kloß im Hals, Zeugen der unglaublichen und abscheulichen Demütigung Evchens. Was auffällt: Die Demütigung derer, die das Spiel um Lust und Liebe noch nicht gespielt haben, ist kein Sport, der auf Partys des 21. Jahrhunderts erfunden wurde. Am liebsten würden wir auf die Bühne stürmen und Evchen nach Hause begleiten, aber das können wir nicht und sehen nur beklommen zu, wie alles noch schlimmer wird.

---

175 »Dass der junge Herr Alfred so schlimm sein kann...«; siehe: Arthur Schnitzler, Reigen, S. 41. Wer noch einmal nachlesen möchte: siehe Band 1, Kapitel 6.2.

Die Vergewaltigung Evchens durch den Lieutenant findet nicht auf der Bühne statt, sondern im Nebenzimmer. Die Regieanweisung dazu liest sich wie folgt:

EVCHEN.
Darum! – ich will nicht. – (Er will sie umarmen und küssen, sie sträubt sich, reißt sich los, und lauft der Kammer zu.) Mutter! Mutter ich bin verlohren. –[176]

Ganz klar sagt Evchen, dass sie das nicht will und ruft die Mutter um Hilfe an. Diese kann ihr aber nicht helfen, weil der Lieutnant ihr ein Schlafmittel ins Getränk gemischt hat. Als alles vorbei ist und Evchen draufkommt, dass der Schlaf der Mutter nicht natürlich ist, sagt sie:

EVCHEN.
(richtet sich auf, bedeckt aber das Gesicht mit dem Schnupftuch.) – Fort, fort! Henkersknecht! – Teufel in Engelsgestalt! –[177]

Und da finden wir den jenen Vergleich, den schon die Marquise von O. bemüht hat: Im schönen Äußeren des Lieutenants verbirgt sich der Teufel. Durch ihre Rede am Schluss der Szene schafft es Evchen noch, sich so etwas wie Respekt gegenüber dem Lieutnant zu verschaffen. Trotzdem: Seine Reue schmeckt seltsam schal und sein Umdenken im Laufe des Stücks will man einem vorsätzlichen Vergewaltiger (immerhin hat er dafür gesorgt, dass

---

176 Wagner, Die Kindermörderin, S. 16.
177 Wagner, Die Kindermörderin, S. 17.

Frau Humbrecht nichts mitbekommt) nicht so recht abnehmen.

Schritt 2 des Schemas ist erreicht. Es ist offensichtlich,
dass Evchen schwanger ist. Von Gröningseck kommt zu
ihr, um sie um ihre Hand zu bitten. Die beiden gestehen
sich ihre Liebe, aber er muss für zwei Monate verreisen.
Da fasst Evchen ihm gegenüber zusammen, in welcher
Situation er sie zurückgelassen hat:

EVCHEN.
Das kann nur die Zeit lehren: – ich setz indessen –
hören sie nur! – sie hielten ihr Wort nicht, überließen
mich meinem Schicksal, dem ganzen Gewicht der
Schande, die mich erwartet, dem Zorn meiner Anver-
wandten, der Wuth meines Vaters, glaubst du, daß ich
dies alles abwarten würde? abwarten könnte? – gewiß
nicht! – die grauenvollste Wildniß würde ich aufsu-
chen, von allem was menschliches Ansehn hat entfernt,
mich im dicksten Gesträuch vor mir selbst verbergen,
nur den Regen des Himmels trinken, um mein Gesicht,
mein geschändetes Ich nicht im Bach spiegeln zu dürfen;
…[178]

Evchen weiß sich verbal zu wehren. Der schmucke Lieutenant sitzt da und hört zu – mehr noch: Als sie von der
Möglichkeit spricht, sich das Leben zu nehmen, kann er
kaum glauben, was er hört und spricht davon, wie grausam sie ist. Evchen konfrontiert ihn damit, sie in diesen
Zustand versetzt zu haben und, dass sie nicht zwei Mo-

---

178 Wagner, Die Kindermörderin, S. 52.

133

nate auf ihn warten wird – mit nichts als leeren Verspre-
chungen. Sie spricht von ihrem *geschändeten Ich* und meint
damit ihren Körper, aber natürlich auch ihr gesellschaft-
liches Ansehen.

Es kommt, wie es kommen muss: Evchen entbindet
das Kind weit weg von zu Hause, im Zimmer einer alten Lohnwäscherin, die sie aus Mitleid aufgenommen
hat. Schritt 3: Evchen ist ganz auf sich allein gestellt und
ihr wiederfährt das Schlimmste, das eine junge Mutter
durchmachen muss: Sie hat keine Milch, um ihr Kind zu
füttern.

EVCHEN.
*Armes, armes Kind! – nein länger ertrag ichs nicht. –
(legts aufs Bett.) O liebe Frau Marthan! – ich bitt sie
um Gotteswillen, nur ein einziges halbes Weißbrod,
nur ein Viertel! schaff sie mir, und ein paar Löffel
Milch, daß ich dem unschuldigen Tröpfchen ein Bißel
Brey koche.*

...

EVCHEN.
*Wenn ich was hätte! – es ist alles vertrocknet, kein
Tropfen herauszupressen! mein Kummer hat alles auf-
gezehrt. – (geht vom Bett weg.) Kann den Jammer
nicht ansehn, sonst werd ich noch rasend.*[179]

---

179 Wagner, Die Kindermörderin, S. 71.

Sie bittet Frau Marthan, ihr zu helfen, aber diese kann auch kein Weißbrot besorgen, weil sie es nicht bezahlen kann. Evchen wird vor Kummer halb wahnsinnig; weiß nicht, was sie tun soll. Wie sie im Folgenden ihr Kind immer wieder hochhebt und es bittet, mit dem Schreien aufzuhören, ist schriftstellerisch meisterhaft gestaltet in der Nuancierung zwischen Verzweiflung und Liebe zu ihrem Kind.

Unterdessen erfahren wir, dass ihr Vater bereit ist, ihr zu vergeben und der Leutnant von Gröningseck auch schon zu ihr unterwegs ist. Wir ringen die Hände im Schoß und beten, dass sie es rechtzeitig schaffen – aber sie kommen zu spät. Als der Vater durch die Türe poltert, ist Schritt 4 bereits getan: Evchen tötet aus Verzweiflung ihr Kind.

EVCHEN.
...
– Ein böser Vater! Der dir und mir nichts seyn will, gar nichts! Und mirs doch so oft schwur, uns alles zu seyn! – ha! Im Bordel so gar es schwur! – (zum Kind) Schreyst? schreyst immer? Laß mich schreyn, ich bin die Hure, ..., du bist doch nichts! – ein kleiner Bastert, sonst gar nichts; ... (nimmt eine Stecknadel, und drückt sie dem Kind in den Schlaf, das Kind schreyt ärger, es gleichsam zu überschreyn singt sie erst sehr laut, hernach immer schwächer.)
Eya Pupeya!
Schlaf Kindlein! schlaf wohl!

Es ist erschreckend, wie detailliert hier die Regieanweisung angibt, wie Evchen ihr Kind tötet. Und es ist
schrecklich, dass sie das Schreien des Säuglings mit einem
Schlaflied für Kinder übertönt. Sie sieht keinen Ausweg
mehr – nicht für sich, aber noch viel weniger für das Kind,
das sie nicht stillen kann. Daher muss Evchen sich für
das Äußerste entscheiden. Die Ankunft ihres Vaters und
Lieutenant von Gröningseck ändert nichts mehr. Die beiden finden das tote Kind und Evchen wird abgeführt, um
vor den Richter zu treten. Die Strafe für Kindesmord: der
Tod. Der Lieutnant will sich für Evchen einsetzen, aber
sie nimmt ihr Schicksal, ähnlich wie Emilia Galotti, an.
Durch den Mord an ihrem Kind als Verrückte gebrand-
markt, ist sie doch diejenige, die am Ende am klarsten
sieht:

EVCHEN.
Gnade für mich! Gröningseck! Wo denken sie hin? –
soll ich zehntausend Tode sterben! – lieber heut als
morgen.[181]

Wagner ist nicht der einzige Autor, der sich für die Erzählung des Schicksals einer Kindesmörderin interessiert.
Er hat einen berühmten Konkurrenten und ihr beider Interesse an diesem Thema führt zum Bruch ihrer Freund-

180 Wagner, Die Kindermörderin, S. 79f.
181 Wagner, Die Kindermörderin, S. 84.

schaft: Es ist der junge Johann Wolfgang von Goethe, noch der Shootingstar der deutschsprachigen Literaturszene. Die Kindermörderin wird bei ihm bleiben bis sie in einer seiner Figuren ihre meisterliche Vollendung findet, aber noch ist es nicht so weit. Wir nähern uns dem Giganten der deutschsprachigen Literatur allerdings bereits mit Riesenschritten, schon können wir seinen mächtigen Schatten sehen, den er vorauswirft. Als sein erster Briefroman, *Die Leiden des jungen Werthers*, erscheint, scharen sich andere Autoren um ihn, wollen von ihm lernen und ein klein Wenig von diesem Glanz abbekommen. Aber wer zu nahe an die Sonne fliegt, verbrennt an ihr. So wie ein Dichter, der später einsam in den Gassen von Moskau wird sterben müssen, verstoßen und vergessen: Jakob Michael Reinhold Lenz.

In Lenz' Drama *Der Hofmeister* geht es, wie der Name schon sagt, um einen sogenannten *Hofmeister,* also einen Hauslehrer. Dieser heißt Läuffer. Hofmeister Läuffer wird in den Haushalt des Majors geschickt, um dessen Tochter Gustchen zu unterrichten. Um zu prüfen, ob er dieser Aufgabe würdig ist, wird er von der Majorin[182] ausgefragt – natürlich auf Französisch:

LÄUFFER.
O ... o ... verzeihen Sie dem Entzücken, dem Enthusiasmus, der mich hinreißt. (küßt ihr die Hand.)

---

182 Die Dame hat selbst keinen militärischen Rang, als Frau des Majors wird sie aber als »Majorin« bezeichnet.

MAJORIN.
Und ich bin doch enrhumiert dazu; ich muss heut krä-
hen wie ein Rabe. Vous parlez françois, sans doute?

LÄUFFER.
Un peu, Madame.

MAJORIN.
Avez-Vous déjà fait Votre tour de France?

LÄUFFER.
Non Madame .... Oui Madame.

MAJORIN.
Vour devez donc savoir, qu'en France, on ne baise pas
les mains, mon cher. ...[183]

Läuffer ist darum bemüht, einen guten Eindruck zu machen. Er will der Majorin schmeicheln und küsst ihr die
Hand. Er sagt, dass er *hingerissen* sei und drückt damit
aus, dass er eben nicht anders kann, als ihr die Hand zu
küssen. Sie kokettiert damit und benutzt in ihrer Antwort
ein französisches Wort: *enrhumer – erkältet sein.* Vermeintlich bescheiden fügt sie hinzu, ihre Stimme sei heute rau,
und schon verwickelt sie ihn in ein Gespräch auf Französisch: »Sie sprechen ohne Zweifel Französisch?«, woraufhin er »Ein bisschen, Madame« antwortet. »Haben Sie
schon Ihre Tour de France gemacht?«, fragt sie weiter und
natürlich geht es hier nicht ums Radfahren, sondern um

---

183 Lenz, Der Hofmeister, S. 8.

eine Bildungsreise, die Angehörige der Oberschichten bis ins 19. Jahrhundert nach Frankreich und Italien gemacht haben. Hier will sie also seinen Bildungsstand abfragen. Er scheint nicht sicher zu sein, was er sagen soll. Erst antwortet Läuffer »Nein«, korrigiert sich dann aber. Wir sind nicht sicher: Ist es ihm gerade entfallen? Hat er die Frage nicht richtig verstanden? Oder merkt er, dass seine Chancen auf eine Anstellung als Hauslehrer schwinden würden, wenn er verneinen würde? Ob er lügt, ist nicht zu erkennen. Die Majorin vermutet es aber, denn sie überführt ihn der Lüge: »Dann müssen Sie doch wissen, dass man in Frankreich niemandem die Hand küsst.« Die Etikette Frankreichs, und damit die tonangebende der Zeit, ist ihm also nicht ausreichend geläufig. Und dann fügt sie noch ein *mon cher* an: *mein Lieber* – eine sehr persönliche Anrede, die hier den Zweck hat, ihn auf den unteren Rang zu verweisen. Es ist fast, als würde sie ein Hündchen tätscheln und sagen: »Brav gemacht«.

Um den Bildungsgrad des Hauslehrers geht es an manchen Stellen im Stück, ebenso wie sich der Major und sein Bruder, der Geheime Rat, über die Tücken der Zeit, ihre Stellung und ihre Wertvorstellungen unterhalten. Dem Text unterliegend ist stets die Frage nach dem angemessenen Verhalten des eigenen Standes, aber es gibt auch Platz für romantische Gefühle. Sie begegnen uns zuerst in den Gestalten von Gustchen, der Tochter des Majors, die Läuffer unterrichten soll, und ihres Geliebten Fritz (er ist ihr Cousin):

GUSTCHEN.
Glaubst du denn, dass deine Juliette so unbeständig

sein kann? O nein; ich bin ein Frauenzimmer[184]*; die*
Mannspersonen allein sind unbeständig.

FRITZ.
Nein, Gustchen, die Frauenzimmer allein sind's. Ja
wenn alle Julietten wären! – Wissen Sie was? Wenn
Sie an mich schreiben, nennen Sie mich Ihren Romeo;
tun Sie mir den Gefallen: ich versichere Sie, ich werd'
in allen Stücken Romeo sein, und wenn ich erst einen
Degen trage. O ich kann mich auch erstechen, wenn's
dazu kommt.[185]

Gustchen und Fritz versichern sich an dieser Stelle ihrer
Liebe. Wir sind aber noch nicht bei individuellen Liebesbezeugungen angekommen, daher braucht diese Liebe
hier einen Code. Die beiden wählen den klassischsten von
allen: Romeo und Julia. Sie ist seine *Juliette* und er beschwört sie, ihn nur als *Romeo* zu adressieren, wenn sie
ihm schreibt. Fritz muss in einer anderen Stadt an die
Universität und Gustchen soll zurückbleiben. Die beiden
versprechen, aufeinander zu warten. In diesem kurzen
Wortwechsel ist auch ein Geschlechterdiskurs zu erkennen: Wer ist unbeständiger in seiner Liebe – die Frau
oder der Mann? Das Argument für die Frauen ist hier
immer, dass Frauen in dieser Zeit als emotionaler gesehen
werden; das Argument für die Männer ist, dass sie sich
einfach eine neue suchen, weil sie ihren Spaß haben wollen. Beide möchten nun, dass der andere ihm versichert,

---

184 Frauenzimmer ist ein alter Begriff für »Frau«
185 Lenz, Der Hofmeister, S. 13f.

wiederzukommen. Fritz geht sogar bis zum Äußersten, wenn er sagt, dass er sich erstechen würde wie Romeo, wenn das nötig wäre, um seine Liebe zu beweisen. Der Geheime Rat, Fritz' Vater, taucht in diesem Moment auf und nimmt den Eid der Liebenden erst einmal genüsslich auseinander, indem er sie daran erinnert, was es bedeutet, einen Eid zu leisten:

GEH. RATH.
... Und Sie, Gustchen, auch Ihnen muss ich sagen, dass es sich für Ihr Alter gar nicht mehr schickt, so kindisch zu tun. Was sind das für Romane, die Sie da spielen? Was für Eide, die Sie sich da schwören und die ihr doch alle beide so gewiss brechen werdet als ich itzt[186] *mit euch rede. Meint ihr, ihr seid in den Jahren, Eide zu tun, oder meint ihr, ein Eid sei ein Kinderspiel, wie es das Versteckspiel oder die Blinde Kuh ist? Lernt erst einsehen, was ein Eid ist: lernt erst zittern dafür und alsdenn wagt's, ihn zu schwören. Wisst, dass ein Meineidiger die schändlichste und unglücklichste Kreatur ist, die von der Sonne angeschienen wird. Ein solcher darf weder den Himmel ansehen, den er verleugnet hat, noch andere Menschen, die sich unaufhörlich vor ihm scheuen, und seiner Gesellschaft mit mehr Sorgfalt ausweichen, als einer Schlange oder einem tückischen Hunde.*[187]

---

186 alte Form für »jetzt«
187 Lenz, Der Hofmeister, S. 16.

Es spricht für sich, dass der Monolog des Vaters über das Wesen des Eides weit ausgefeilter und prägnanter geschrieben ist als der blasse Liebesschwur. Der Vater erinnert die beiden daran, kein Theater zu spielen, sondern sich bewusst zu sein, dass ein Eid ein unumstößliches Versprechen einem anderen Menschen gegenüber bedeutet. Er vergleicht es mit dem Kinderspiel *Blinde Kuh*. Sie sollten *zittern* vor der Mächtigkeit eines Eides und erst nach diesem Prozess dürfen sie es wagen zu schwören. Den *Meineidigen*, also den Eidbrecher, definiert er als schändlich und nicht würdig, den Himmel zu sehen. Es fällt dem Autor leichter, die Sittlichkeit in Worte zu fassen, als das reine Gefühl.

Es kommt wie es kommen muss: Die Liebenden werden untreu. Wo Fritz aber standhaft bleibt, ist es Gustchen, die sich dem Spiel um die Liebe nicht entziehen kann. Ihr *partner in crime:* der Hofmeister Läuffer.

GUSTCHEN.
... – Niemand fragt nach mir, niemand bekümmert sich um mich: meine ganze Familie kann mich nicht mehr leiden; mein Vater selber nicht mehr: ich weiß nicht warum.

LÄUFFER.
Mach, dass du zu meinem Vater in die Lehre kommst; nach Insterburg.

GUSTCHEN.
Da kriegen wir uns nie zu sehen. Mein Onkel leid't

es nimmer, dass mein Vater mich zu deinem Vater ins
Haus gibt.

LÄUFFER.
Mit dem verfluchten Adelstolz!

GUSTCHEN.
(nimmt seine Hand) Wenn du auch böse wirst, Herr-
mannchen! (küsst sie) O Tod! Tod! warum erbarmst du
dich nicht!

LÄUFFER.
Rate mir selber – Dein Bruder ist der ungezogenste
Junge den ich kenne: neulich hat er mir eine Ohrfeige
gegeben und ich durft ihm nichts dafür tun, durft nicht
einmal drüber klagen. Dein Vater hätt ihm gleich Arm
und Bein gebrochen und die gnädige Mama alle Schuld
zuletzt auf mich geschoben.

GUSTCHEN.
Aber um meinetwillen – Ich dachte, du liebtest mich.

LÄUFFER (stützt sich mit der anderen Hand auf
ihrem Bett, indem sie fortfährt seine eine Hand von
Zeit zu Zeit an die Lippen zu bringen)
Lass mich denken …. (Bleibt nachsinnend sitzen).[188]

Gustchen beklagt, dass niemand für sie da ist, woraufhin
der Hofmeister vorschlägt, dass sie doch zu seinem Vater

---

188 Lenz, Der Hofmeister, S. 34.

in die Lehre gehen könnte. Das aber würde Gustchens Vater, der Major, niemals zulassen. Der Grund: Es wäre nicht standesgemäß. Wir sehen an dieser Szene, in der es letztlich um etwas ganz anderes geht, dass auch hier die Frage nach den Ständen allem unterliegt. Der Hofmeister beschwert sich auch über den Bruder Gustchens, den er ebenfalls unterrichtet. Gustchen lässt sich schließlich dazu hinreißen, die Hand des Lehrers zu nehmen. Sie ruft aus: *O Tod! Tod! warum erbarmst du dich nicht!* An dieser Stelle kommen wir nicht umhin, an die mahnende Rede des Geheimen Rats zu denken. Wir denken: Beruhige dich, Mädel, so schlimm ist das alles nicht. Diese, man könnte fast schon sagen, Jammerei, ist emotional im Stück nicht nachvollziehbar und wirkt künstlich. Dann sagt Gustchen: *Ich dachte, du liebtest mich.* Jetzt sind wir endgültig baff und blättern ein paar Seiten vor. Nichts! Diese Liebe kündigt sich nicht an: keine geheimen Absprachen, keine verstohlenen Blicke, keine Basis, auf die diese Erkenntnis aufbaut. Sie küsst weiterhin seine Hand. Das Küssen der Hände kann in der Literatur beide Bedeutungen haben – wie Läuffer der Majorin zu Beginn die Hand küsst als Zeichen seines Respekts. Oder dort, wo Liebende sich noch nicht küssen dürfen. Hier ist letzteres der Fall. Ihre Lippen sind in der Regieanweisung erwähnt. Wir spüren die erotische Konnotation, aber erst dann geht Gustchen den entscheidenden Schritt zum Verrat an ihrem Versprochenen:

GUSTCHEN.
(in der beschriebenen Pantomime[189]). O Romeo! Wenn dies deine Hand wäre. – Aber so verlässest du mich, unedler Romeo! Siehst nicht, dass deine Julie für dich stirbt – von der ganzen Welt, von ihrer ganzen Familie gehasst, verachtet, ausgespien. (drückt seine Hand an ihre Augen) O unmenschlicher Romeo!

LÄUFFER.
(sieht auf) Was schwärmst du wieder?

GUSTCHEN.
Es ist ein Monolog aus einem Trauerspiel, den ich gern rezitiere, wenn ich Sorgen habe. (Läuffer fällt wieder in Gedanken, nach einer Pause fängt sie wieder an) Vielleicht bist du nicht ganz strafbar. Deines Vaters Verbot, Briefe mit mir zu wechseln, aber die Liebe setzt über Meere und Ströme, über Verbot und Todesgefahr selbst – Du hast mich vergessen .... Vielleicht besorgtest du für mich – Ja, ja, dein zärtliches Herz sah, was mir drohte, für schröcklicher[190] an, als das was ich leide. (küsst Läuffers Hand inbrünstig.) O göttlicher Romeo![191]

Gustchen verstößt gegen die Exklusivität der Bezeichnung des geliebten Fritz als *Romeo*, indem sie den geheimen Liebescode mit einem anderen Mann gebraucht.

---

189   hier: Bewegung
190   schrecklich
191   Lenz, Der Hofmeister, S. 34f.

Sehen wir genauer hin: Sie will, dass diese Hand Romeos wäre und bezieht sich dabei auf die 2. Szene im 2. Akt von Shakespeares Stück, in dem Romeo und Julia einander ihre Liebe gestehen:

ROMEO.

...

O wie sie auf die Hand die Wange lehnt!
Wär ich der Handschuh doch auf dieser Hand
Und küßte diese Wange![192]

Romeo beobachtet Julia, die auf den Balkon tritt und wünscht sich, ihre Hand zu sein, um ihre Wange berühren zu dürfen. Das passt auch gut zur Bewegung, die Gustchen macht: Sie führt immer wieder die Hand Läuffers an ihre Lippen und zu ihrer Wange. Gustchen beklagt, von ihrer Familie verstoßen worden zu sein, obwohl das im Stück nicht stimmt. Aber auch das ist eine Projektion der Handlung von *Romeo und Julia* in ihr eigenes Leben:

JULIA.
O Romeo! Warum denn Romeo?
Verleugne deinen Vater, deinen Namen!
Willst du das nicht, schwör dich zu meinem Liebsten,
Und ich bin länger keine Capulet![193]

Es geht für Gustchen also darum, dass sie sich von ihrer Familie lossagen will wie Julia, die es nicht ertragen kann,

---

192 Shakespeare, Romeo und Julia, S. 72.
193 Shakespeare, Romeo und Julia, S. 74, 2. Akt, 2. Szene.

dass ihr Name für Romeo der Name des Feindes ist. In Lenz' Drama ist die Situation weitaus nicht so schlimm, aber gerade deshalb zeigt sich die Schwärmerei eines jungen Mädchens, das die großen Gefühle erleben will. Diese Szene zeigt in ihren ganzen, nicht nachvollziehbaren Gefühlsschattierungen nämlich vor allem eines: Gustchen will die großen Gefühle wie in der Literatur, die sie gelesen hat. Wir könnten hinzufügen: Sie sind gar nicht da, deshalb beschwört sie sich diese herauf. Läuffer findet hier auch eben dieses Wort für ihren Monolog: *Was schwärmst du schon wieder?* Das Verb *schwärmen* kann man hier als *fantasieren, imaginieren* denken. Gustchen antwortet besserwisserisch, dass sie aus einem Trauerspiel rezitiert. Auch hier scheint wieder der Wunsch durch, das eigene Leben reicher zu machen als es ist: Wer sein Leben mit Shakespeares Stück gleichsetzt, wertet es auf. Und dann fährt sie fort zu sagen: *aber die Liebe setzt über Meere und Ströme, über Verbot und Todesgefahr selbst.* Auch diese mächtigen Worte über das Wesen der Liebe hat sie von Shakespeares Liebespaar-Prototyp:

JULIA.
Wer zeigte dir den Weg zu diesem Ort?

ROMEO.
Die Liebe, die zuerst mich forschen hieß;
Sie lieh mir Rat, ich lieh ihr meine Augen.
Ich bin kein Steuermann, doch wärst du fern

Wie Ufer, von dem fernsten Meer bespült,
Ich wagte mich nach solchem Kleinod hin.[194]

Romeo vergleicht sich mit einem Steuermann, der er werden könnte, wenn Julia nur über die See erreichbar wäre.
Er ist sicher, dass die Liebe an dem Ort ist, an dem sie ist.
Auch Gustchen verwendet das Bild vom *Meer* und den
Strömen und der *Todesgefahr*, die sie überwinden muss,
wenn sie die Liebe finden will. Und noch einmal nennt
sie Läuffer ihren *Romeo:*

LÄUFFER (küsst ihre Hand lange wieder und sieht
sie eine Weile stumm an)
Es könnte mir gehen wie Abälard –

GUSTCHEN. (richtet sich auf).
Du irrst dich – Meine Krankheit liegt im Gemüt –
Niemand wird dich mutmaßen – (Fällt wieder hin.)
Hast du »Die neue Heloïse« gelesen?

LÄUFFER.
Ich höre was auf dem Gang nach der Schulstube. –

GUSTCHEN.
Meines Vaters – Um Gottes willen! – Du bist drei
Viertelstund zu lang hiergeblieben. (Läuffer läuft
fort.)[195]

---

194 Shakespeare, Romeo und Julia, S. 76ff, 2. Akt, 2. Szene.
195 Lenz, Der Hofmeister, S. 35.

Auch Läuffer küsst Gustchens Hand. Er sieht sie ernst an und findet dann seinerseits ein weit weniger romantisiertes Vergleichspaar: jenes von Abelard und Heloïse. Dieses reale Paar finden wir im Mittelalter unter pikanten Vorzeichen: Der Mönch Petrus Abelardus wird zum Hauslehrer von Heloïse. Die beiden beginnen eine Liebesaffäre, die von Heloïses Onkel erst entdeckt wird, als sie bereits schwanger ist. Das Paar wird auseinandergebracht, obwohl Abelard aushandeln will, dass er mit Heloïse verheiratet wird. Die Ehe soll geheim bleiben, da er Mönch und anerkannter Theologe ist. Zunächst sieht es gut aus und der Onkel gibt sein Einverständnis. Dann setzt er nach der Geburt ihres Sohnes Heloïse jedoch unter Druck, ins Kloster zu gehen. Aus Rache lässt er Abelard entmannen. Zeitlebens werden Abelard und Heloïse durch Briefe verbunden bleiben, die heute zu den schönsten Liebeszeugnissen in französischer Sprache gehören. Heloïses Wunsch wird am Ende ihres Lebens entsprochen: Sie wird neben Abelard beigesetzt.

Geübte Leser und Leserinnen werden an dieser Stelle ein ungutes Bauchgefühl nicht los: Solche Vergleiche sind selten zufällig gewählt. Läuffer sagt so dahin, dass es ihm gehen könnte wie Abelard, aber es ist, als würde er sein Schicksal vorausahnen. Gustchen greift das Bild auf und erinnert Läuffer an den Briefroman *Die neue Heloise* von Jean-Jacques Rousseau. Damit will sie abermals ihre Bildung unter Beweis stellen. Die beiden werden jedoch in ihren Gedanken von herannahenden Schritten unterbrochen: Der Vater kommt des Weges. Schnell flieht Läuffer.

Als Gustchen sich bald darauf unwohl fühlt, denken wir an die Marquise von O. und sind sicher, was passiert sein muss: Sie ist schwanger. Als die Majorin im Stück erwähnt, dass Läuffer und Gustchen einen unbeobachteten Moment zusammen waren, äußert auch der Major sofort seinen Verdacht in klaren Worten:

MAJOR.
Hat er sie zur Hure gemacht?[196]

Gustchen flieht aus Angst vor der Rache ihres Vaters in ein Häuschen im Wald, wo sie ihr Kind zur Welt bringt und mit Hilfe einer blinden alten Frau versucht, es zu versorgen. Inzwischen könnte man sich fragen, was eigentlich aus Fritz wurde. Der genießt sein Studentenleben, zieht um die Häuser, ist sich aber nach wie vor sicher, dass er zu Gustchen zurückkehren wird. Was etwas befremdet: Eines Tages kommt er schlicht drauf, dass drei Jahre ja bereits um sind und somit die Frist für seine Rückkehr vorbei ist. Es passt nicht ganz in unser Verständnis von Zuneigung, dass man schlicht vergisst, zurück zu einer Person zu kommen, die man liebt, aber wir schenken dem Autor diese nicht eben logische Gefühlsregung. Wir schenken sie ihm auch deshalb, weil wir wissen, dass in Lenz' Verständnis Gustchen nicht alleine schuld sein darf. Sie ist Fritz nur untreu geworden, weil er zu lange weg war.

Kurz denken alle, Gustchen habe sich das Leben genommen, aber sie wird von ihrem Vater gerettet. Unterdessen kommt die blinde alte Frau mit dem Kind in die Schule, wo sie auf Läuffer trifft:

---

196 Lenz, Der Hofmeister, S. 44.

MARTHE.

*Das ist es; sehen Sie nur, wie rund es ist, von lauter
Kohl und Rüben aufgefüttert. Was sollt ich Arme machen; ich konnt es nicht stillen, und da mein Vorrat auf
war, macht ich's wie Hagar, nahm das Kind auf die
Schulter und ging auf Gottes Barmherzigkeit.*

LÄUFFER.

*Gebt es mir auf den Arm – O mein Herz! – Dass
ich's an mein Herz drücken kann – Du gehst mir auf,
furchtbares Rätsel! (Nimmt das Kind auf den Arm und
tritt damit vor den Spiegel) Wie? Dies wären nicht
meine Züge? (Fällt in Ohnmacht; das Kind fängt an
zu schreien)*[197]

Die blinde alte Frau zeigt Läuffer das Kind und bezeichnet sich selbst als *Hagar*, die in ihrem Gottvertrauen mit
dem Kind losgezogen ist, um jemanden zu finden, der ihr
mit dem Kind hilft (sie denkt, Gustchen ist tot). Hagar
ist die zweite Frau Abrahams und die Mutter Ismaels im
Alten Testament. Das Alte Testament erzählt die Geschichte, dass Abraham und seine Frau Sara keine Kinder
bekommen konnten, also gestattet Sara ihm, Hagar zu
schwängern, um einen Sohn zur Welt zu bringen. Dieser
Sohn, Ismael, soll bei Sara und Abraham aufwachsen und
wie ihr eigener behandelt werden. Sara behandelt Hagar
daraufhin schlecht. Schließlich wird sie doch noch mit
Isaak schwanger und verstößt Hagar und Ismael, die in

---

197 Lenz, Der Hofmeister, S. 70.

die Wüste gehen müssen.[198] Ismael gilt als der Stammvater des Islam. Seine Geschichte wird auch im Koran erzählt. In der Wüste rettet Hagar und Ismael ihr Vertrauen in Gott. Die blinde Marthe klärt hier Läuffer gegenüber ihre Position: Auch sie ist auf zielloser Wanderschaft (wohin sie gehen soll, weiß sie nicht) und auch sie ist unschuldig und rein in ihrem Vertrauen auf göttlichen Beistand.

Läuffer aber sieht etwas ganz anderes, nämlich sein eigenes Kind. Und er sagt: *Du gehst mir auf, furchtbares Rätsel!* Damit kann er entweder das Verschwinden von Gustchen meinen oder die Tatsache, dass ihm die Verbindung zwischen sexuellen Handlungen und Schwangerschaft zuvor nicht ganz klar war. Dann fällt er in Ohnmacht, was für den Leser und die Leserin des 21. Jahrhunderts etwas befremdlich ist. Für die Leserschaft des 18. Jahrhunderts aber bedeutet es etwas Entscheidendes, große Gefühle. Fällt jemand in Ohnmacht, ist ein Gefühl so stark, dass er oder sie diesem nicht standhalten kann. Dieses Gefühl kann alles sein: Liebe, Lust, Trauer, Überforderung.

Wie schon befürchtet, zieht Läuffer die Konsequenz nach dem Vorbild des unglücklichen Liebespaars Abelard und Heloïse: Er entmannt sich selbst.

LÄUFFER.
Bleibt – Ich weiß nicht, ob ich recht getan – ich habe mich kastriert ...[199]

---

198 Die Bibel, Einheitsübersetzung, Ismaels Geburt: Genesis 16, 15; Die Vertreibung Hagars und Ismaels: Genesis 21, 9-21, 21.
199 Lenz, Der Hofmeister, S. 73.

Applaus erhält er dafür – ganz im Sinne der Zeit – von seinem Vertrauten und Priester Wenzeslaus. Als Läuffer sich am Ende noch in ein (sehr!) junges Mädchen namens Lise verliebt, wird dieser Umstand noch einmal thematisiert.

LÄUFFER.
Vielleicht fordert sie das nicht – Lise, ich kann bei dir nicht schlafen.

LISE.
So kann Er doch wachen bei mir, wenn wir nur den Tag über beisammen sind und uns so anlachen und uns einstweilen die Hände küssen – Denn bei Gott! ich hab ihn gern. Gott weiß es, ich hab Ihn gern.

LÄUFFER.
Sehen Sie, Herr Wenzeslaus! Sie verlangt nur Liebe von mir. Und ist's denn notwendig zum Glück der Ehe, dass man tierische Triebe stillt?

WENZESLAUS.
Ei was – Connubium sine prole, est quasi dies sine sole ...[200] *Seid fruchtbar und mehret euch, steht in Gottes Wort. Wo Eh' ist, müssen auch Kinder sein.*[201]

---

200 gemeint ist: Die Ehe ohne Nachkommen ist so wie ein Tag ohne Sonne
201 Lenz, Der Hofmeister, S. 89.

Läuffer informiert Lise darüber, dass er nicht bei ihr schlafen kann. Am Verb *jemandem beischlafen* sieht man eine Veränderung über die Jahrhunderte. Ursprünglich bedeutete *bei jemandem schlafen* seit dem Mittelalter, mit jemandem Sex zu haben. Daher kommt auch das Nomen *der Beischlaf*, das wir heute noch in dieser Bedeutung kennen. *Mit jemandem schlafen* war die Variante, in der keine sexuelle Komponente mitgedacht war. Heute sind die Bedeutungen, wie wir wissen, vertauscht. Lise antwortet klug: Wenn er nicht bei ihr schlafen kann, soll er bei ihr wachen. Natürlich weiß sie, was damit gemeint ist, dreht seine Aussage aber charmant in das Gegenteil, um zu sagen, dass es ihr wichtiger ist, die Tage mit ihm zu verbringen als die Nächte. Als Zeuge für diese unschuldige Liebe ruft sie Gott an. Die beiden Männer repräsentieren hier die gegensätzlichen Positionen in ihren Antworten. Läuffer spricht von *tierischen Trieben*, die nur ein Nachteil im Erleben der reinen Liebe sind. Damit reiht er sich in die Gedankenwelt der Aufklärung ein. Das Positive daran: Die Aussage zeugt davon, den anderen als Menschen wertzuschätzen und nicht primär als Spiegel der eigenen Lusterfüllung. Nur gibt es ein Problem: Die sexuellen Triebe gehören dazu. Was passiert, wenn man diese zu sehr zu unterdrücken versucht, damit wird sich ein gewisser Dr. Freud rund hundertfünfzig Jahre später beschäftigen. Die Gegenposition von Wenzeslaus als Priester ist, dass das nicht möglich ist, denn wo Ehe stattfindet, sollen auch Nachkommen sein. Er bekräftigt seinen Standpunkt, indem er auf Latein zitiert und klarmacht, dass dies schon in *Gottes Wort*, also in der Bibel, steht. Hier vertritt Wenzeslaus die noch heute gültige Lehrmeinung der katholischen Kirche, dass das Prinzip Ehe auf der Zeugung von Nachkommenschaft als ein zu erfüllender Faktor beruht. Das Positive hier: Sex ist nicht schlecht und auch nicht nur ein *tierischer Trieb*, sondern gehört zum Menschsein dazu. Das Problematische daran: Es gibt auch Formen der Liebe, die nicht in dieses Schema zu pressen sind und nicht alle Kriterien erfüllen (können).

Es stellt sich zuletzt die Frage: Was wurde nun aus Gustchen und Fritz? Wir erhalten eine überraschende Antwort: Die beiden kommen zusammen. Für alle, sieht man einmal von Läuffers Männlichkeit ab, endet das Drama überraschenderweise gut. Für den Autor Lenz aber, der selbst zeitweise Hofmeister war, endet alles weniger gut. Zuerst gehört er zu Goethes engstem Freundeskreis. Wie ein Schatten folgt er ihm auf dem Fuß, verliebt sich sogar nach Goethes Abreise in die gleiche Frau, Friederike Brion. Dann aber verscherzt er es sich mit der Weimarer Gesellschaft, in die Goethe den Freund eigentlich einführen wollte. Bei einem Abendessen dürfte er sich dermaßen danebenbenommen haben, dass Goethe den Kontakt abbricht. Was genau passiert ist, weiß man nicht. Für Lenz bedeutet das ein unstetes Leben, in dem er einmal hier und einmal dort ist. Schritt für Schritt zeigt sich, was für die stürmischen Spätaufklärer, denen Tatkraft und Rationalität über alles gehen, der größte Albtraum ist: Anzeichen einer psychischen Störung. Lenz wird verrückt. An einem Frühsommermorgen im Jahr 1792 wird der Dichter in einer Moskauer Straße tot aufgefunden. Niemand weiß, wo sich sein Grab befindet. Das helle Licht der Rationalität hat seine Schatten geworfen.

4.2 VON RICHTERN

Evchen hat sich der weltlichen Gerichtsbarkeit ausgeliefert, um für ihre Tat zu büßen, Gustchen und Fritz dürfen aber zusammenfinden. Und dem Hofmeister ist nichts als seine Überzeugung geblieben, dass Lust in einem sittlichen Leben keinen Platz haben kann. Allen diesen Figuren ist gemeinsam, dass sie in einem permanenten Spannungsfeld zwischen Recht und Unrecht, Gerechtigkeit, Selbstjustiz und weltlichem Gericht stehen. Diese Sphären sind bis hierher getrennt, aber was passiert, wenn die Grenzen fließend sind? Was passiert, wenn der Richter selbst Teil des Geschehens wird? Das zeigt uns Heinrich von Kleist in *Der zerbrochne Krug* rund 30 Jahre später. Ebenso wie mit *Die Marquise von O.* legt er auch hier eine ungewöhnliche Geschichte vor. Diesmal ist es ein Schauspiel und es gehört zu den meisterhaftesten der deutschsprachigen Literatur.

Sie blickt uns direkt an.[202] Ihre pausbackigen Wangen glänzen rosa; ihre Augen sind vorwurfsvoll auf uns gerichtet. Das Haar hat sie zu einer Mädchenfrisur hochgesteckt, darin befindet sich ein Haarband, das von zarten Blüten verziert wird. Bis zu den Schultern scheint alles normal zu sein an diesem Mädchen, das etwas verloren in der im Hintergrund nur angedeuteten Landschaft steht. Neben ihr ein Brunnen, aus dem Maul des schwarzen Löwen fließt ein dünner Wasserstrahl. Unser Blick wandert weiter an ihrem Körper entlang. Das durchscheinende Tuch, das sie um die Schultern trägt, ist verrutscht. Der

---

202 Abbildung 2, S. 386.

zarte weiße Stoff ihres Kleides entblößt die Brustwarze ihrer linken Brust. In ihr Mieder ist eine Rose geklemmt, die Blüte leuchtet in unschuldigem Zartrosa. Weitere Pfingstrosen trägt sie in ihrem Überrock mit. An ihrem rechten Ellenbogen hängt ein Krug, der zerbrochen ist. Der Blick des Mädchens sagt uns: Du bist schuld. Unschwer zu erkennen, woran: Ihre entblößte Brust, die Rose an ihrem Mieder, die einige Blätter verloren hat und der Sprung im Krug deuten auf ihre Jungfräulichkeit hin, die ihr genommen wurde. Das Kleid in der Farbe der Unschuld ist zerrissen. Wenn der Krug einmal zerbrochen ist, ist er nicht mehr zu flicken.

Kleists Drama trägt den Behälter, um den es geht, bereits im Titel. Frau Marthe erscheint vor dem Dorfrichter, um eine Anzeige gegen einen Unbekannten zu erstatten, der ihren Krug zertrümmert hat. Der Dorfrichter Adam fragt: *Und weiter nichts?*[203] Nein, zunächst: weiter nichts. Frau Marthe ist verärgert, weil ihr Krug kaputt ist. Richter Adam verhält sich allerdings seit Beginn des Stücks schon verdächtig. Just an diesem Tag bekommt er nämlich Besuch von Gerichtsrat Walter, der nach dem Rechten sehen will. Das kann er nun gar nicht gebrauchen. Der Zuseher braucht nicht lange, um festzustellen, dass dieser Richter ein Geheimnis hat – spätestens, als er sich leicht vorneigt, um zu sich selbst zu sprechen:

---

203 Kleist, Der zerbrochne Krug, S. 25.

ADAM (für sich).
Verflucht! Ich kann mich nicht dazu entschließen – !
– Es klirrte etwas, da ich Abschied nahm –[204]

Das Puzzle fügt sich zusammen: Der Richter hat eine
Wunde auf dem Kopf; er hat unter mysteriösen Umständen seine Perücke verloren und scheint außerdem von
Anfang an etwas durcheinander zu sein. Und dann ist da
noch ein Indiz: Die Tochter heißt Eve. Dass Adam und
Eve in dieser Geschichte etwas miteinander verbinden
wird, ist höchst wahrscheinlich, denn keiner der Namen
ist zufällig gewählt.

Eigentlich hätte Adam die Verhandlung gerne so
schnell wie möglich hinter sich gebracht, aber der Gerichtsrat Walter besteht auf einen ausführlichen Prozess,
in dem alle Zeugen gehört werden sollen. Adam räumt
Frau Marthe viel Zeit zu sprechen ein und dahinter verbirgt sich natürlich eine bestimmte Absicht: Frau Marthe
ist eine schrullige, ältere Dame, die nur ihren Krug im
Auge hat. Niemand wird eine solche Frau ernst nehmen.
Fleißig berichtet sie über die Geschehnisse dieses Abends.

ADAM.
Erzählt den Hergang, würdige Frau Marthe.

FRAU MARTHE.
Es war Uhr eilfe gestern –

---

204 Kleist, Der zerbrochne Krug, S. 26.

ADAM.
Wann, sagt Ihr?

FRAU MARTHE.
Uhr eilf.

ADAM.
Am Morgen!

FRAU MARTHE.
Nein, verzeiht, am Abend –
Und schon die Lamp im Bette wollt ich löschen,
Als laute Männerstimmen, ein Tumult,
In meiner Tochter abgelegnen Kammer,
Als ob der Feind einbräche, mich erschreckt.
Geschwind die Trepp eil ich hinab, ich finde
Die Kammertür gewaltsam eingesprengt,
Schimpfreden schallen wütend mir entgegen,
Und da ich mir den Auftritt jetzt beleuchte,
Was find ich jetzt, Herr Richter, was jetzt find ich?
Den Krug find ich zerscherbt im Zimmer liegen,
In jedem Winkel liegt ein Stück,
Das Mädchen ringt die Händ, und er, der Flaps dort,
Der trotzt, wie toll, Euch in des Zimmers Mitte.[205]

Adam macht sich über sie lustig, indem er ihr noch das Adjektiv *würdig* verleiht. Danach versucht er, sie zu verwirren, indem er sie immer wieder bittet, die Uhrzeit zu präzisieren. Endlich beschreibt sie, wie sie schon zu

---

205 Kleist, Der zerbrochne Krug, S. 33.

Bett gehen wollte, als sie lautes Gepolter aus Eves Zimmer hört. Die Türe ist aufgebrochen und sie findet ihren Krug in Scherben (was sie zuerst erwähnt) und dann ihre Tochter, die händeringend im Zimmer steht – sichtlich in einer unangenehmen Situation ertappt. Dort steht auch der Verlobte von Eve, Ruprecht, und schreit sie an. Frau Marthe kann heraushören, dass Ruprecht einen anderen Mann gesehen haben will, der vor ihm fluchtartig das Zimmer durch das Fenster verließ. Frau Marthe ist empört, aber nicht etwa wegen Eve, sondern wegen ihres Krugs. Trotzdem fragt sie sich, was hier geschehen ist. Dass sie Ruprecht zu so später Stunde in Eves Zimmer findet, ist für sie ein Zeichen, dass die beiden ein Schäferstündchen geplant hatten. Und dieser unverschämte Ruprecht, der ihrer Tochter vor der Heirat an die Wäsche wollte, erfindet doch glatt einen anderen, der angeblich zuvor geflohen ist. Frau Marthe ist sich sicher: Das ist eine Ausrede. Im Gerichtssaal aber befinden sich auch Eve und Ruprecht, die der Darstellung der Situation durch Frau Marthe vehement widersprechen. Jetzt hat jeder hier ein Problem: Ruprecht wird beschuldigt, sich Eve unsittlich genähert zu haben, während Eve dafür bezichtigt wird, zu lügen – und Frau Marthe will ihren Krug ersetzt haben. Als nächstes wird Ruprecht in die Zange genommen.

RUPRECHT.
Ich kann das Abendmahl darauf nicht nehmen,
Stockfinster war's und alle Katzen grau.
Doch müsst Ihr wissen, dass der Flickschuster,
Der Lebrecht, den man kürzlich losgesprochen,

Dem Mädel längst mir auf die Fährte ging.
Ich sagte vorgen[206] Herbst schon: Eve, höre,
Der Schuft schleicht mir ums Haus, das mag ich nicht;
Sag ihm, dass du kein Braten bist für ihn,
Mein Seel, sonst werf ich ihn vom Hof herunter.[207]

Ruprecht bringt einen Nebenbuhler ins Spiel: einen gewissen Lebrecht, der ein Auge auf Eve geworfen hat. Schon mehrmals hat Ruprecht zu ihm gesagt, dass er Eve in Ruhe lassen soll. Aber er bemerkt auch *Stockfinster war's und alle Katzen grau.* Darauf schwören, dass Lebrecht es war, würde er nicht. Doch Dorfrichter Adam springt sofort auf den Zug auf:

ADAM.
Gut. Das ist ein Nam. Es wird sich alles finden. –
Habt Ihr's bemerkt im Protokoll, Herr Schreiber?[208]

Für den Richter ist der Fall damit so gut wie geklärt, aber er hat die Rechnung ohne Eve gemacht. Die protestiert aufs Heftigste, sodass Adam sie zur Ruhe rufen muss:

ADAM.
Schweig du mir dort, rat ich, das Donnerwetter
Schlägt über dich ein, unberufne Schwätzerin!
Wart, bis ich auf zur Red dich rufen werde.

---

206 vorigen
207 Kleist, Der zerbrochne Krug, S. 39.
208 Kleist, Der zerbrochne Krug, S. 39.

WALTER.
Sehr sonderbar, bei Gott![209]

Die Heftigkeit, mit der Adam auf das Sprechen der Zeugin Eve reagiert, verwundert den Gerichtsrat Walter. Spätestens jetzt ist die hohe Emotionalität, die der Richter hier an den Tag legt, merkwürdig. Adam und Ruprecht steigern sich noch eine Weile in die Szenerie mit Lebrecht hinein, aber es ist unausweichlich, Eve dazu zu befragen:

ADAM.
Sprich, Evchen, war's der Lebrecht nicht, mein Herzchen?

EVE.
Er Unverschämter Er! Er Niederträchtiger!
Wie kann er sagen, dass es Lebrecht –

WALTER.
Jungfer!
Was untersteht Sie sich? Ist das mir der
Respekt, den Sie dem Richter schuldig ist?

EVE.
Ei, was! Der Richter dort! Wert, selbst vor dem
Gericht, ein armer Sünder, dazustehn –
Er, der wohl besser weiß, wer es gewesen!
(sich zum Dorfrichter wendend)
Hat Er den Lebrecht in die Stadt nicht gestern

---

209 Kleist, Der zerbrochne Krug, S. 40.

Geschickt nach Utrecht, vor die Kommission,
Mit dem Attest, die die Rekruten aushebt?
Wie kann Er sagen, dass es Lebrecht war,
Wenn Er wohl weiß, das der in Utrecht ist?[210]

Adam versucht, Eve zu umgarnen, indem er ihren Namen in der Koseform *Evchen* sagt. Zusätzlich hängt er noch *mein Herzchen* an seine Frage. Aber dieser rhetorische Kniff zeigt nicht die erwünschte Wirkung, sie auf seine Seite zu ziehen. Denn Eve platzt jetzt endgültig der Kragen. Sie beschimpft den Richter so sehr, dass selbst Gerichtsrat Walter eingreift, um die Ehre des Gerichts zu verteidigen. Eve sagt *Er, der wohl besser weiß, wer es gewesen!* und fast denken wir schon, sie deckt gleich auf, dass es der Richter selbst war, der sich nachts in ihre Kammer schlich. Aber noch ist es nicht so weit. Eve bezichtigt ihn der Lüge, denn Lebrecht war nachweislich am Vortag nicht in der Stadt. Unverhofft springt ihr schließlich auch Ruprecht ein, der Lebrecht begegnet sein will, als dieser nach Utrecht aufbrach. Es wird eng für den wahren nächtlichen Besucher. Eve will den Prozess abbrechen und Adam willigt sehr schnell ein, aber Frau Marthe besteht darauf, den Zerstörer ihres Krugs zu finden und so muss weiterverhandelt werden.

Dann tritt die Kronzeugin auf: Frau Brigitte, die sich nachts um diese Uhrzeit herumtrieb und gesehen haben könnte, wer aus Eves Fenster gesprungen ist. Und sie bringt ein Beweisstück mit: die Perücke. Bereits am Anfang haben wir erfahren, dass Adam ohne Perücke ver-

---

210 Kleist, Der zerbrochne Krug, S. 49f.

handeln muss, weil ihm diese abhandengekommen ist. Es stellt sich heraus: diejenige, die Frau Brigitte in Händen hält, ist wirklich seine. Frau Brigitte jedoch will einen Teufel gesehen haben, der vom Haus weghumpelte. Die Frage taucht auf: Wer im Ort hat einen Klumpfuß? Aber wir als Publikum wissen es schon längst: Adam. Dieser sieht sich in der Falle und ist genötigt, rasch von sich abzulenken. Daher fällt er ein Urteil:

ADAM.
... Und Ruprecht dort, der Racker, ist der Täter.[211]

Eve und Ruprecht sind entsetzt. Dann endlich bricht Eve ihr Schweigen:

EVE.
Den Hals ins Eisen stecken? Seid Ihr auch Richter?
Er dort, der Unverschämte, der dort sitzt,
Er selber war's –

...

EVE.
Auf, Ruprecht! Der Richter Adam hat den Krug zerbrochen![212]

---

211 Kleist, Der zerbrochne Krug, S. 74.
212 Kleist, Der zerbrochne Krug, S. 75.

Richter Adam flieht überstürzt, wodurch jeder seinen Klumpfuß sehen kann. Und Eve erzählt, was wirklich in dieser Nacht geschah:

> *EVE (steht auf.)*
> *O Himmel! Wie belog der Böswicht mich!*
> *Denn mit der schrecklichen Besorgnis eben*
> *Quält' er mein Herz, und kam, zur Zeit der Nacht,*
> *Mir ein Attest für Ruprecht aufzudringen;*
> *Bewies, wie ein erlognes Krankheitszeugnis,*
> *Von allem Kriegsdienst ihn befreien könnte;*
> *Erklärte und versicherte und schlich,*
> *Um es mir auszufertgen, in mein Zimmer:*
> *So Schändliches, ihr Herren, von mir fordernd,*
> *Dass es kein Mädchenmund wagt auszusprechen!*[213]

Der Dorfrichter Adam drohte Eve, ihren Ruprecht als Soldat nach Ostindien zu schicken. Um das zu verhindern, könnte er ihm ein Attest ausstellen, das ihn für untauglich erklärt. Aber er verlangt eine Gegenleistung von Eve *So Schändliches, ..., dass es kein Mädchenmund wagt auszusprechen.* Kurz: Sie soll mit ihm schlafen, dann rettet er ihren Ruprecht. Bevor es allerdings zu einer Entscheidung kommen kann, taucht Ruprecht auf und rettet Eve unbewusst.

Der Fall ist gelöst. Der Bösewicht wird in Haft genommen. Das Liebespaar versöhnt sich. Alle sind glücklich. Alle? Nein, Frau Marthe nicht:

---

213 Kleist, Der zerbrochne Krug, S. 77.

FRAU MARTHE (empfindlich.)
Hm! Weshalb? Ich weiß nicht – Soll hier dem Kruge
nicht sein Recht geschehen?[214]

Ach ja, der Krug, um den es eigentlich ging. Wir sehen
ihn noch einmal an auf dem Gemälde von Greuze. Liebes
Mädchen, wollen wir ihr sagen, diesmal ist dir nichts geschehen...

---

214 Kleist, Der zerbrochne Krug, S. 78.

KAPITEL 5: STÜRMER & DRÄNGER

Wir sind mittendrin in der Epoche, die *Sturm und Drang* genannt wird. Diese Bezeichnung geht auf ein Theaterstück von Maximilian Klinger zurück. Aber was bedeutet das? Stürmen und Drängen heißt vor allem, vorwärts zu gehen, notfalls auch Hindernisse aus dem Weg zu räumen. Es bedeutet, tätig in seinem Leben zu sein – ein Mensch, der mit seinem Dasein ringt und der es bewältigen kann. Im Auge des Sturms, der sich von der Literatur aus in der Zeit entfaltet, treffen wir zwei Männer, die alles, was literarisch folgt, prägen werden: durch ihre Ideen, durch ihr virtuoses Wortspiel, aber auch durch ihre Freundschaft. Die Rede ist von Johann Wolfgang von Goethe und Friedrich Schiller. Wir begegnen ihnen beiden in ihrer Studentenzeit; sie sind gutaussehend, jung, wild und äußerst abenteuerlustig. Beide werden mit Werken, die Stürmer und Dränger porträtieren, berühmt – die Kraft ist ihr Lebenselixier. Aber alles der Reihe nach. Wir beginnen am Anfang, beim Urvater der Schaffenskraft: Prometheus.

5.1 VON REBELLEN

Kommen wir nun zu Johann Wolfgang von Goethes Ode *Prometheus*. Bei Prometheus handelt es sich um einen Titanen aus der griechischen Mythologie. Manchmal wird erzählt, dass er die Menschen aus Lehm geformt hat. Manchmal hat er den Göttervater Zeus überlistet und ihnen das Feuer gebracht. In jedem Fall steht Prometheus aber immer auf der Seite der Menschen. Zur Strafe lässt Zeus ihn an einen Felsen am Meer anketten und schickt einen Adler, der ihm jeden Tag die Leber aus dem Leib frisst. Damit die Folter kein Ende nimmt, wächst die Titanenleber jedes Mal nach. Erst der Held Herakles erlegt den Adler durch einen Pfeil; Prometheus wird schließlich von Zeus begnadigt. Die Darstellung der Figur kann auf eine lange Tradition zurückblicken. Eines ist ihr immer gleich: Prometheus ist ein Hitzkopf. Er wird muskulös dargestellt und selbstbewusst.[215] Dieser Gigant ist ideal, um alles herauszufordern, sogar den Göttervater.

Bedecke deinen Himmel, Zeus,
Mit Wolkendunst,
Und übe, dem Knaben gleich,
Der Disteln köpft,
An Eichen dich und Bergeshöhn;
Musst mir meine Erde
Doch lassen stehn
Und meine Hütte, die du nicht gebaut,
Und meinen Herd,
Um dessen Glut
Du mich beneidest.[216]

---

215 Wer ihn sich einmal genau ansehen möchte: siehe Abbildung 3, S. 387.
216 Trunz, Goethe, Bd. 1, S. 44f.

Der Titan richtet seine Worte direkt an Zeus und sofort ist klar: Er will mit dem Kopf durch die Wand. *Bedecke deinen Himmel,* ist gleich der Anfang der Hymne, die in sieben Strophen von der Aufmüpfigkeit erzählt. Wir würden heute sagen: Zieh dich zurück. Oder noch schlimmer: Verzieh dich! Ungeheuerlich, so etwas zu Zeus zu sagen! Aber es kommt noch dicker, denn Zeus muss sich nämlich in etwas *üben wie ein Knabe.* Er speit ihm die Worte entgegen, er solle sich mit Kinderkram wie der Erschaffung von *Eichen* und *Bergeshöhn* befassen. Und Prometheus weiß sich im Recht: Die Erde, die kann Zeus ihm nicht wegnehmen, da lebt nämlich er. An seinem Herd brennt die Glut und wir wissen, wie wichtig das Herdfeuer ist. Nicht umsonst gibt es mit Hestia eine eigene griechische Göttin, die darauf schauen muss, dass Heim und Essen warm bleiben. Im Herd brennt die Glut, ist auch ein Synonym für *Feuer* – es ist das Feuer, dessen Entdeckung die Menschen zu Menschen gemacht und sie von den Tieren unterschieden hat. Prometheus sagt noch mehr dazu: Zeus beneidet ihn darum. Es ist ein altes Motiv, dass die Götter die Menschen in Wahrheit um ihre Sterblichkeit beneiden.[217] Prometheus umschreibt es nicht, er schlägt ihm die letzten Worte des ersten Versblocks förmlich ins Gesicht.

Ich kenne nichts Ärmeres
Unter der Sonn' als euch, Götter!

---

217 Wer sich im Film Troja aus dem Jahr 2004 auf das konzentrieren kann, was Brad Pitt sagt, als er seine Rüstung als Achilles ab- und den Blick auf seinen durchtrainierten Oberkörper freilegt, weiß: dieses Motiv hat es bis in einen Hollywoodfilm geschafft.

Ihr nähret kümmerlich
Von Opfersteuern
Und Gebetshauch
Eure Majestät,
Und darbtet, wären
Nicht Kinder und Bettler
Hoffnungsvolle Toren.[218]

Die Beschimpfung hört nicht auf, im Gegenteil: Prometheus wird noch viel konkreter. Es gibt nichts *Ärmeres als die Götter* unter der Sonne. *Kümmerlich,* also bemitleidenswert, *nähren* sie sich *von Opfersteuern und Gebetshauch.* Die Götter selbst sind nichts; sie nehmen nur die Gaben der Menschen auf. *Nähren* steht hier als Synonym für *essen.* Die Götter werden aufgefettet, weil die Menschen sie verehren und nicht, weil sie aus sich selbst heraus wichtig wären. Die *Opfersteuern* sind die Abgaben der Menschen an den Tempel, in Form von Geld oder Opfertieren, die in der Antike den Göttern auf den Altären dargebracht wurden. Der *Gebetshauch* sind die Stimmen der Betenden, vielleicht vermengt mit dem Rauch verbrennender Kräuter. Das Wort *Hauch* zeigt aber auch, dass es flüchtig ist. Wenn jemand *haucht,* spricht er oder sie nicht kraftvoll. Die Worte haben sich bald verflüchtigt. Die Götter beziehen ihre *Majestät,* also ihre Überlegenheit, aus Dingen, die im wahrsten Sinne des Wortes nur Schall und Rauch sind. Sie würden *darben,* also hungern, wenn es nicht Menschen gäbe, die so einfältig wären, um noch zu glau-

---

218 Trunz, Goethe, Bd. 1, S. 45.

ben. Der Begriff *Toren*, ein Ausdruck für *Narren*, zeigt
schon an, was Prometheus von gläubigen Menschen hält.

...

Wer half mir
Wider der Titanen Übermut?
Wer rettete vom Tode mich,
Von Sklaverei?
Hast du nicht alles selbst vollendet,
Heilig glühend Herz?
Und glühtest jung und gut,
Betrogen, Rettungsdank
Dem Schlafenden da droben?

Ich dich ehren? Wofür?
Hast du die Schmerzen gelindert
Je des Beladenen?
Hast du die Tränen gestillet
Je des Geängsteten?
Hat nicht mich zum Manne geschmiedet
Die allmächtige Zeit
Und das ewige Schicksal,
Meine Herrn und deine?[219]

Prometheus spricht offen über seine Gedanken darüber,
wofür Götter überhaupt gut sein sollen. Er packt dies in
zwei rhetorische Fragen, um die Unmittelbarkeit wieder
herzustellen. *Hast du nicht alles selbst vollendet, heilig glü-*

219 Trunz, Goethe, Bd. 1, S. 45.

hend Herz? Hier spricht er Zeus nicht mehr an, sondern zu seinem eigenen Herzen. Das Herz ist *heilig*, also rein, und *glühend*, also voller Tatendrang. Die Gebete zu den Göttern, da ist sich Prometheus sicher, werden uns nichts bringen. Nur auf unser eigenes Herz können wir uns verlassen, denn es ist *jung und gut*, aber oben im Himmel wartet nur ein *Schlafender*, der von all dem nichts mitbekommt. Und dann geht er zum neuerlichen Angriff über: *Ich dich ehren? Wofür?* Es ist eine direkte Anklage, in der er sich weigert, dem Göttervater Respekt zu zollen. Hat er ihm je geholfen? *Zum Manne geschmiedet* haben ihn nur Zeit und Schicksal. Erwachsen geworden ist er nur durch seine Erfahrungen, nicht durch göttlichen Beistand. Das Verb *schmieden* beinhaltet einen Prozess, der mit Feuer, mit Verbiegung eines harten Materials und womöglich auch mit Schmerz einhergeht. Es ist nicht einfach, erwachsen zu werden. Es ist nicht einfach, sich von den Vätern und Müttern der guten alten Zeit zu emanzipieren – das war es zu keiner Zeit. Dann die nächste Keule: *Meine Herrn und deine?* Zeit und Schicksal sind also ebenso die Herren von Zeus wie jene des Prometheus und jene aller Menschen. Der Göttervater steht nicht über den Dingen. Auch er ist den Gesetzen der Zeit unterworfen, insofern steht ihm der Mensch um nichts nach. Aber was tun, wenn man dem Schicksal unterworfen ist? Aufgeben?

Wähntest du etwa,
Ich sollte das Leben hassen,
In Wüsten fliehen,

Weil nicht alle
Blütenträume reiften?[220]

Es sind die vielleicht schönsten Zeilen dieser Hymne. Was tun, wenn wir erkennen, dass das Schicksal uns in der Hand hat? Sollen wir *in Wüsten fliehen*, also hoffnungslos werden und aufgeben? Sollen wir uns etwa an einen Ort begeben, an dem wir die großartigen Dinge der Natur, wie warme Sommerbrisen, leuchtende Farben, klares Wasser, nicht einmal mehr erahnen können, weil ansonsten der Schmerz darüber zu groß wäre, all das nicht haben zu können? *Alle Blütenträume* kann dabei alles sein. In uns kann der Gedanke knospen, eine Liebe zu finden, ein Geschäft zu eröffnen, ein Kind zu zeugen, eine Reise anzutreten, einen Baum zu pflanzen. Es gibt viele Blütenträume in einem Leben und nur, weil einer sich nicht erfüllt – soll man gleich in die Wüste gehen? Die Antwort des Titans Prometheus, der sinnbildlich für die Kraft des Menschen steht, ist klar:

Hier sitz' ich, forme Menschen
Nach meinem Bilde,
Ein Geschlecht, das mir gleich sei,
Zu leiden, zu weinen,
Zu genießen und zu freuen sich,
Und dein nicht zu achten,
Wie ich.[221]

---

220 Trunz, Goethe, Bd. 1, S. 46.
221 Trunz, Goethe, Bd. 1, S. 46.

Nein. Aufgeben ist keine Option! Der einzige Ausweg ist es, tätig zu werden. Menschen nach seinem Ebenbild zu formen, die leiden und weinen, genießen und sich freuen können. Es sind die Ureigenschaften des Menschen, die seine Zerbrechlichkeit und Verunsicherung ausmachen. Und seine Stärken. Prometheus formt aus dem Lehm Wesen, die ebenso die Gabe haben, zu zweifeln wie glücklich zu sein. Dieses Glück aber finden sie nur in ihrer eigenen Schaffenskraft, indem sie tätig und zielstrebig sind. *Und dein nicht zu achten, wie ich.* Das trotzige Resümee meint: Leben heißt, hier auf der Erde sein Schicksal zu erfüllen und den Blick auf den Horizont zu richten, zu unserem nächsten Blütentraum. Es soll keine Energie dadurch verloren gehen, in den Himmel zu blicken.

Goethe selbst kommt mit der Enge religiöser Vorstellungen früh in Berührung – durch seine Mutter, die eine strenge Protestantin ist. Erst, nachdem er während seines Studiums in Leipzig schwer erkrankt ist, beschäftigt er sich ausführlicher mit Glaubensvorstellungen. Immer wieder wird er mit der Frage ringen, ob es einen Gott gibt. Vom Pietismus seiner Mutter rückt er weit ab, seinen Weg zu Gott wird er aber auf individuelle Weise finden und letztlich doch immer wieder zum Himmel aufblicken.

Prometheus ist der Urtypus des Stürmers, der durch seine Tatkraft buchstäblich Bäume einreißen kann. Friedrich Schiller bringt 1781 in seinem ersten veröffentlichten Drama *Die Räuber* eine Figur auf die Bühne, die sich ebenfalls gegen jegliche Art von Herrschaft auflehnt und ihren eigenen Weg sucht: Karl Moor. Dessen erster Auftritt klingt so:

MOOR.
Der lohe Lichtfunke Prometheus' ist ausgebrannt, dafür nimmt man itzt die Flamme von Bärlappenmehl[222] – Theaterfeuer, das keine Pfeife Tabak anzündet.[223]

Prometheus returns – und das gleich in seiner Ureigenschaft, den Menschen das Feuer zu bringen. Karl Moor beschwert sich über seine Zeit, die voller schwacher Menschen ist. Der Funke des Prometheus ist über die Jahrhunderte längst erloschen. Zurück ist ein winziges Flämmchen geblieben, das nicht einmal so gut brennt, um eine Pfeife anzuzünden.

MOOR.
Pfui, Pfui über das schlappe Kastratenjahrhundert, zu nichts nütze, als die Taten der Vorzeit wiederzukäuen und die Helden des Altertums mit Kommentationen zu schinden und zu verhunzen mit Trauerspielen. Die

---

222   der Bärenlappe, m., lycopodium clavatum, auch bärlapp, bärlappe genannt. Laut Grimmschem Wörterbuch ist dies ein entzündbarer Staub, der dazu dient, auf der Bühne Blitze zu erzeugen. »bärenlappe«, in: Deutsches Wörterbuch von Jacob Grimm und Wilhelm Grimm, Erstbearbeitung (1854–1960), digitalisierte Version im Digitalen Wörterbuch der deutschen Sprache, <https://www.dwds.de/wb/dwb/b%C3%A4renlappe>, zuletzt abgerufen am 25.02.2022.
223   Schiller, Die Räuber, S. 21.

Kraft seiner Lenden ist versiegen gegangen, und nun muss Bierhefe den Menschen fortpflanzen helfen.[224]

Schlapp ist ein Synonym für *schwach*. Ein *Kastrat* ist ein Sänger, der in der Pubertät entmannt wurde, damit die Stimme hoch und hell bleibt. Das *Kastratenjahrhundert* meint also ein schwaches, verweichlichtes Jahrhundert. Viel wird zu Weiblichkeit durch die Jahrhunderte geschrieben und geforscht. Dass eine Definition von Männlichkeit mindestens ebenso stereotyp sein kann, zeigt sich hier: Männlich ist, was stark ist. Ein entmannter Mann ist kein Mann. Was folgt, ist eine indirekte Kritik an der Literatur der Zeit. Die könne nämlich nichts anderes, als auf alte Zeiten zurückzugreifen. Karl Moor sagt *wiederkäuen*, wie Kühe es tun und betont dadurch auch, dass seine Zeitgenossen dumm wie Kühe jedem Trend hinterherlaufen. Die großen *Helden des Altertums*, wie Prometheus einer ist, werden gleichsam kastriert, weil die Epen, die von ihnen erzählen, zu Tode kommentiert werden. Die Helden dürfen nicht mehr atmen, anders gesagt: Sie dürfen nicht mehr fühlen. Sie sind nur noch in staubtrockenen Kommentaren und Trauerspielen da, wo sie blasse Abbilder ihrer ursprünglichen Kraft sind. *Die Kraft seiner Lenden*[225], also die Zeugungsfähigkeit, ist erloschen. Es passt zum gezeichneten Bild: Wer Mann ist, ist auch zeugungsfähig. Im Kastratenjahrhundert kann niemand etwas zeugen – das ist natürlich nicht biologisch gemeint, sondern schöpferisch. Die Zeugung ist dadurch definiert,

---

224 Schiller, Die Räuber, S. 22.
225 Begriff für die »männliche Hüfte«

dass der Mensch am Schöpfungsakt (der eigentlich Gott vorbehalten ist) teilhaben kann. Es geht hier aber nicht um Kinder, sondern um den Schöpfergeist, also um die Fähigkeit, Neues zu schaffen. Das bedeutet auch: neue Ideen zu haben. So wie Prometheus Menschen aus Ton zu formen und sie zum Leben zu erwecken. Karl Moor fürchtet aber, dass in Zukunft *Bierhefe* den Menschen helfen muss, sich fortzupflanzen. Warum dieser Vergleich? Weil Hefe aufbläht. Die Bäuche der Schwangeren werden daher nicht durch den männlichen Samen aufgehen, sondern nur durch Hefe. Es ist eine düstere Vision, die diese Figur hier anspricht.

In Schillers Drama *Die Räuber* geht es aber nicht um Bierhefe, sondern um einen Streit unter Brüdern. Da ist der gutaussehende, tätige Karl Moor, Geliebter der schönen Amalia und Liebling des Vaters. Und dann ist da der hässliche, hinterhältige Franz Moor, der Amalia ebenso begehrt und sich den Respekt des Vaters herbeiwünscht. Die beiden verehren Karl aber so sehr, dass Franz sein Leben lang hinter dem Bruder zurückstehen muss. Deshalb beschließt er, ihn beim Vater zu denunzieren. Karl ist zum Studium in Leipzig und Franz fälscht einen Brief, in dem steht, dass Karl sich dort schlecht benimmt: Er soll eine Frau verführt, einen anderen Mann zum Duell gefordert haben und schließlich verhaftet worden sein. Der Vater wird kreidebleich, als er davon erfährt. Karl sitzt in Wahrheit zwar nicht im Gefängnis, aber er beginnt sich so seine Gedanken über Recht und Unrecht in der Welt zu machen und kommt zu einem ungewöhnlichen Ergebnis, indem er sich einer Räuberbande anschließt. Mehr noch: Er wird deren Hauptmann.

MOOR.

Siehe, da fällt's wie der Staar von meinen Augen, was für ein Thor ich war, daß ich ins Käficht zurück wollte! – Mein Geist dürstet nach Thaten, mein Athem nach Freiheit. – Mörder, Räuber! – mit diesem Wort war das Gesetz unter meine Füße gerollt – Menschen haben Menschheit vor mir verborgen, da ich an Menschheit appellierte, weg denn von mir, Sympathie und menschliche Schonung! –– Kommt, kommt! – Oh ich will mir Ich habe keinen Vater mehr, ich habe keine Liebe mehr, und Blut und Tod soll mich vergessen lehren, daß mir jemals etwas theuer war! eine fürchterliche Zerstreuung machen – es bleibt dabei, ich bin euer Hauptmann! und Glück zu dem Meister unter euch, der am wildesten sengt, am gräßlichsten mordet, denn ich sage euch, er soll königlich belohnt werden – Tretet her um mich ein Jeder, und schwöret mir Treue und Gehorsam zu bis in den Tod! – Schwört mir das bei dieser männlichen Rechte[226]!

ALLE *(geben ihm die Hand).*
Wir schwören dir Treu und Gehorsam bis in den Tod![227]

Sein Leben am Hofe des Vaters bezeichnet er als *Käficht*[228] und sieht seine Erfüllung darin, frei zu sein. Diese Freiheit ist es, was ihn zu einem Kraftmenschen im Sinne

---

226 gemeint ist: die rechte Hand
227 Schiller, Die Räuber, 1. Akt, 2. Szene, S. 36f.
228 alte Schreibweise von: Käfig

des Prometheus macht. Das Verb *dürsten* zeigt die Dringlichkeit, mit der sein Geist Taten sehen und sein Atem frei sein will. Überall in seinem Monolog sind Ausrufezeichen, ganze Sätze sind kaum zu finden. Atemlos trägt Karl sein Manifest vor: Es ist der Blick in eine Zukunft, die von Aufbruch geprägt sein soll. Das Gesetz ist nichts mehr wert; niemand soll *Schonung* erfahren. Jemanden zu schonen, ist für die Schwachen. Karl aber gehört zu den Starken, den Siegern. Es ist die dunkelste Ausprägung der hellen Aufklärung, die hier in Erscheinung tritt: Wer sich selbst nicht helfen kann, wird zurückgelassen. Kein Mitleid mit den Schwachen. Karl sagt, er habe *keinen Vater mehr, keine Liebe mehr*. Das denkt er deshalb, weil er erfahren hat, dass der Vater ihn, aufgrund des von Franz verfassten Briefes, verstoßen hat, da er glaubt, sein Sohn habe sich in Leipzig Unehrenhaftes zuschulden kommen lassen. Karl zieht nun seine Konsequenz, indem er die Seiten des Gesetzes wechselt: Tausche Adelstitel gegen Robin Hoods Pfeil und Bogen. Der junge Mann sagt sich von seinem Vater und von seiner Liebe Amalia los, zu der er nicht zurückgehen kann. Gleichzeitig nimmt er damit auch Abschied von seiner Vergangenheit an sich, denn ein Held kann keine Väter anerkennen, wie Prometheus. Und er darf nicht lieben, weil seine Suche nach Freiheit über allem stehen muss. *Blut und Tod* soll ihn vergessen lassen, dass er jemals geliebt hat. Heute würden wir sagen, dass es ein Verdrängungsmechanismus ist, der hier passiert. Dann die Versicherung: *Ich bin euer Hauptmann!* Karl will denjenigen belohnen, der am schrecklichsten mordet. Alle schwören ihm Treue bis in den Tod. Die Räuber schwören einen Eid auf Karl Moor, aber auch auf

die Werte der Stürmer und Dränger: Stärke, Unbarmherzigkeit und Freiheit.

Dass Karl stark ist, beweist er mehrmals im Stück. Er
greift nicht nur hart gegen seine eigenen Leute durch,
sondern er ist als Mann voller Power skizziert, den nichts
und niemand umhauen kann.

RÄUBER MOOR.
*(vom Pferd springend) Freiheit! Freiheit! --- du bist
im Trocknen, Roller! – Führ meinen Rappen[229] ab,
Schweizer, und wasch ihn mit Wein. (Wirft sich auf
die Erde.) Das hat gegolten![230]*

Noch immer ist die Freiheit Karls oberstes Gebot. Roller und Schweizer sind zwei Mitglieder der Räuberbande, die siegreich von einer Plünderung zurückgekommen
sind. Alles ist gut gelaufen, Räuber Roller wurde gerettet
und zur Belohnung soll das Pferd mit Wein gewaschen
werden. Wir können Karl vor uns sehen, wie er sich auf
die Erde fläzt und feiern lässt. Seine kriegerische Potenz
unterstreicht er mit den Worten *Das hat gegolten!* Das kann
so etwas wie *Das hat gesessen* oder *Das hat funktioniert* heißen. In jedem Fall hat Karl Überlegenheit bewiesen. Aber
diese Überlegenheit hat ihren Preis. Als die Räuberbande
eine Stadt verheert hat, sucht deren Priester den Räuber
auf und richtet scharfe Worte an ihn:

---

229 ein schwarzes Pferd
230 Schiller, Die Räuber, 2. Akt, 3. Szene, S. 67.

PATER (im Eifer).
Entsetzlicher Mensch! Hebe dich weg von mir! Picht
nicht das Blut des ermordeten Reichsgrafen an deinen
verfluchten Fingern? Hast du nicht das Heiligtum des
Herrn mit diebischen Händen durchbrochen, und mit
einem Schelmengriff die geweihten Gefäße des Nacht-
mahl entwandt? Wie? Hast du nicht Feuerbrände
in unsere gottesfürchtige Stadt geworfen? Und den
Pulverturm über die Häupter guter Christen herabge-
stürzt? (Mit zusammengeschlagenen Händen) Greu-
liche[231], greuliche Frevel, die bis zum Himmel hinauf-
stinken, das Jüngste Gericht waffnen, dass es reißend
daherbricht! Reif zur Vergeltung, zeitig zur letzten
Posaune[232]![233]

Der Pater verflucht Karl Moor. Er klagt ihn an, den
Reichsgrafen ermordet zu haben und in die Kirche eingedrungen zu sein. Sogar die Hostie, das *Nachtmahl,* hat
er mitgenommen. Karl und seine Räuber haben die Stadt
angezündet und Menschen ihr Zuhause genommen, die
gute Christen sind, also nichts Böses verbrochen haben.
Die Räuber haben das Grauen über die Bürger gebracht.
Der Pater hat sogar Sorge, dass wegen diesen Untaten
schon morgen der Tag des Jüngsten Gerichts, an dem
Jesus Christus zurückkommen und über alle Menschen
richten wird, anbrechen könnte. Die *letzte Posaune* bezieht sich auf das Johannesevangelium. In diesem steht

---

231 gräulich bedeutet hier: schrecklich
232 eine Art Trompete
233 Schiller, Die Räuber, 2. Akt, 3. Szene, S. 75.

geschrieben, dass sieben Engel kamen, um die Menschheit zu strafen. Der siebente aber blies seine Posaune noch nicht und erst am Ende aller Zeiten, am Tag des Jüngsten Gerichts, wird dieser Engel zurückkehren, um seine Posaune zu blasen und dadurch das Ende der Welt anzukündigen. Interessant ist die Feuermetapher, als der dritte Engel seine Posaune bläst:

Der dritte Engel blies seine Posaune. Da fiel ein großer Stern vom Himmel; er loderte wie eine Fackel und fiel auf ein Drittel der Flüsse und auf die Quellen.[234]

Wie in Schillers Drama ist es hier das Feuer, das die Erde verwüstet. Karl Moor und seine Bande müssen mit ihren *Feuerbränden* den unschuldigen Einwohnern der Stadt vorgekommen sein wie der Engel aus der Bibel, der alles entzündet. Und dann ist da noch der siebente Engel, der, wie der Priester andeutet, die letzte Posaune blasen soll:

denn in den Tagen, wenn der siebte Engel seine Stimme erhebt und seine Posaune bläst, wird auch das Geheimnis Gottes vollendet sein; so hatte er es seinen Knechten, den Propheten, verkündet.[235]

Karl und seine Bande sind nichts weiter als ein verheerendes Unglück für die Menschen, die den Schrecken des Weltenendes durch ihre Unbarmherzigkeit erahnen können. Die Räuberbande fühlt sich von diesen Ängsten

---

234 Die Bibel, Einheitsübersetzung, Offenbarung 8, 10.
235 Die Bibel, Einheitsübersetzung, Offenbarung 10, 7.

nicht tangiert, ganz im Gegenteil: Sie machen sich über den Priester lustig, der sich um die Menschen sorgt.

Aber das Schicksal, dem Prometheus und alle Menschen Untertan sind, begegnet auch Karl. Zur Räuberbande stößt nämlich ein gewisser Kosinsky, der eine Verlobte hat, die ebenfalls Amalia heißt. Es durchzuckt den Kraftprotz Karl wie ein Blitz: Auch für ihn gab es einmal eine Liebe. In der gleichen Radikalität, die er sonst an den Tag legt, beschließt er:

MOOR.
(der bisher in heftigen Bewegungen hin und her gegangen, springt rasch auf, zu den Räubern). Ich muss sie sehen. – Auf! Rafft zusammen – du bleibst, Kosinsky – packt eilig zusammen![236]

Karl Moor läuft wie auf Kohlen hin und her. Es ist, als hätte ihn der Blitz der Erkenntnis getroffen. Und ebenso leidenschaftlich wie er von der Freiheit spricht, beschließt er, alle packen zu lassen, um Amalia wiederzusehen. Die Frage ist aber natürlich: hat sie ihn vielleicht schon längst vergessen? Nein, natürlich nicht. Sie hat die Avancen seines Bruders Franz abgewiesen und wartet sehnsüchtig auf ihren Karl. Dieser tritt ihr unter einem Umhang verkleidet entgegen, um herauszufinden, ob sie noch Gefühle für ihn hat.

AMALIA.
Hier, wo Sie stehen, stand er tausendmal – und neben

---

236 Schiller, Die Räuber, 3. Akt, 2. Szene, S. 94.

ihm die, die neben ihm Himmel und Erde vergaß –
hier durchirrte sein Aug die um ihn prangende Gegend
– sie schien den großen belohnenden Blick zu empfin-
den und sich unter dem Wohlgefallen ihres Meister-
bildes zu verschönern – hier hielt er mit himmlischer
Musik die Hörer der Lüfte gefangen – hier an diesem
Busch pflückte er Rosen, und pflückte die Rosen für
mich – hier, hier lag er an meinem Halse, brannte sein
Mund auf dem meinen, und die Blumen starben gern
unter der Liebenden Fußtritt –[237]

Für Amalia ist der Geliebte überall um sie herum; sie
sieht ihn förmlich noch immer vor sich stehen. *Unter dem*
Wohlgefallen ihres Meisterbildes verschönert sie sich sogar.
Damit ist gemeint, dass sie unter seinem liebenden Blick
mehr war als sie jemals in der Realität hätte sein können. Er hat hier *gesungen* und *Rosen gepflückt*, erzählt sie
dem vermeintlich Unbekannten. Wer singt und Blumen
pflückt, ist aber nicht der Mann, der Karl so gerne sein
will. Vielmehr ist diese Art von Weichlichkeit ihm jetzt
in seinem neuen Leben als Räuber verhasst. Amalia aber
erinnert ihn an die Lust, die mit diesem Verhalten ein-
herging: Als er noch Rosen pflückte, spürte er die weiche
Haut ihres Halses und er küsste sie. Selbst ein Stelldich-
ein inmitten des Gartens deutet sie hier an. Die Blumen,
die *unter der Liebenden Fußtritt starben*, sind ein Motiv für
die körperliche Vereinigung der Liebenden, das schon im
Mittelalter zu finden ist. Karl Moor, ganz verzaubert von
ihrem Liebesgeständnis, fragt:

---

237 Schiller, Die Räuber, 4. Akt, 4. Szene, S. 110f.

MOOR.
Er ist nicht mehr?

AMALIA.
*Er segelt auf ungestümen Meeren – Amalias Liebe
segelt mit ihm – er wandelt durch ungebahnte sandigte
Wüsten – Amalias Liebe macht den brennenden Sand
unter ihm grünen und die wilden Gesträuche blühen
– der Mittag sengt sein entblößtes Haupt, nordischer
Schnee schrumpft seine Sohlen zusammen, stürmischer
Hagel regnet um seine Schläfe, und Amalias Liebe
wiegt ihn in Stürmen ein – Meere und Berge und
Horizonte zwischen den Liebenden – aber die Seelen
versetzen sich aus dem staubigten Kerker und treffen
sich im Paradiese der Liebe – ...*[238]

Sie gibt ihm die Antwort, dass sie nicht weiß, wo er ist.
Ungestüme Meere deuten auf Unsicherheit hin. Aber: *Amalias Liebe segelt mit ihm.* Damit sagt sie ganz klar: Ihre
Liebe ist bei ihm – ganz gleich, wo er gerade ist. Auch die
unbebahnten, also ungeebneten, *Wüsten* bedeuten einen
beschwerlichen Weg, der vor dem Liebenden liegt. Sie ist
sich aber sicher, dass ihre Liebe ihn vor der brennenden
Hitze der Unsicherheit schützen wird. Ihre Liebe wird die
Natur grünen lassen, wird ihn kühlen und ihm Sicherheit
geben. Damit bezeugt sie den reinen, aber auch schützen-
den Charakter ihrer Liebe, die weite Strecken überwinden kann. Das *Paradiese der Liebe* könnte auf *Il Paradiso*
aus *Die Göttliche Komödie* von Dante Alighieri hindeuten.

---

238 Schiller, Die Räuber, 4. Akt, 4. Szene, S. 111.

Dante war einer der größten Poeten Italiens und lebte im ausgehenden 13. Jahrhundert in Florenz. In *Die Göttliche Komödie* muss er durch die Höllenkreise und das Fegefeuer wandeln, um schließlich zu seiner wahren Liebe Beatrice ins Paradies gelangen zu können. Die Liebesgeschichte des reisenden Dante und der schönen Beatrice ist eine der bekanntesten der Weltliteratur. Indem Amalia dieses Paradies erwähnt, reiht sie Karl und sich in die Tradition der großen Liebespaare ein.

In Folge erkennt Amalia den Geliebten und die beiden singen zusammen »ihr Lied«. Der Liebescode hat ein Thema aus der griechischen Mythologie zum Inhalt. Es wird wohl kein Zufall sein, dass die übermächtigen Vorfahren, die Karl so verehrt, die Liebe zu seiner Amalia ausdrücken. Eigentlich könnte jetzt alles gut enden, aber leider gibt es ein großes Problem: Karl ist Räuberhauptmann. Sein eifersüchtiger Bruder Franz mag den Brief gefälscht haben, aber dennoch ist und bleibt Karl ein Gesetzloser. Als es zum Showdown kommt, muss Karl die Wahrheit sagen. Sein Vater ist am Boden zerstört; Amalia hält zu ihm und versichert ihm ihre Liebe. Karl hat jedoch zu viel Schuld auf sich geladen. Und wieder trifft er eine ungewöhnliche Entscheidung: Er will sich der Gerichtsbarkeit ausliefern und für seine Taten büßen. Wie Emilia Galotti bittet Amalia Karl, sie zu töten. Wie Emilias Vater weigert sich auch Karl zunächst. Erst als Amalia mit Selbstmord droht, tut er ihr den Gefallen. Die Räuber sind entsetzt und können nicht glauben, was sie sehen. Karl lässt das Schwert fallen und unterwirft sich dem weltlichen Gericht. Das ist insofern eine bemerkenswerte Entscheidung, als dass sein gesamtes Konzept von

Freiheit darauf basiert, außerhalb des Gesetzes zu stehen. Nun aber tritt er den Rückweg an. Prometheus hat seinen Herrn gefunden.

Und der böse Bruder? Franz hat, als er draufgekommen ist, wer versteckt ins Schloss eingedrungen ist, Selbstmord begangen. Die Frage nach der Schuld bleibt offen im Raum. Franz hat den Bruderzwist angestachelt und den Vater mit den falschen Anschuldigungen gegen Karl belastet. Außerdem ist er Amalia nachgestiegen, hat aber niemanden getötet. Karl ist der Gute, der tatkräftig über sein eigenes Leben bestimmt, aber er hat eine ganze Stadt auf dem Gewissen wie wir in der Szene mit dem Priester erfahren – und, genau genommen, auch das Leben seiner großen Liebe. Er unterwirft sich dem Gesetz und verhilft so einem armen Mann zu Geld, weil eine Belohnung auf seinen Kopf ausgesetzt ist. Aber wer der Grausame ist, bleibt offen. Ebenso wie die Antwort auf die Frage, wer der Freiere der beiden Brüder ist. Karl hat sich als Räuberhauptmann verwirklicht. Aber auch der hässliche Franz hat seinen Intellekt zu nutzen gewusst, um andere zu hintergehen und ist in Freiheit gestorben. Die beiden Brüder sind sich im gesamten Drama, wie zwei Seiten der gleichen Münze, übrigens nie begegnet.

5.2 VON LIEBENDEN

Wir wenden uns von jenen Kraftmenschen, die gegen Obrigkeiten rebellieren, ab und jenen zu, die für ihre Gefühle kämpfen. Im Mittelpunkt eines anderen Dramas von Friedrich Schiller, *Kabale und Liebe*, steht, ebenso wie in Johann Wolfgang von Goethes Briefroman *Die Leiden des jungen Werthers*, nichts weniger als die Liebe.

In Schillers Drama *Kabale und Liebe* sprühen die Funken: Es geht um die Liebe zwischen Ferdinand und Luise, von deren emotionaler Kraft wir schon in ganz zu Beginn überzeugt werden:

FERDINAND.
Ich fürchte nichts – nichts – als die Grenzen deiner Liebe. Laß auch Hindernisse wie Gebirge zwischen uns treten, ich will sie für Treppen nehmen und drüber hin in Luisens Arme fliegen. Die Stürme des widrigen Schicksals sollen meine Empfindung emporblasen, Gefahren werden meine Luise nur reizender machen. – Also nichts mehr von Furcht, meine Liebe. Ich selbst – ich will über dir wachen, wie der Zauberdrach über unterirdischem Golde – Mir vertraue dich! Du brauchst keinen Engel mehr – Ich will mich zwischen dich und das Schicksal werfen – empfangen für dich jede Wunde – auffassen für dich jeden Tropfen aus dem Becher der Freude – dir ihn bringen in die Schale der Liebe. (Sie zärtlich umfassend.) An diesem Arm soll meine Luise durchs Leben hüpfen; schöner, als er dich von sich ließ, soll der Himmel dich wieder haben und mit Verwunderung eingestehn, daß nur die Liebe die letzte Hand an die Seelen legte –[239]*

Ferdinand spricht über seine Liebe zur Bürgerstochter Luise. Gleich zu Beginn findet er die wohl schönsten

---

239 Schiller, Kabale und Liebe, 1. Akt, 4. Szene, S. 16f.

Worte für seine Gefühle: *Ich fürchte nichts – nichts – als die Grenzen deiner Liebe.* Der Majorssohn Ferdinand weiß, dass ihn nichts erschüttern wird, wenn er nur sicher ist, dass Luise bei ihm ist. So viele Gebirge auch zwischen ihnen stehen – immer, schwört er ihr, werden sie einen Weg finden, um zusammen zu sein. Auch er spricht, wie Amalia, von Stürmen, die über die Liebenden hinwegfegen werden. Und vergleicht sich mit einem Zauberdrachen, der in seiner Höhle das Gold, ein Synonym für Luise, bewacht. Von nun an braucht die Geliebte keinen Schutzengel mehr, weil er über sie wacht. Auch er spricht von der Macht des Schicksals, das plötzlich und unvorbereitet über jemanden hereinbrechen kann. Notfalls wirft er sich zwischen das unbarmherzige Schicksal, das schon Prometheus als wahren Herrn erkannte, und seine Luise. Sein Versprechen: Wenn sie an seinem Arm durchs Leben geht, soll der Himmel sie eines Tages schöner wiederhaben, als er sie damals, vor ihrer Geburt, hatte. Was für eine Liebeserklärung! Auch er legt sich mit dem Allmächtigen an: Denn der Himmel, so sagt er, wird eingestehen müssen, dass nur die Liebe die Seele vollkommen macht. Damit sagt er, dass wir alle vor der Geburt noch nicht vollkommen sind. Erst die Liebe, die wir in diesem Leben erfahren, macht unsere Seele schön. Seine Worte zeugen von einem Urvertrauen in die Menschlichkeit. Nie werden unsere Seelen so vollkommen sein wie nach der Erfahrung, Mensch gewesen zu sein. Es ist eine Liebeserklärung an Luise, aber auch an das, was den Einzelnen ausmacht: seine Gefühle.

Die Funken sind längst entzündet. Und Luise reagiert heftig:

LUISE.
*(drückt ihn von sich, in großer Bewegung) Nichts
mehr! Ich bitte dich, schweig! —Wüßtest du – Laß mich
– du weißt nicht, daß deine Hoffnungen mein Herz
wie Furien anfallen. (Will fort.)*

FERDINAND *(hält sie auf).*
Luise? Wie! Was! Welche Anwandlung?

LUISE.
*Ich hatte diese Träume vergessen und war glücklich –
Jetzt! jetzt! von heut an – der Friede meines Lebens
ist aus – Wilde Wünsche – ich weiß es – werden in
meinem Busen rasen. – Geh – Gott vergebe dir's – Du
hast den Feuerbrand in mein junges, friedsames Herz
geworfen, und er wird nimmer, nimmer gelöscht werden. (Sie stürzt hinaus. Er folgt ihr sprachlos nach.)*[240]

Übersetzt heißt ihre Reaktion: Sie kann mit der Intensität
der Gefühle, die sie für ihn hat, nicht umgehen. Es sind
Furien, also die Rachegeister aus der griechischen Mythologie, die ihr Herz in Bann halten. Für eine junge Frau
ziemen sich so heftige Gefühle der Leidenschaft nicht,
deshalb sagt sie *der Friede meines Lebens ist aus.* Sie spricht
von *wilden Wünschen*, vielleicht einer sexuellen Facette
dieser Liebe, die sie nun nicht mehr loslassen werden. Der
Feuerbrand, der in ihrem Herzen ist, kann nicht mehr gelöscht werden. Feuer, das wissen wir schon, steht für Leidenschaft, aber auch für Erkenntnis. Um eine körperliche

---

240 Schiller, Kabale und Liebe, 1. Akt, 4. Szene, S. 16f.

Beziehung auszudrücken, haben wir den Ausdruck *jemanden erkennen* kennengelernt. In ihren Gedanken rasen die Gefühle und Wünsche um die Wette und scheinen sie schwindlig zu machen. Das Feuer der Leidenschaft und die Angst vor der Entdeckung des Feuers, also der Entdeckung seines Körpers, beherrschen sie.

Mit diesen Fragen kann Luise sich aber nicht lange beschäftigen. Denn das alte Problem dieser Art von Liebe sind: die Väter. Beide sind nicht glücklich mit der Wahl ihrer Kinder. Ferdinands Vater, Präsident von Walter, verspricht kurzerhand Lady Milford die Hand seines Sohnes. Die ist mehr als einverstanden, wobei die selbstbewusste Frau eine ganz genaue Vorstellung von einer Beziehung hat:

LADY (wirft sich in den Sopha).
.... Was fang' ich mit Leuten an, deren Seelen so gleich als ihre Sackuhren gehen? Kann ich eine Freude dran finden, sie was zu fragen, wenn ich voraus weiß, was sie mir antworten werden? Oder Worte mit ihnen zu wechseln, wenn sie das Herz nicht haben, andrer Meinung als ich zu sein? – Weg mit ihnen! Es ist verdrießlich, ein Roß zu reiten, das nicht auch in den Zügel beißt. (Sie tritt zum Fenster.)[241]

Die Lady ist gelangweilt von heiratswilligen Männern, die alle nach Schema F ticken. Sie will keinen Mann, der immer derselben Meinung ist. Ihre Ansage gipfelt in dem Ausspruch, dass sie ebenso wenig ein Pferd reiten würde,

---

241 Schiller, Kabale und Liebe, 2. Akt, 1. Szene, S. 29.

das nicht auch manchmal in die Zügel beißt. Auch hier: sich gegen sie zur Wehr setzen kann. Ihre Überlegungen werden jäh unterbrochen, als Ferdinand sich ankündigt. Schnell macht sie sich fertig, um ihn zu empfangen. Steif und unnahbar betritt er das Zimmer und kommt gleich – wenn auch neutral – zur Sache:

FERDINAND.
Und soll Ihnen melden, daß wir uns heirathen – So weit der Auftrag meines Vaters.

LADY (entfärbt sich und zittert).
Nicht Ihres eigenen Herzens?[242]

Um keine Missverständnisse aufkommen zu lassen, sagt Ferdinand sofort, was Sache ist: Sein Vater wünscht die Heirat. Die Farbe weicht aus dem Gesicht der Lady, als sie hören muss, dass es nicht Ferdinands eigene Entscheidung ist, sie zu heiraten. Wir wissen schon längst: Sie empfindet wirklich etwas für ihn. Dann macht Ferdinand die Situation noch schlimmer und stellt ihr Fragen zu ihrer Vergangenheit. Es sind kritische Fragen darüber, ob sie eine wirkliche Lady ist. Seine Absicht ist klar: Er will sie durcheinanderbringen, vielleicht sogar beleidigen. Lady Milford aber beweist einmal mehr ihre emotionale Überlegenheit und antwortet ihm mit der Wahrheit. Sie erzählt ihm von ihrer bewegten Lebensgeschichte, die von Verzicht und Armut geprägt ist – und von einer unglücklichen Ehe. Ferdinand, zu Beginn ihrer Unterhal-

---

242 Schiller, Kabale und Liebe, 2. Akt, 3. Szene, S. 35.

tung noch cool auf seinen Degen gestützt, realisiert, wie
sehr er sich getäuscht hat und bittet sie um Vergebung.

FERDINAND.
.... Ich habe mich in Ihnen betrogen, Milady. Ich er-
wartete – ich wünschte, Sie meiner Verachtung würdig
zu finden. Fest entschlossen, Sie zu beleidigen und
Ihren Haß zu verdienen, kam ich her – Glücklich wir
Beide, wenn mein Vorsatz gelungen wäre! (Er schweigt
eine Weile, darauf leise und schüchterner.) Ich liebe,
Milady – liebe ein bürgerliches Mädchen – Luise Mil-
lerin, eines Musikus Tochter...[243]

Es sind ehrliche Worte, die hier von Ferdinand kommen.
Er offenbart ihr seine Gefühlswelt: *Ich wünschte, Sie mei-*
ner Verachtung würdig zu finden. Natürlich wäre es leichter gewesen, wenn die Lady eine unausstehliche Person
wäre und nicht dermaßen reflektiert und emotional reif.
Wir ziehen den Hut vor Ferdinand – und denken daran,
wie oft wir uns schon gewünscht hätten, jemand unserer
Verachtung würdig zu finden, der am Ende sogar höflich
war. Er gesteht ihr, dass er sie beleidigen wollte und lässt
dann die Katze aus dem Sack: Er liebt eine Bürgerliche;
sogar ihren Namen nennt er. Auf die emotionale Ent-
blößung der Lady folgt die seine. Dann ist alles gesagt.
Die beiden stehen einander gegenüber und suchen nach
einem Weg, aus dieser Situation herauszukommen. Ferdinand bittet sie, ihn abzuweisen und die Verlobung zu
lösen. Gefühlsmäßig würde sie es tun, aber da ist noch die

---

243 Schiller, Kabale und Liebe, 2. Akt, 3. Szene, S. 35.

Gesellschaft. Deshalb muss die Lady Stärke zeigen, was sie ihm genauso ehrlich sagt:

LADY.
Weil ich es muß. (Mit Ernst und Stärke.) Meine Lei-
denschaft, Walter[244], weicht meiner Zärtlichkeit für
Sie. Meine Ehre kann's nicht mehr – Unsre Verbindung
ist das Gespräch des ganzen Landes. Alle Augen, alle
Pfeile des Spotts sind auf mich gespannt. Die Be-
schimpfung ist unauslöschlich, wenn ein Unterthan des
Fürsten mich ausschlägt. Rechten Sie mit Ihrem Vater.
Wehren Sie sich, so gut Sie können. – Ich lass' alle Mi-
nen sprengen. (Sie geht schnell ab. Der Major bleibt in
sprachloser Erstarrung stehen. Pause. Dann stürzt er
fort durch die Flügelthüre.)[245]

Sie muss ihn heiraten, weil es um ihre Ehre geht. Alle sprechen bereits über die Verlobung. *Alle Pfeile des Spotts sind auf mich gespannt.* Den Spott würde sie davontragen, nicht er. Aus standespolitischen Gründen muss sie seinen Antrag annehmen. Er soll noch mit seinem Vater reden, aber sie wird sein Anliegen nicht unterstützen können. Die Lady geht daraufhin *schnell ab.* Wir können uns vorstellen, wie sie hinter der Bühne, im Schutz ihres Zimmers, in dem sie unbeobachtet ist, die Fassung verliert und hemmungslos zu weinen beginnt.

Schließlich treffen die letzten beiden Schnittstellen des Love Triangles aufeinander: die Lady und Luise.

---

244 Ferdinands Nachname
245 Schiller, Kabale und Liebe, 2. Akt, 3. Szene, S. 42.

LADY.
Ich verstehe dich aber er soll mich nicht lieben. Ich will über diese schimpfliche Leidenschaft siegen, mein Herz unterdrücken und das deinige zermalmen – Felsen und Abgründe will ich zwischen euch werfen; eine Furie will ich mitten durch euren Himmel gehen; mein Name soll eure Küsse, wie ein Gespenst Verbrecher, auseinander scheuchen; deine junge blühende Gestalt unter seiner Umarmung welk, wie eine Mumie, zusammenfallen! Ich kann nicht mit ihm glücklich werden, aber du sollst es auch nicht werden. Wisse das, Elende! Seligkeit zerstören ist auch Seligkeit.[246]

Da! Endlich – möchte man fast sagen – verliert die immer so beherrschte Lady schließlich die Fassung, als ihr die junge und hübsche Luise gegenübersteht. Sie verflucht sich selbst dafür, sich den leidenschaftlichen Gefühlen für ihn hingegeben zu haben und formuliert ihre Rache: Möge ihr Glück nicht von Dauer sein. Ewig will sie die Liebenden als Gespenst verfolgen. Luises Schönheit soll unter seiner *Umarmung* absterben. Wenn sie nicht mit ihm glücklich werden darf, soll es auch keine andere sein. Ihr Fazit: Rache ist süß. Die lebenserfahrene, starke Lady speit der süßen, unbedarften Luise diese Worte ins Gesicht. Aber in dieser Begegnung steht Luise emotional über diesen Verwünschungen:

LUISE.
Eine Seligkeit, um die man Sie schon gebracht hat,

---

246 Schiller, Kabale und Liebe, 4. Akt, 7. Szene, S. 89.

*Milady. Lästern Sie Ihr eigenes Herz nicht. Sie sind
nicht fähig, Das auszuüben, was Sie so drohend auf
mich herabschwören. Sie sind nicht fähig, ein Geschöpf
zu quälen, das Ihnen nichts zu Leide gethan, als daß
es empfunden hat wie Sie. Aber ich liebe Sie um dieser
Wallung willen, Milady.*[247]

Ganz cool stellt Luise fest, dass die Lady dieses Glück
mit Ferdinand niemals wird leben können; ihre Rache ist
sinnlos. Aber sie sagt auch, von Frau zu Frau sozusagen:
Deine Gefühle sind schon okay – *Lästern Sie Ihr eigenes
Herz nicht.* Ihr Herz empfindet nun einmal so; man soll
nicht wünschen, dass es anders wäre. Sie meint auch: Sie
können das doch gar nicht. Ihr Herz ist nicht böse. Niemals, da ist Luise sicher, würde die Lady sie verletzen, wo
es doch ihr einziger Fehler war, so zu empfinden wie sie.
Aber, fügt sie hinzu, sie *liebe* sie dafür. Luise meint damit
nicht mehr als Respekt vor den ehrlich ausgesprochenen
Gefühlen der Milady. Wer seine Gefühle ausdrücken
kann, verdient sich Respekt. Die Lady erwacht daraufhin
auch aus ihrem Zornausbruch und entschuldigt sich bei
Luise:

LADY.
*(die sich jetzt gefaßt hat) Wo bin ich? Wo war ich? Was
hab' ich merken lassen? Wen hab' ich's merken lassen?
O Luise, edle, große, göttliche Seele! Vergib's einer
Rasenden! Ich will dir kein Haar kränken, mein Kind.
Wünsche! Fordre! Ich will dich auf den Händen tragen,*

---

247 Schiller, Kabale und Liebe, 4. Akt, 7. Szene, S. 89.

deine Freundin, deine Schwester will ich sein Du bist
arm Sieh! (Einige Brillanten herunternehmend.) Ich
will diesen Schmuck verkaufen meine Garderobe, Pferd
und Wagen verkaufen. Dein sei Alles, aber entsag'
ihm![248]

Sie entschuldigt sich für ihr Verhalten und bezeichnet sie
als *mein Kind*, wodurch sie zwar den Altersunterschied
zwischen ihnen unterstreicht, aber Luise auch als schüt-
zenswert hervorhebt. Sie verspricht ihr alles, jedoch nur
unter einer Bedingung: Sie soll Ferdinand freigeben,
ihrer Liebe zu ihm *entsagen*. Das kann sie aber nicht ver-
langen. Luise verneint und verlässt die Lady. Diese zieht
sich zurück, um nachzudenken. Entgegen aller Erwartung beschließt sie, dass sie Luise und Ferdinand nicht
unglücklich machen will. Sie löst die Verlobung und geht
wieder zurück nach England. Nun scheint alles gut, wäre
da nicht der Brief.

Ferdinands Vater hat Luise nämlich durch seinen Haus-
sekretär Wurm (der Name ist Programm), der heimlich
in Luise verliebt ist, erpressen lassen. Sie musste einen
Liebesbrief an den Hofmarschall schreiben, den die beiden dann Ferdinand zugespielt haben. Dieser glaubt, dass
Luise ihm untreu geworden ist. Dass diese dazu überhaupt
nicht die Persönlichkeit besitzen würde, sei dahingestellt.
Wichtig ist, dass sich alles nun rasend schnell seinem
dramatischen Ende nähert. Ferdinand kreuzt nämlich bei
ihrem Vater auf, um ihr mitzuteilen, dass die Lady die

---

248 Schiller, Kabale und Liebe, 4. Akt, 7. Szene, S. 89.

Verlobung gelöst hat und um zu bekräftigen, dass er nur Luise heiraten will.

>FERDINAND *(stürzt ihr heftig weinend an den Hals).*
>*Noch einmal, Luise – Noch einmal wie am Tag unsers ersten Kusses, da du Ferdinand stammeltest und das erste Du auf deine brennenden Lippen trat. – O eine Saat unendlicher, unaussprechlicher Freuden schien in dem Augenblick wie in der Knospe zu liegen – Da lag die Ewigkeit wie ein schöner Maitag vor unsern Augen; goldne Jahrtausende hüpften, wie Bräute, vor unsrer Seele vorbei -- Da war ich der Glückliche! – O Luise! Luise! Luise! Warum hast du mir das getan?*[249]

Er nimmt sie gedanklich mit an den Tag ihres ersten Kusses. Sie spricht zum ersten Mal seinen Namen aus; ihrer beider Lippen *brennen* zum ersten Mal aufeinander. Die *Saat*, über die er spricht, trägt schon die ersten Knospen: Die Zukunft gehörte an diesem Tag ihnen. Beide konnten die Ewigkeit in einem *Maitag* sehen, vor ihnen lagen *Jahrtausende*. Alles war im Entstehen, daher erwähnt er hier die *Bräute*. Er war an diesem Tag so glücklich – und beklagt, dass sie ihm den vermeintlichen Betrug, also den Brief an den Hofmarschall, angetan hat. Weil die beiden aber nach allen Gefühlen, die sie im Stück ausgedrückt haben, genau an diesem Punkt nicht miteinander kommunizieren, glaubt er nach wie vor, dass sie ihn mit dem Hofmarschall betrogen hat und vergiftet sie. Luise be-

---

249 Schiller, Kabale und Liebe, 5. Akt, 7. Szene, S. 115f.

merkt, dass in ihrer Limonade Gift ist. Anstatt sich über Ferdinand aufzuregen, der sie in dieser Szene zu allem Überfluss auch noch verspottet, wird sie ganz ruhig. Sie hat Wurm geschworen, nichts zu verraten. Der Tod aber, stellt sie lapidar fest, entbindet einen von allen Versprechen. Sie öffnet die Lippen und stammelt mit ihren letzten Worten, dass der Brief von Ferdinands Vater diktiert war.

Ferdinand, der sich selbst ebenfalls vergiftet hat, traut seinen Ohren nicht. Da tauchen die beiden erschütterten Väter auf und müssen mitansehen, wie ihre Kinder sterben. Mit seinem letzten Atemzug verflucht Ferdinand seinen Vater:

FERDINAND.
... Eine Gestalt, wie diese, ziehe den Vorhang von deinem Bette, wenn du schläfst, und gebe dir ihre eiskalte Hand – Eine Gestalt, wie diese, stehe vor deiner Seele, wenn du stirbst, und dränge dein letztes Gebet weg. – Eine Gestalt, wie diese, stehe auf deinem Grabe, wenn du auferstehst – und neben Gott, wenn er dich richtet.[250]

Die Gestalt, von der er spricht, ist Luise. Ferdinand verflucht den Vater, indem er ihm Luise als Geist an den Hals wünscht, der sogar am Tag seines Todes anwesend sein soll. Die Liebenden sterben nicht einmal Hand in Hand. Das unversöhnliche Ende wirkt bei allem, was hätte gut gehen können, befremdlich. Letztlich aber ist

---

250 Schiller, Kabale und Liebe, 5. Akt, letzte Szene, S. 120.

es eine logische Konsequenz: Noch dürfen Liebespaare aus unterschiedlichen Ständen auf der Bühne nicht zusammenfinden. Die Funken können sprühen; sie dürfen einander ihre Liebe versichern, aber der Preis für die Leidenschaft ist nach wie vor der Tod. Was passieren kann, wenn man seiner Leidenschaft folgt, zeigt das Beispiel des vielleicht sehnsüchtigsten und traurigsten Liebenden der Weltliteratur: Werther.

Die Leiden des jungen Werthers von Johann Wolfgang von Goethe entspricht dem Zeitgeist: Es ist der neuesten Mode nach ein Briefroman – und er bietet die ganz großen Erfolge, denn Goethe wird damit über Nacht zum Star. Die Geschichte des verzweifelt Liebenden macht aus dem mäßig erfolgreichen Studenten einen Shooting Star der Literaturszene, die Drucke sind gleich vergriffen. Aber es passiert noch etwas, womit Goethe nicht gerechnet hat: Etliche junge Männer nehmen die Geschichte so ernst, dass sie wie der Protagonist Selbstmord begehen – und das stilecht. Im Buch trägt Werther eine blaue Jacke über einer gelben Weste. Die jungen Männer der Zeit besorgen sich nun ebensolche Kleidungsstücke, bevor sie sich das Leben nehmen. Das Buch wird zum Skandal und Goethe flieht vor Überforderung zurück ins Elternhaus. Unerhört, dass Männer sich wegen eines simplen Schriftstücks das Leben nehmen! Der Gedankengang ist jedoch klar und sehr modern: In einer rationalen Zeit dürfen Gefühle keinen Platz haben. Aber, und diese bange Frage liegt uns erschreckend nahe wie keine zweite: Wenn wir nicht für Gefühle leben dürfen, wofür leben wir dann?

Der Plot der Geschichte ist schnell erzählt: Werther verliebt sich in eine junge Frau namens Lotte, die aber einem anderen, Albert, versprochen ist. In Briefen an einen Freund bringt Werther seine Gefühle zu Papier. Wer die Geschichte der Selbstmorde kennt, weiß: Es geht nicht gut aus.

Was wir hier lesen können, ist so etwas wie die Reinform des Liebesgefühls – wie ein ätherisches Öl, das man, hochkonzentriert, nicht direkt auf die Haut auftragen sollte, um sie nicht zu reizen, ebensowenig sollte es unverdünnt auf die Schleimhäute gelangen, wo es schmerzlich brennt. Das Gleiche passiert, wenn man Werthers Briefe liest: Sie sind Gefühle in Reinform – und gerade deshalb brandgefährlich. Die Liebesbezeugungen sind so intensiv, dass man stellenweise das Fenster öffnen und tief durchatmen muss, weil es nicht anders auszuhalten ist. Wir durchlaufen alle Phasen mit dem Protagonisten: leise Liebesschwüre, Ungläubigkeit über seine emotionale Situation, Zorn, Angst und schließlich seinen Entschluss, sich das Leben zu nehmen. Wer sich auf diese Geschichte einlässt, läuft tatsächlich Gefahr, sich tief mit ihr verbunden zu fühlen. Atmen wir durch und starten.

Wir sitzen an einem Frühsommertag in der Natur, unter einer Linde. Auf unserem Schoß liegt der zweite Brief, den Werther an seinen Freund verfasst hat. Aus dem ersten Brief wissen wir noch: Werther scheint mit einer jungen Frau geflirtet zu haben, deren Schwester aber eigentlich in ihn verliebt war. Dazu vermerkt er, dass er nicht wisse, was er falsch gemacht hat, aber schließlich konnte das doch einmal passieren, dass Gefühle nicht erwidert würden. Uns beschleicht die Ahnung, dass er das nicht ganz so locker sehen kann, wenn ihn die Abweisung selbst betrifft. Wir lesen Brief Nummer zwei, um diesen jungen Mann ein bisschen näher kennenzulernen:

Am 10. Mai.
Eine wunderbare Heiterkeit hat meine ganze Seele ein-
genommen, gleich den süßen Frühlingsmorgen, die ich
mit ganzem Herzen genieße. Ich bin allein und freue
mich meines Lebens in dieser Gegend, die für solche
Seelen geschaffen ist wie die meine. Ich bin so glücklich,
mein Bester, so ganz dem Gefühle von ruhigem Da-
sein versunken, daß meine Kunst darunter leidet. Ich
könnte jetzt nicht zeichnen, nicht einen Strich, und bin
nie ein größerer Maler gewesen als in diesen Augen-
blicken.[251]

Die Heiterkeit überträgt sich auf uns. Wir können alles fühlen, wenn wir die Augen schließen: den verheißungs-vollen Frühlingsmorgen, an dem stets etwas Neues be-ginnen darf. Werthers Gefühle sind groß und gleichzeitig in sich ruhend. *Ich könnte nicht zeichnen, nicht einen Strich, und bin nie ein größerer Maler gewesen.* Dieser Satz ist die Essenz des kreativen Prozesses, der Unmöglichkeit, die Verschmelzung zwischen Beobachtung und kreativem Prozess zu beschreiben. Vor dem Malen muss ein Künst-ler lernen, zu beobachten. Wir lesen weiter:

Wenn das liebe Tal um mich dampft, und die hohe
Sonne an der Oberfläche der undurchdringlichen Fins-

---

251 Trunz, Goethe, Bd. 6, S. 9.

ternis meines Waldes ruht, und nur einzelne Strahlen sich in das innere Heiligtum stehlen, ich dann im hohen Grase am fallenden Bache liege, und näher an der Erde tausend mannigfaltige Gräschen mir merkwürdig werden; wenn ich das Wimmeln der kleinen Welt zwischen Halmen, die unzähligen, unergründlichen Gestalten der Würmchen, der Mückchen näher an meinem Herzen fühle, und fühle die Gegenwart des Allmächtigen, der uns nach seinem Bilde schuf, das Wehen des Alliebenden, der uns in ewiger Wonne schwebend trägt und erhält; mein Freund![252]

Dann dringen wir tiefer in die Gefühlswelt des Schreibenden ein: Werther nimmt uns mit auf die Reise. Diese Reise hört sich aber nicht so an wie wir sie etwa von Stefan Zweig oder Arthur Schnitzler kennen. Der Literat des 18. Jahrhunderts überträgt seine Emotionen auf die Natur. Das Tal um ihn herum *dampft* und wenn er in der Wiese liegt, steigt der Duft der Blüten in seine Nase, umhüllt ihn ganz. Um nicht direkt in der Sonne zu liegen, hat er sich ein schattiges Plätzchen im Wald gesucht, nahe eines Baches. Die Sonnenstrahlen, die durch die Baumkronen dringen, ins *innere Heiligtum*, könnten auch für die Glückseligkeit stehen, die sich in das Innere seiner Seele ausbreitet. Wenn er so daliegt, wird ihm alles in der Umgebung *merkwürdig*, das bedeutet, er bemerkt alles. Aufmerksam nimmt er jedes kleine Blättchen und die kleinsten Tiere um sich herum wahr. Er fühlt die Anwesenheit des Schöpfers, der ihm hier ganz nahe ist. Die

---

252 Trunz, Goethe, Bd. 6, S. 9.

Natur ist das Design Gottes, deshalb muss alles zusammenpassen und von Harmonie getragen sein.

> *wenn's dann um meine Augen dämmert, und die Welt*
> *um mich her und der Himmel ganz in meiner Seele*
> *ruhn wie die Gestalt einer Geliebten – dann sehne ich*
> *mich oft und denke: Ach könntest du das wieder aus-*
> *drücken, könntest du dem Papiere das einhauchen, was*
> *so voll, so warm in dir lebt, daß es würde der Spiegel*
> *deiner Seele, wie deine Seele ist der Spiegel des unend-*
> *lichen Gottes! – Mein Freund – Aber ich gehe darüber*
> *zugrunde, ich erliege unter der Gewalt der Herrlichkeit*
> *dieser Erscheinungen.*[253]

Manchmal schläft er ein und träumt weiter von diesen wunderbaren Eindrücken. Dann kommt Werther auf sich als Schriftsteller zu sprechen: Könnte er doch zu Papier bringen, was er empfindet! Damit spricht er ein uraltes und immer gegenwärtiges Problem des Schriftstellers an: Kein Gefühl kann so rein beschrieben werden, dass es dem Eindruck selbst gerecht wird. *Dem Papier einhauchen* ist ein träumerischer, poetischer Wunsch, das Papier möge den ganzen Atem aufnehmen können – zärtlich und das Geheimnis seiner Empfindungen für immer bewahrend. Er vergleicht seine Seele mit dem Papier. Sie ist wie ein Schriftstück, das alle Emotionen spiegeln kann. Aber, könnte man hinzufügen, die Seele wird immer nur ein blasser Abklatsch Gottes sein. Die *Herrlichkeit dieser*

---

253 Trunz, Goethe, Bd. 6, S. 9.

Erscheinungen ist jedoch so außergewöhnlich und so intensiv, dass er sie niemals wird beschreiben können.

Nun kennen wir diesen sensiblen jungen Kerl, der träumerisch in Wiesen liegt und sich mit Haut und Haaren auf jedes Gefühl einlässt, das ihm begegnet. Es kommt wie es kommen muss: Er verliebt sich, auch mit Haut und Haaren. Werther und Lotte lernen sich an einem Tanzabend kennen. Sofort funkt es zwischen den beiden:

Wir traten ans Fenster. Es donnerte abseitwärts, und der herrliche Regen säuselte auf das Land, und der erquickendste Wohlgeruch stieg in aller Fülle einer warmen Luft zu uns auf. Sie stand auf ihren Ellenbogen gestützt, ihr Blick durchdrang die Gegend; sie sah gen Himmel und auf mich, ich sah ihr Auge tränenvoll, sie legte ihre Hand auf die meinige und sagte: »Klopstock!«
– Ich erinnerte mich sogleich der herrlichen Ode, die ihr in Gedanken lag, und versank in dem Strome von Empfindungen, den sie in dieser Losung[254] über mich ausgoß. Ich ertrug's nicht, neigte mich auf ihre Hand und küßte sie unter den wonnevollsten Tränen. Und sah nach ihrem Auge wieder – Edler! hättest du deine Vergötterung in diesem Blicke gesehen, und möcht' ich nun deinen so oft entweihten Namen nie wieder nennen hören![255]

An dem Tanzabend sehen sie zu, wie draußen ein Gewitter heraufzieht. Diese Witterung passt zum Gefühlsleben

---

254 anderes Wort für: Codewort
255 Trunz, Goethe, Bd. 6, S. 27.

der beiden: Wenn es zu intensiv wird, muss es immer regnen. Der Regen *säuselt*, also trifft er nicht stark auf die Erde. Fast könnten wir sagen: Er küsst den Boden, auf den er fällt. Jedes Gefühl hier ist ganz zart beschrieben, weil es sonst zu intensiv wäre. Keine emotionalen Muskelprotze wie Karl Moor, sondern nur leise, zarte Empfindungen bestimmen diesen Roman. Die warme Luft steigt von der Erde zu ihnen auf. Wir stehen unter dem Fenster von Lotte und Werther und riechen die Erde, die von der Sonne des Tages noch warm ist. Der kräutige Geruch steigt uns in die Nasen, wenn wir uns dem Duft des Regens hingeben wie er nur an einem Sommerabend sein kann. Und dann sagt sie: »Klopstock!« Wir verziehen das Gesicht. Wie bitte? Von Tausenden Worten, die wir gesagt hätten, hätten wir nie *Klopstock*, den Nachnamen des strengen Dichters großer Oden, gewählt. Aber Lotte hat hier einen Code ausgesprochen, den wir Zeitreisende des 21. Jahrhunderts nicht verstehen können. Werther, ein Mann des 18. Jahrhunderts, versteht allerdings sofort, was sie meint. Beide beginnen zu weinen. Wieder ist die Natur hier der Spiegel ihrer Empfindungen – es regnet, also weinen auch sie. Da ist allerdings noch mehr: Tränen galten in der Literatur der Zeit als Metapher für alle Körperflüssigkeiten, die sich unterhalb des Bauchnabels befanden und folglich nicht bei ihrem richtigen Namen genannt werden durften. Mehr als das gleichzeitig stattfindende Küssen der Hand wäre nicht möglich gewesen. Zählen wir zwei und zwei zusammen, wissen wir aber ganz genau: Es ist eine hocherotische Szene, deren Zeugen wir hier werden – alles fließt und geküsst wird auch! Sie sieht ihm tief in die Augen und in diesem Moment ist es um Werther geschehen; sein Leben wird nie wieder so sein wie zuvor.

Bald kommt Werther als Freund zu Lotte zu Besuch – auch, als längst klar ist, dass sie mit Albert verlobt ist. Die beiden beschließen, Freunde zu bleiben, ohne Benefits. Das hat allerdings schon zu Werthers Zeit genauso schlecht funktioniert wie heute, wenn einer der beiden mehr empfindet. Immer wieder gibt es kleine erotische Szenen zwischen ihnen, wie zum Beispiel diese hier:

Am 12. September
Sie war einige Tage verreist, Alberten abzuholen. Heute trat ich in ihre Stube, sie kam mir entgegen, und ich küßte ihre Hand mit tausend Freuden.
Ein Kanarienvogel flog von dem Spiegel ihr auf die Schulter. – »Einen neuen Freund,« sagte sie und lockte ihn auf ihre Hand, »er ist meinen Kleinen zugedacht. Er tut gar zu lieb! Sehen Sie ihn! Wenn ich ihm Brot gebe, flattert er mit den Flügeln und pickt so artig. Er küßt mich auch, sehen Sie!« Als sie dem Tierchen den Mund hinhielt, drückte es sich so lieblich in die süßen Lippen, als wenn es die Seligkeit hätte fühlen können, die es genoß.
»Er soll Sie auch küssen.« sagte sie und reichte den Vogel herüber. – Das Schnäbelchen machte den Weg von ihrem Munde zu dem meinigen, und die pickende Berührung war wie ein Hauch, eine Ahnung liebevollen Genusses.
»Sein Kuß«, sagte ich, »ist nicht ganz ohne Begierde, er sucht Nahrung und kehrt unbefriedigt von der leeren Liebkosung zurück«. »Er ißt mir auch aus dem Mun-

de.« sagte sie. – Sie reichte ihm einige Brotsamen mit
ihren Lippen, aus denen die Freuden unschuldig teil-
nehmender Liebe in aller Wonne lächelten. Ich kehrte
das Gesicht weg. Sie sollte es nicht tun, sollte nicht
meine Einbildungskraft mit diesen Bildern himmlischer
Unschuld und Seligkeit reizen und mein Herz aus dem
Schlafe, in den es manchmal die Gleichgültigkeit des
Lebens wiegt, nicht wecken! – Und warum nicht? –
Sie traut mir so! Sie weiß, wie ich sie liebe![256]

Der Vogel ist seit dem Mittelalter ein Liebesbote und oft
gar der einzige, der das Geheimnis der Liebenden kennt.
Auch ist er dazu da, verbotene Zärtlichkeiten zwischen
ihnen auszutauschen und Botschaften zu überbringen.
Nicht umsonst gibt es das Verb *vögeln* im Deutschen,
heute freilich etwas plastischer gebraucht. In dieser Szene küssen sich Werther und Lotte, aber die Botschaft ist
nur für die bestimmt, die den Liebescode mit dem Vogel
entschlüsseln können. Die *Ahnung liebevollen Genusses*, die
Werther verspürt, ist nicht der harte Schnabel des Vo-
gels, sondern eine Fantasie darüber, welche Genüsse er
noch gerne mit ihr teilen würde. Die Wörter *Begierde* und
Wonne stehen hier zwar in ganz unschuldigen Zusam-
menhängen, aber sie sind da. Auch *tausend Freuden, süße*
Lippen und *Seligkeit* stehen verdächtig nahe beisammen.
Die beiden tauchen in wonnevolle Momente ein, in denen
die Lippen und der Genuss eine Rolle spielen. Natürlich
muss die Szenerie im vorletzten Satz durch die Wörter
Unschuld und *Seligkeit* noch schnell entschärft werden. Er

---

256 Trunz, Goethe, Bd. 6, S. 79f.

wird sie nicht anfassen, weil er sie nicht verschrecken will. *Sie traut mir so!*, versichert er dem Freund. Wir haben den Eindruck, dass die junge Dame ganz genau weiß, was sie tut und vielleicht gerne berührt werden würde. Leise schleichen wir uns aus dem Zimmer, um lieber nicht zu stören.

Aber Werther steigert sich bald so in das Gefühl hinein, das er für Lotte hegt, dass er nicht mehr damit umgehen kann. Er zieht sich immer mehr zurück. Wenn wir ausgehen und bis in die Morgenstunden feiern, ist er nie dabei. Dann hört er auf, uns zu schreiben. Seine letzten Worte richtet er an Lotte:

»Nach eilfe.
Alles ist so still um micht her, und so ruhig meine Seele.
Ich danke dir, Gott, der du diesen letzten Augenblicken
diese Wärme, diese Kraft schenkest.
Ich trete an das Fenster, meine Beste, und sehe, und
sehe noch durch die stürmenden, vorüberfliegenden
Wolken einzelne Sterne des ewigen Himmels! Nein,
ihr werdet nicht fallen! der Ewige trägt euch an sei-
nem Herzen, und mich. Ich sehe die Deichselsterne
des Wagens, des liebsten unter allen Gestirnen. Wenn
ich nachts von dir ging, wie ich aus deinem Tore trat,
stand er gegen mir über. Mit welcher Trunkenheit habe
ich ihn oft angesehen, oft mit aufgehobenen Händen
ihn zum Zeichen, zum heiligen Merksteine meiner
gegenwärtigen Seligkeit gemacht! und noch – O Lot-
te, was erinnert mich nicht an dich! umgibst du mich
nicht! und habe ich nicht, gleich einem Kinde, unge-
nügsam allerlei Kleinigkeiten zu mir gerissen, die du

Heilige berührt hattest!
Liebes Schattenbild! Ich vermache es dir zurück, Lotte,
und bitte dich, es zu ehren. Tausend, tausend Küsse
habe ich darauf gedrückt, tausend Grüße ihm zuge-
winkt, wenn ich ausging oder nach Hause kam.[257]

Werther ist bereit. Er steht am Fenster, wie damals, an
dem Tanzabend, an dem er Lotte kennenlernte. Der
Schöpfer, der in der Natur so nahe bei ihm war, ist es
auch jetzt. Werther fühlt sich kräftig und sicher, denn er
weiß, dass die Sterne auch noch in der nächsten Nacht
am Himmel stehen werden, wenn er nicht mehr da ist.
Das Sternbild des großen Wagens erinnert ihn an glück-
liche Stunden. Alles in seiner Umgebung erinnert ihn an
Lotte. Sie umgibt ihn, wärmt ihn in seinen letzten Mo-
menten. Das Bildnis, das sie ihm von sich geschenkt hat,
ist bei ihm. Er formuliert seine letzten Wünsche an sie:

In diesen Kleidern, Lotte, will ich begraben sein, du
hast sie berührt, geheiligt; ich habe auch deinen Vater
darum gebeten. Meine Seele schwebt über dem Sarge.
Man soll meine Taschen nicht aussuchen. Diese blaß-
rote Schleife, die du am Busen hattest, als ich dich zum
ersten Male unter deinen Kindern[258] *fand – O küsse*
sie tausendmal und erzähle ihnen das Schicksal ihres
unglücklichen Freundes. Die Lieben! Sie wimmeln um
mich. Ach wie ich mich an dich schloß! seit dem ersten
Augenblicke dich nicht lassen konnte! – Diese Schleife

---

257 Trunz, Goethe, Bd. 6, S. 122f.
258 die Kinder sind ihre Geschwister

soll mit mir begraben werden. An meinem Geburtstage
schenktest du sie mir! Wie ich das alles verschlang! –
Ach, ich dachte nicht, daß mich der Weg hierher führen
sollte! – Sei ruhig! ich bitte dich, sei ruhig! –
Sie sind geladen – Es schlägt zwölfe! So sei es denn! –
Lotte! Lotte, lebe wohl! lebe wohl!«[259]

Die blassrote Schleife, die sie getragen hat, hat er umge-
bunden und will mit ihr begraben werden. *Wie ich das alles*
verschlang!, schreibt er und meint, das Leben in aller Fülle
gelebt zu haben wie Gott es den Menschen in der Bibel
versprochen hat. Werther hat sein Leben nicht einfach
nur gelebt, sondern er hat es sich einverleibt – so intensiv,
als hätte er, wie Stefan Zweig, drei Leben gelebt. Er beruhigt sie; vergewissert sich, dass die Pistolen geladen sind.
Punkt zwölf sagt er *Lebe wohl* und drückt ab.

Wir hämmern gegen seine Türe, um ihn zur ersten Vor-
lesung abzuholen. Ungläubig sehen wir uns an, dann treten wir, gemeinsam mit seinem Diener, die Türe ein, als
das erste Morgenlicht sich schon in das Zimmer stiehlt.
Noch ist Werther nicht tot. Er liegt mit einem Loch über
dem rechten Auge auf dem Zimmerboden, in blauer Jacke
und gelber Weste. Als sein Vater ins Zimmer stürzt, um
ihn in den Arm zu nehmen und noch überlegt wird, wie
wir es Lotte sagen sollen, trete ich an sein Schreibpult.
Lessings *Emilia Galotti* liegt aufgeschlagen dort. Meine Augen bleiben an der Rose haften, die danebenliegt.
Noch ist sie nicht entblättert.

---

259 Trunz, Goethe, Bd. 6, S. 122f.

Werther will unter einem Lindenbaum begraben werden. Vielleicht eine Referenz an Siegfried aus dem *Nibelungenlied*, der in Drachenblut badete, um unverwundbar zu werden und auf dessen Schulter ein Lindenblatt segelte, das beim Untertauchen dort blieb, um eine kleine Stelle der Haut zu verdecken. Diese Hautstelle wurde Siegfrieds Schicksal. Ebenso besiegelt der Lindenbaum auch das Schicksal Werthers. Vielleicht dachte er an Walther von der Vogelweide und sein Tagelied *Unter der Linden*, in dem Liebende sich unter diesem Baum treffen. Vielleicht spürte er dort die Sonnenstrahlen an jenem Tag im Mai besonders, als er uns seinen ersten Brief schrieb.

KAPITEL 6: LUST & FRUST

6.1 VON JUNGER LIEBE

Johann Wolfgang von Goethe – alleine der Klang dieses Namens jagt Generationen von Schülern und Schülerinnen einen Schauer über den Rücken. Ein klappriges Fossil, das ihnen Nächte ihrer Jugend raubte, weil sie gezwungen waren, seine Literatur zu lesen. Vielleicht liest man ein paar Takte *Die Leiden des jungen Werthers*, dann irgendwann sein großes Drama *Faust*. Und wenn man dann schließlich auf der Maturareise[260] irgendwo barfuß am Strand steht, in der einen Hand eine halbleere Flasche Wodka, in der anderen irgendeinen Urlaubsflirt, ist das alles sehr weit weg. Wir denken nicht an Goethe, wenn wir feiern, wir denken nicht an ihn, wenn wir küssen und wir denken auch nicht an ihn, wenn wir nach einem One-Night-Stand auf Zehenspitzen das Studentenzimmer verlassen. Dabei könnte er uns verstehen. Er könnte verstehen, dass wir einfach loslassen wollen. Er könnte verstehen, dass wir uns spüren wollen, ohne darüber nachzudenken, was morgen sein wird. Er könnte verstehen, dass wir uns einfach von jemandem wegschleichen, weil wir noch nicht so weit sind. Seine frühe Lyrik erzählt genau von dem Gefühl, im Augenblick zu leben – und zu lieben.

---

260 österreichischer Begriff für »Abifahrt«

Diese Einstellung hat drei Frauen in seinem Leben tief gekränkt; mindestens eine von ihnen, das wissen wir, hat ihm nie verziehen. Das Vermächtnis der Beschreibung von junger, aufblühender Liebe, das er uns durch seine Lyrik hinterlassen hat, ist allerdings schlicht wundervoll. Vielleicht sollten wir öfter an Goethe denken, wenn wir uns verlieben...

Maifest

Wie herrlich leuchtet
Mir die Natur!
Wie glänzt die Sonne!
Wie lacht die Flur!

Es dringen Blüten
Aus jedem Zweig
Und tausend Stimmen
Aus dem Gesträuch

Und Freud' und Wonne
Aus jeder Brust.
O Erd', o Sonne,
O Glück, o Lust,[261]

Die Natur blüht auf – es ist Mai. Die Sonne leuchtet nicht einfach, sondern sie *glänzt*. Die *Flur*, also die weite Landschaft, *lacht*. Alles strahlt Heiterkeit aus. Gerade beginnt die Natur zu erwachen und Blüten *dringen* hervor. Über-

---

261 Trunz, Goethe, Bd. 1, S. 30f.

all ist *Freud und Wonne* und *Glück und Lust*. Die Verszeilen sind kurz und weisen im ersten Versblock das Reimschema ABCB auf, wobei im dritten Versblock dann schon ABAB steht (Wonne – Sonne (A); Brust – Lust (B)). Am wichtigsten aber ist natürlich ein anderes – reines – Gefühl, das sich hier mitten in der Natur entfalten kann:

O Lieb', o Liebe!
So golden schön
Wie Morgenwolken
Auf jenen Höhn,

Du segnest herrlich
Das frische Feld,
Im Blütendampfe
Die volle Welt!

Die Liebe steht über allem; sie ist ganz frisch wie der Morgen. Natürlich, denn nichts fühlt sich so leicht, so unbeschwert und so frei an wie die erste Liebe im Leben. Wie *Morgenwolken*. Zu Beginn ist alles wie der Mai, der am Anfang des Sommers steht. Das *frische Feld* und der *Blütendampf* zeigen: Alles um uns herum ist bereit dafür, Liebe aufzunehmen.

O Mädchen, Mädchen,
Wie lieb' ich dich!
Wie blinkt dein Auge,
Wie liebst du mich!

So liebt die Lerche
Gesang und Luft,
Und Morgenblumen
Den Himmelsduft,

Wie ich dich liebe,
Mit warmen Blut,
Die du mir Jugend
Und Freud' und Mut

Zu neuen Liedern
Und Tänzen gibst.
Sei ewig glücklich
Wie du mich liebst!

Goethe schreibt über ein Mädchen, das er liebt und das seine Liebe erwidert. So wie die Liebe zwischen ihnen ist, so *liebt die Lerche Gesang und Luft.* Die Lerche, der Vogel des Morgens, die schon das berühmteste Liebespaar der Literaturgeschichte, Romeo und Julia, aus dem Schlaf riss. In *Morgenblumen* und der *Himmelsduft* verschränken sich die Sinneseindrücke: Der Morgen gehört eigentlich zum Himmel und die Blumen zum Duft, aber die ganze Welt fließt so harmonisch ineinander, dass alles verschwimmt und nur den Zweck hat, die Liebe zu bezeugen. *Wie ich dich liebe mit warmen Blut.* Er liebt sie von ganzem Herzen, weil sie ihm durch ihre Liebe Freude und Mut schenkt. Durch sie kann er singen und tanzen. Am Schluss steht der Wunsch, dass sie ewig so glücklich sein möge wie in diesem Moment, in dem es ihre Liebe gibt.

In Sessenheim, heute eine kleine Gemeinde in Frankreich nahe Straßburg, aber zu Goethes Zeiten noch Teil des deutschsprachigen Elsasses verliebt sich der junge Mann in Friederike Brion. Sie ist seine erste große Liebe und wird fortan für immer ein Synonym für die aufkeimende Liebe eines jungen Dichters sein. Eines seiner Gedichte aus den *Sesenheimer Liedern* handelt unverkennbar von ihr und ist ebenso Liebesgedicht wie zwinkernder Seitenhieb auf den Verliebten selbst:

Erwache, Friederike,
Vertreib die Nacht,
Die einer deiner Blicke
Zum Tage macht.
Der Vögel sanft Geflüster
Ruft liebevoll,
Dass mein geliebt Geschwister
Erwachen soll.

Ist dir dein Wort nicht heilig
Und meine Ruh'?
Erwache! Unverzeihlich –
Noch schlummerst du!
Horch, Philomelens Kummer
Schweigt heute still,
Weil dich der böse Schlummer
Nicht meiden will.[262]

---

262 Trunz, Goethe, Bd. 1, S. 29f.

Der Dichter steht vor dem Fenster der Geliebten, während sie tief und fest schläft. Für ihn ist noch Nacht, weil sie noch nicht bei ihm ist. Alles ist still. Er ist jedoch ein bisschen sauer, dass sie noch schläft und wirft ihr das auch vor: *Unverzeihlich.* Dann taucht zudem eine Gestalt aus der griechischen Mythologie auf: Philomela. Ihre Geschichte ist eine traurige: Tereus, König der Thraker, heiratete ihre Schwester, begehrte aber auch Philomela. Also verschleppte er sie in den Wald, um sie dort zu vergewaltigen. Damit sie ihn nicht verraten konnte, schnitt er ihr die Zunge heraus. Philomela, die auch Weberin war, wusste sich aber zu helfen und wob einen Teppich, der ihre Geschichte erzählte. Ihre Schwester verstand und sann auf Rache. Das Ende der Geschichte ist blutig und gleichzeitig auch wieder nicht: Als die Parteien aufeinander losgehen wollen, greift der Göttervater Zeus ein und verwandelt sie alle in Vögel. Philomela wird dabei zu einer Schwalbe oder Nachtigall.[263] Beides würde in Goethes Gedicht Sinn ergeben: Mit dem *Kummer, der schweigt,* könnte gemeint sein, dass Philomela nach der Vergewaltigung aus dem Wald ruft, aber da hat sie eigentlich schon keine Zunge mehr. Sie könnte aber auch nach der Verwandlung durch Zeus als Schwalbe auftauchen, also als ein Singvogel, oder als die Nachtigall, der Vogel der Nacht, weil Friederike noch immer schläft.

Es zittert Morgenschimmer
Mit blödem Licht

---

263 in unterschiedlichen Überlieferungen wird sie jeweils zu einem anderen Vogel

Errötend durch dein Zimmer
Und weckt dich nicht.
Am Busen deiner Schwester,
Der für dich schlagt
Entschläfst du immer fester,
Je mehr es tagt.

Ich seh' dich schlummern, Schöne,
Vom Auge rinnt
Mir eine süße Träne
Und macht mich blind.
Wer kann es fühllos sehen,
Wer wird nicht heiß,
Und wär' er von den Zehen
Zum Kopf von Eis!

Langsam nähert sich der *Morgenschimmer,* der aber nur *errötend* kommt, also unbestimmt und zu sanft, um sie zu wecken. Friederike schläft in einem Bett mit ihrer Schwester. Sie liegen gemütlich beieinander und denken noch lange nicht ans Aufstehen. Er ist wütend, aber auch traurig darüber. Die Träne macht ihn *blind. Wer wird nicht heiß,* also wer würde sich nicht ärgern, wenn er hier herumstehen würde, während die Geliebte noch tief und fest schläft? Eine Chance hat er noch:

Vielleicht erscheint dir träumend
- O Glück! - mein Bild,
Das halb voll Schlaf und reimend
Die Musen schilt.
Erröten und erblassen

Sieh sein Gesicht;
Der Schlaf hat ihn verlassen,
Doch wacht er nicht.

Die Nachtigall im Schlafe
Hast du versäumt,
So höre nun zur Strafe,
Was ich gereimt.
Schwer lag auf meinem Busen
Des Reimes Joch:
Die schönste meiner Musen,
Du, schliefst ja noch.

Vielleicht träumt sie ja von ihm? Dann würde die Sache natürlich ganz anders aussehen... Er errötet und erblasst vor Zorn und Kummer gleichzeitig. Und jetzt kommt die Situationskomik: *So höre nun zur Strafe, was ich gereimt.* Weil sie so lange schläft, muss sie sich zur Strafe sein Gedicht anhören. Des Reimes *Joch*[264] liegt schwer auf seiner Brust.[265] Wie soll er denn dichten können, wenn seine Muse ihn nicht mit ihrer Anwesenheit beglückt? Im Großen und Ganzen sind diese unbeholfenen Reime also nichts weniger als ihre Schuld. Natürlich meint er das nicht ganz ernst – es ist eine Neckerei, aber auch ein Sei-

---

264 Ein Joch ist ein Zuggeschirr, mit dem zwei Ochsen an einen Karren gekettet werden, um ihn zu ziehen. Man verwendet diesen Begriff aber auch, um zu sagen, dass es eine schwierige Aufgabe zu meistern gilt.
265 altes Wort für »Busen«; die männliche Brust kann hier mitgemeint sein

tenhieb auf die großen Dichter, die alle Musen brauchen, um dichten zu können.

Die Lyrik, die Goethe in dieser Zeit seines Lebens verfasst, heißt in der Literaturgeschichte *Erlebnislyrik*, weil das Gefühl der Liebe ein so unmittelbares Ereignis ist, als hätte der Dichter sein Herz direkt auf die Seiten ausgegossen und das Blut wäre zu eben jenen Worten geronnen, die wir jetzt auf den Blättern lesen können. Alles ist leicht und frei; es ist die Liebe der Jugend. Ja, nur geht diese Art der Liebe vorüber. Sie macht, wie wir sehen werden, anderen, tieferen, Gefühlen Platz. Eines Tages verabschiedet sich auch Goethe aus Sessenheim und damit vom Gefühl der allerersten Liebe:

Willkommen und Abschied[266]

> *Es schlug mein Herz. Geschwind, zu Pferde!*
> *Und fort, wild wie ein Held zur Schlacht.*
> *Der Abend wiegte schon die Erde,*
> *Und an den Bergen hing die Nacht.*
> *Schon stund im Nebelkleid die Eiche*
> *Wie ein getürmter Riese da,*
> *Wo Finsternis aus dem Gesträuche*
> *Mit hundert schwarzen Augen sah.*[267]

Das Herz des Dichters ist wie ein Reiter, der sich durch die Nacht schlägt. Das Herz muss Schlachten schlagen – es ist eine gefährliche Situation, die hier beschrieben

---

266 hier in der früheren Fassung wiedergegeben
267 Trunz, Goethe, Bd. 1, S. 27f.

wird. Die Eiche steht schon im *Nebelkleid* da. Wir wissen:
Ein Held muss sich in der Schlacht beweisen, in der es
um nichts weniger als um die Liebe selbst geht.

> *Der Mond von einem Wolkenhügel*
> *Sah schläfrig aus dem Duft hervor,*
> *Die Winde schwangen leise Flügel,*
> *Umsausten schauerlich mein Ohr.*
> *Die Nacht schuf tausend Ungeheuer,*
> *Doch tausendfacher war mein Mut,*
> *Mein Geist war ein verzehrend Feuer,*
> *Mein ganzes Herz zerfloß in Glut.*

Der Mond ist halb hinter Wolken versteckt; es ist keine
helle Nacht. Gleichzeitig wirkt er seltsam teilnahmslos,
weil er nur *schläfrig* hervorblickt. Die Winde sind leise,
dafür umso unheimlicher, wenn sie das Ohr *umsausen*.
Die Nacht beinhaltet *tausend Ungeheuer* – ständig kann
alles gefährlich werden, wenn man ohne Liebe unterwegs
ist. Aber *tausendfacher*, also viel stärker, ist der Mut des
Liebenden. Wir merken: Dieses starke Gefühl entzündet
Geist und Herz. Hier ist sie auch schon – die Liebe, die
ihn erlöst:

> *Ich sah dich, und die milde Freude*
> *Floß aus dem süßen Blick auf mich.*
> *Ganz war mein Herz an deiner Seite,*
> *Und jeder Atemzug für dich.*
> *Ein rosenfarbnes Frühlingswetter*
> *Lag auf dem lieblichen Gesicht*

Und Zärtlichkeit für mich, ihr Götter,
Ich hofft' es, ich verdient' es nicht.

Mit ihrer Anwesenheit tauchen sanftere Wörter auf: *mild,*
süß, rosenfarben, lieblich, Zärtlichkeit. Keine Nacht und keine Ungeheuer versperren ihm mehr den Weg. Die Freude
fließt auf ihn. Eine Freude, die ihn nicht überrumpelt, sondern ganz sanft auf ihn trifft. Jetzt die vielleicht schönsten beiden Verszeilen hier: *Ganz war mein Herz an deiner*
Seite, und jeder Atemzug für dich. Er lebt ganz in diesem
Moment, in dem er sich ihrer Liebe sicher ist. Er macht
jeden Atemzug nur für sie. Und dann ist da das *rosenfarb-*
ne Frühlingswetter, das so wunderschön anzeigt, dass alles
neu erblüht und beginnt. Es ist eine junge Liebe, die jede
Verheißung in sich trägt. Diese Zärtlichkeit wünscht er
sich auch von den Göttern – aber es soll anders kommen:

Der Abschied, wie bedrängt, wie trübe!
Aus deinen Blicken sprach dein Herz.
In deinen Küssen welche Liebe,
O welche Wonne, welcher Schmerz!
Du gingst, ich stund und sah zur Erden
Und sah dir nach mit nassem Blick.
Und doch, welch Glück, geliebt zu werden,
Und lieben, Götter, welch ein Glück!

Warum sie gehen muss, kommt nicht heraus, aber wir
wissen, dass diese Liebe auf Gegenseitigkeit beruht. Der
Abschied ist *trübe und Aus deinen Blicken sprach dein Herz.*
Ihre Augen sagen ihm alles, was er wissen muss. Es ist
also keine ganz freiwillige Entscheidung, ihn gehen zu

lassen. Vielleicht muss er weg, vielleicht ist sie einem anderen versprochen. Noch einmal küssen sie sich und wissen, dass der jeweils andere ebensolche Liebe empfindet. Er bleibt stehen und sieht ihr weinend nach. Der *nasse Blick* ist auf sie geheftet, weil er weiß, dass sie einander niemals wiedersehen werden. Am Ende ist er sich sicher: Liebe zu erfahren, ist das größte Glück im Leben.

An diesem Punkt tritt die Autorin dieses Buches ganz kurz vor den Vorhang, um ergänzend mitzuteilen, dass sie dieses Gedicht liest, wenn sie traurig oder glücklich ist, wenn sie verliebt, hoffnungsvoll oder hoffnungslos ist und dass sie es auswendig kann, weil ihr die Worte Goethes jedes Mal auf der Zunge zergehen, so wie Pistazieneis im Sommer. Sie kann sich an diesen Worten nicht sattlesen. Aber nun wieder ab hinter die Bühne – und damit zurück zu Goethe.

6.2 VON ALTEN ZEITEN

Rund zwanzig Jahre nach diesen Gedichten bekommt Goethe einen kongenialen literarischen Sparringpartner: Friedrich Schiller. Im sogenannten *Balladenjahr* (1797) schreiben die beiden großen deutschen Dichter Balladen und senden sie dem jeweils anderen mit der Bitte um Kommentar und Korrektur zu. Was bei diesem poetischen Schlagabtausch passiert, ist nichts weniger als ein Feuerwerk, das noch Generationen später Menschen entzünden soll. Goethe und Schiller wirken wie zwei Jungen an ihrer Playstation, die sich gegenseitig hochpeitschen und immer weiter antreiben. Noch nachts sitzen sie da und tüfteln an ihren Worten wie an neuen Levels in einem Online-Game. Als das Jahr vorbei ist, haben beide Schlafmangel und gerötete Augen. Der Endgegner ist besiegt – und sie sind beste Freunde.

Das Wort *Ballade* kommt vom italienischen Verb *ballare:* tanzen. Das zeigt schon sehr schön, was diese literarische Gattung ausmacht: sie fühlt sich leichter, spielerischer an. Vielleicht spielte man früher sogar Musik dazu. Jedenfalls sind es rhythmische Verszeilen, die allerdings nicht so durchgestylt sind, dass sie unnahbar werden. Im Gegenteil: Sie fließen so sehr, dass man immer weiterlesen will. Goethe selbst bezeichnete die Balladenform als *Urei* der Dichtung. Warum? Weil in der Ballade tatsächlich alle Gattungen vereint sind: die Verszeilen der Lyrik (Gedichte), die Erzählung der Epik (Romane, Novellen, Erzählungen) und der Dialog des Dramas (Theaterstücke). Es ist eine ganze Menge los in diesen Werken, nicht nur sprachlich. Auch thematisch spielen sie an vielen Orten, meist in vergangenen Zeiten. Der Kern der Geschichten ist aber immer ein Gefühl. Es sind Gefühle, die in der Menschheitsgeschichte schon immer da waren und immer da sein werden: Liebe und Freundschaft, Angst und Schuld, Hybris und Spott. Wir schnappen uns als Mitspieler auf der Playstation der Lebensgefühle weitere Controller – und sind bereit zu spielen.

Der König in Thule[268]

Es war ein König in Thule,
Gar treu bis an das Grab,
Dem sterbend seine Buhle
Einen goldnen Becher gab.

Es ging ihm nichts darüber,
Er leert' ihn jeden Schmaus;
Die Augen gingen ihm über,
So oft er trank daraus.[269]

Goethes Ballade beginnt wie alle großen Liebesgeschichten, die in märchenhaften Vorzeiten spielen: Es war einmal... Und zwar ein König der sagenhaften Insel Thule, die sich weit oben im Norden befinden soll und auf Karten des 16. Jahrhunderts eingezeichnet ist. Sie kommt in der Mythologie oft vor. Heute ist sie vermutlich den meisten Wander- und Zelturlaubbegeisterten ein Begriff, weil es auch der Name einer Outdoormarke ist. Dieser König bekommt ein Geschenk von seiner *Buhle*, seiner Geliebten. Eine *Buhle* ist nie die Ehefrau, aber sie ist auch nicht zwingend eine Prostituierte, sondern eher eine Geliebte, die im Leben des Fürsten oder Königs dauerhafter prä-

---

268 Diese Ballade verfasst Goethe im Jahr 1774, also noch vor dem »Balladenjahr« mit Schiller, überarbeitet sie aber später wieder.
269 Trunz, Goethe, Bd. 1, S. 80f.

sent ist. Das Geschenk ist ein goldener Becher, aus dem bei jedem *Schmaus*, also bei jedem Essen, getrunken wird. Er muss immer weinen, weil ihn dieser Kelch so sehr an sie erinnert. Die Geschichte kommt uns bekannt vor? Ja, genau, aus Band 1 der *Zeitreisenden:* Dort ist diese Ballade nämlich der Liebescode zwischen Major von Crampas und Effi Briest im Roman *Effi Briest* von Theodor Fontane. Wir erinnern uns: Sie genießen ein Picknick in den Dünen am Meer. Damit der Diener nichts von ihrer Schäkerei mitbekommt, flüchten die beiden in die Welt der Literatur, um miteinander flirten zu können.[270] Es geht in dieser Ballade also um die Liebe, genauer gesagt um die eine, wahre Liebe, die ewig andauert.

Und als er kam zu sterben,
Zählt' er seine Städt' im Reich,
Gönnt' alles seinem Erben,
Den Becher nicht zugleich.

Er saß beim Königsmahle,
Die Ritter um ihn her,
Auf hohem Vätersaale,
Dort auf dem Schloß am Meer.

Der König weiß: Er wird sterben. Alle Städte im Reich gönnt er seinem Erben – nur nicht den goldenen Becher. Es kommt der letzte Tag seines Lebens und noch einmal isst er gemeinsam mit seinen Rittern, *dort auf dem Schloß am Meer.* Wir sitzen bei ihm und bringen keinen

---

270 wer noch einmal nachlesen möchte: siehe Band 1, Kapitel 6.1.

Bissen hinunter. Wir wissen, dass der König nicht mehr lange zu leben hat. Um uns herum schwatzen die Erben und Ritter fröhlich. Unser Blick bleibt aber am alten König haften, der mit arthritischen Fingern seinen goldenen Becher umklammert hält, als wäre dieser der verlängerte Arm seiner Geliebten.

Dort stand der alte Zecher,
Trank letzte Lebensglut
Und warf den heil'gen Becher
Hinunter in die Flut.

Er sah ihn stürzen, trinken
Und sinken tief ins Meer,
Die Augen täten ihm sinken,
Trank nie einen Tropfen mehr.

Dann tritt der König hinaus auf den Balkon. Thule ist eine Insel, daher ist er von Wasser umgeben. Dort nimmt der *alte Zecher* einen letzten Schluck aus dem Becher; er trinkt *letzte Lebensglut*. Noch einmal fühlt er die Liebe, die sie in sein Leben gebracht hat. Die *Glut* der Liebe, aber auch der gemeinsamen Nächte, kommt für einen Augenblick zurück. Dann wirft er den Becher ins Meer. Die *Flut* steht hier als Synonym für das Meer und nicht als Gegensatz zur *Ebbe*. Der König sieht dem Becher nach, wie er langsam ins Meer stürzt – und stirbt. Diese Ballade berichtet von einer ewig andauernden Liebe. Wir haben alle Zutaten, um eine große Liebesgeschichte zu erzählen: einen fernen, mythischen Ort, an dem es noch um reine Gefühle gehen darf; einen König; den Becher, ein Symbol für die Liebe; und ein Versprechen, das selbst über den Tod hinausgeht. Mit dem Wegwerfen des Bechers, durch den er immer mit ihr verbunden war, erlischt auch seine *Lebensglut*. Ohne die Liebe ist das Leben sinnlos geworden. Während sich alle um den toten König scharen, verlassen wir das Schloss. Ob wir eine reine Liebe dieser Art eines Tages noch einmal finden werden?

Von einer anderen Art von Liebe erzählt Friedrich Schiller in seiner atemberaubenden Ballade *Die Bürgschaft:* Freundschaft. Der Palast liegt im Dunkeln – Mörus schleicht mit gezückter Klinge durch die leeren Korridore. Als er das Zimmer des Tyrannen Dionys fast erreicht hat, stürzen plötzlich die Wachen hervor und nehmen ihn gefangen. Dionys tritt vor ihn und fragt, was er hier zu suchen hatte. Trotzig antwortet ihm der andere: *Die Stadt vom Tyrannen befrein.*[271] Diese Antwort kommt erwartungsgemäß nicht ganz so gut an und er wird zum Tode verurteilt. Dann erhebt Mörus die Stimme:

Ich bin, spricht jener, zu sterben bereit,
Und bitte nicht um mein Leben,
Doch willst du Gnade mir geben,
Ich flehe dich um drey Tage Zeit,
Bis ich die Schwester dem Gatten gefreit,
Ich lasse den Freund dir als Bürgen,
Ihn magst du, entrinn ich, erwürgen.[272]

271 Schiller, Die Bürgschaft, In: Deutsche Balladen, S. 113.
272 Schiller, Die Bürgschaft, In: Deutsche Balladen, S. 113-117.

Er sagt: Gut, dann sterbe ich für meine Überzeugung. Er bittet den Tyrannen[273] jedoch um drei Tage Zeit, weil er seine Schwester verheiraten möchte. Das Verb *freien* bedeutet hier heiraten, es kann aber auch *um jemanden werben* heißen. Als *Bürgen*[274], also als Pfand, will er Dionys seinen besten Freund hierlassen. Wenn Mörus nicht zurückkommt, muss der Freund an seiner Stelle sterben. Dionys, überzeugt davon, dass er nicht wiederkommen wird, willigt ein. Und wie reagiert der beste Freund?

Und schweigend umarmt ihn der treue Freund,
Und liefert sich aus dem Tyrannen,
Der andere ziehet von dannen.
Und ehe das dritte Morgenroth scheint,
Hat er schnell mit dem Gatten die Schwester vereint,
Eilt heim mit sorgender Seele,
Damit er die Frist nicht verfehle.

Der Freund willigt, ohne zu zögern, ein, sich in die Hände des Tyrannen zu begeben. Diese Ballade ist eine wunderschöne Geschichte über tiefe Freundschaft, denn ebenso selbstverständlich wie der Freund einwilligt, ist es für Mörus, seinen Auftrag zu erfüllen und dann schnellstmöglich heimzureisen, um rechtzeitig zurück zu sein.

---

273 Ein Tyrann war in der griechischen Antike ein Herrscher, der sein Amt durch politischen Umsturz erlangt hat. Die Tyrannis ist die Herrschaftsform eines einzelnen, der nicht vom Volk gewählt ist.
274 Diesen Begriff kennen wir heute eher als Verb – »für jemanden bürgen« bedeutet, für jemanden in rechtlichen Angelegenheiten einstehen; z.B. in finanzieller Hinsicht.

Aber die Natur hat ihre eigenen Pläne. Wir begleiten ihn auf seinem Weg zurück:

Und trostlos irrt er an Ufers Rand,
Wie weit er auch spähet und blicket
Und die Stimme, die rufende, schicket;
Da stößet kein Nachen vom sichern Strand,
Der ihn setze an das gewünschte Land,
Kein Schiffer lenket die Fähre,
Und der wilde Strom wird zum Meere.

Es schüttet wie aus Kübeln und es ist kein *Nachen*, kein Schiff, vorhanden, das ihn ans andere Ufer bringen könnte. Er ruft um Hilfe; es kann ihn jedoch niemand hören. Und es wird noch schlimmer, denn *der wilde Strom wird zum Meere.*

Da sinkt er ans Ufer und weint und fleht,
Die Hände zum Zeus erhoben:
O hemme des Stromes Toben!
Es eilen die Stunden, im Mittag steht
Die Sonne und wenn sie niedergeht,
Und ich kann die Stadt nicht erreichen,
So muß der Freund mir erbleichen.

In seiner Verzweiflung sinkt Mörus am Ufer nieder und fleht den Göttervater Zeus an, ihm zu Hilfe zu kommen. Alles hier verrät, dass er nicht mehr viel Zeit hat: *des Stromes Toben, die Stunden eilen, die Sonne, die bald niedergeht.* Es bleibt ihm fast keine Zeit mehr bis Sonnenuntergang.

Dann muss der Freund *erbleichen*, also sterben. Aber es ist kein Ende des Regens in Sicht:

Doch wachsend erneut sich des Stromes Wuth,
Und Welle auf Welle zerrinnet,
Und Stunde an Stunde entrinnet,
Da treibet die Angst ihn, da faßt er sich Muth
Und wirft sich hinein in die brausende Flut,
Und theilt mit gewaltigen Armen
Den Strom, und ein Gott hat Erbarmen.

Immer mehr Wasser schwemmt auf ihn zu. Und im gleichen Maße wie die Wellen auf ihn *zerrinnen*, so *entrinnen* die Stunden. Die Angst wird übermächtig – aber es ist genau jene Art, aus der Mut hervorgeht. Er wirft sich in die tosende Flut, um seinem Freund zu Hilfe zu kommen. *Ein Gott hat Erbarmen*. Er gelangt ans andere Ufer, muss dort aber noch durch die Trockenheit der Wüste, wird beinahe von Räubern getötet und erreicht schließlich völlig erschöpft bei Sonnenuntergang die Stadt. Sein treuer Diener Philostratos kommt ihm vor den Stadtmauern entgegen. Er ruft ihm zu, umzukehren:

Zurück! du rettest den Freund nicht mehr,
So rette das eigene Leben!
Den Tod erleidet er eben.
Von Stunde zu Stunde gewartet’ er
Mit hoffender Seele der Wiederkehr,
Ihm konnte den muthigen Glauben
Der Hohn des Tirannen nicht rauben.

Geh, ruft er ihm zu, bring dich in Sicherheit! Es ist zu spät, dein Freund wird sterben. Er hat so lange auf dich gewartet, hat gehofft und an dich geglaubt, obwohl der Tyrann ihn verhöhnt hat. Aber jetzt ist es zu spät. Mörus jedoch denkt noch nicht ans Aufgeben. Er hat seinem besten Freund versprochen, dass er da sein wird:

Und ist es zu spät, und kann ich ihm nicht
Ein Retter willkommen erscheinen,
So soll mich der Tod ihm vereinen.
Deß rühme der blutge Tirann sich nicht,
Daß der Freund dem Freunde gebrochen die Pflicht,
Er schlachte der Opfer zweye,
Und glaube an Liebe und Treue.

Nein, antwortet Mörus, während seine Schritte ihn weiter Richtung Stadt tragen. Wenn er ihn schon nicht retten kann, dann soll sich der Tyrann wenigstens nicht damit brüsten, dass er ihn im Stich gelassen hat. Lieber folgt er ihm in den Tod. Mörus will hier ein Zeichen der Menschlichkeit setzen, die an Werten wie Liebe und Treue festhält. Die Sonne bringt die Mauern der Stadt zum Glänzen, als sie kurz davor ist, zu versinken. Wir hetzen neben ihm voran und überlegen fieberhaft, wie wir helfen könnten. Mörus betritt die Stadt. Er sieht den Zug an Menschen, die zum Platz drängen, auf dem sein Freund hingerichtet werden soll. Nein!, rufen wir ängstlich, wir sind doch fast da! Doch es scheint tatsächlich zu spät zu sein:

Und die Sonne geht unter, da steht er am Thor
Und sieht das Kreutz schon erhöhet,
Das die Menge gaffend umstehet,
An dem Seile schon zieht man den Freund empor,
Da zertrennt er gewaltig den dichten Chor:
»Mich Henker! ruft er, erwürget,
Da bin ich, für den er gebürget!«

Die Schaulustigen drängen sich bereits um das Kreuz, an dem der Freund hochgezogen wird. Mörus stürzt hervor und spricht die berühmten zwei Verszeilen: *Mich, Henker! ruft er, erwürget; Da bin ich, für den er gebürget!*

Und Erstaunen ergreifet das Volk umher,
In den Armen liegen sich beide,
Und weinen für Schmerzen und Freude.
Da sieht man kein Auge thränenleer,
Und zum Könige bringt man die Wundermähr,
Der fühlt ein menschliches Rühren,
Läßt schnell vor den Thron sie führen.

Die Menschenmenge ist überwältigt und auch wir weinen vor Erleichterung. Mörus tritt an den Freund heran, der ihm vor Erschöpfung in die Arme fällt. Wir blicken durch die Zinnen der Stadtmauer, soeben versinkt die Sonne hinter den Hügeln. Es ist Nacht. Mörus ist hier und hat seinen Freund gerettet. Was aber denkt der König? Man bringt die Botschaft, die *Wundermähr*, also die Erzählung dieses Wunders, zu ihm. Dessen Herz wird durch die Geschichte erweicht. Er lässt beide zu sich kommen.

Und blicket sie lange verwundert an,
Drauf spricht er: Es ist euch gelungen,
Ihr habt das Herz mir bezwungen,
Und die Treue, sie ist doch kein leerer Wahn,
So nehmet auch mich zum Genossen an,
Ich sey, gewährt mir die Bitte,
In eurem Bunde der dritte.

Verblüfft stellt der König fest, dass ihn die Geschichte von Treue und Freundschaft tief berührt hat. Er anerkennt den Wert von Freundschaft und Treue, die Verbundenheit zwischen Menschen, die für das Gute einstehen und bittet die beiden, er möge *in eurem Bunde der dritte* sein. Der Tyrann bietet den zwei Freunden nicht nur Amnestie, sondern sogar seine Hand zur Freundschaft. Damit ist diese Ballade nicht nur eine Erzählung über Freundschaft, sondern sie spricht auch davon, dass man das Gute weitertragen und beispielhaft vorangehen kann – dann ist es möglich, die Welt zu verändern. Wir stehen still am Rande der Szene. Wann waren wir jemandem das letzte Mal ein so bedingungsloser Freund, dass wir uns sogar gefangen nehmen lassen würden, um ihm zu helfen?

Goethe und Schiller erzählen in diesen Balladen zwei große Geschichten: eine von einer ewigen Liebe, eine andere von unerschütterlicher Freundschaft. Dazu, das ist ihre Überzeugung, sind nur die Menschen fähig. Es geht weiter im Spiel des Lebens: Auf ins nächste Level!

6.2.2 ANGST & SCHULD

Wir erreichen die ganz dunklen Gefühle: Angst und Schuld – das ist Next Level. Für ersteres müssen wir einem geheimnisvollen Reiter in die Nacht folgen, tief in den Wald hinein. Wir zittern, denn es ist kalt. Nebel hängt zwischen den Bäumen. Wir hüllen uns in unsere Mäntel und besteigen die Pferde. Pferde? Ja, es wird schnell und zu Fuß könnten wir unmöglich Schritt halten. Da prescht auch schon eine Gestalt auf einem Pferd heran:

Der Erlkönig

Wer reitet so spät durch Nacht und Wind?
Es ist der Vater mit seinem Kind;
Er hat den Knaben wohl in dem Arm,
Er faßt ihn sicher, er hält ihn warm. [275]

Obwohl wir wissen, dass wir uns nie in Sicherheit wiegen sollten, wenn es in den dunklen Wald geht, denken wir erstmal: Ach, hier reitet ein Vater mit seinem Kind durch den Wald; er hält es sicher in den Armen. *Nacht und Wind* könnte ungemütlich werden, aber was soll's. Natürlich ist der Wald allerdings voller Schrecken.

Mein Sohn, was birgst du so bang dein Gesicht? —
Siehst, Vater, du den Erlkönig nicht?
Den Erlenkönig mit Kron' und Schweif? —
Mein Sohn, es ist ein Nebelstreif. —

---

275 Trunz, Goethe, Bd. 1, S. 154f.

Vater und Sohn führen einen Dialog. Hier tritt das dramatische Element in den Vordergrund – auch das ist ein wichtiges Gestaltungselement der Ballade. Durch die extreme Verkürzung des Gesagten erzeugt Goethe Spannung und Dichte. Atemlos hetzen wir mit den beiden durch die Nacht. Der Sohn *birgt bang das Gesicht*, also hat er das Gesicht an der Brust des Vaters vergraben. *Bang* zeigt uns, dass er Angst vor etwas hat. Er fragt den Vater: Siehst du diese merkwürdige Gestalt dort? Den Erlkönig? Der Erlkönig ist ein Elfenkönig, der in der Literatur hier und dort auftaucht. Goethe hat ihn nicht erfunden, hat ihm aber seinen heutigen Namen gegeben. Der Duden geht davon aus, dass Johann Gottfried Herder, ein Zeitgenosse Goethes, das Wort *ellenkonge* aus dem Dänischen fälschlicherweise mit *Elfenkönig* übersetzt hat.[276] Das Kind sieht also eine Sagengestalt im Dickicht der Bäume. Der Vater winkt ab: *Es ist ein Nebelstreif.* Dann hört der Sohn eine Stimme:

>*»Du liebes Kind, komm, geh mit mir!*
>*Gar schöne Spiele spiel' ich mit dir;*
>*Manch' bunte Blumen sind an dem Strand,*
>*Meine Mutter hat manch gülden Gewand.«* —

Wir stellen uns vor, dass es eine süßliche, aber auch tiefe und einlullende Stimme ist, die hier dem Sohn alles ver-

---

276 Duden: https://www.duden.de/rechtschreibung/Erlkoenig (zuletzt abgerufen am 05.03.2022); das Langenscheidt-Wörterbuch listet den originalen Begriff aus dem Dänischen unter »elverkonge«: https://de.langenscheidt.com/daenisch-deutsch/elverkonge (zuletzt abgerufen am 05.03.2022).

spricht, wovon er träumt: alle Spiele der Welt, bunte Blumen und goldenes Gewand. Der Verführer meldet sich durch das Rascheln der Blätter. Für bloßes Blätterrauschen hält es auch der Vater, als der Sohn ihm verzweifelt sagt, dass er eine Stimme hört:

Mein Vater, mein Vater, und hörest du nicht,
Was Erlenkönig mir leise verspricht? —
Sei ruhig, bleibe ruhig, mein Kind;
In dürren Blättern säuselt der Wind. —

Immer schneller treibt der Vater das Pferd an. Sein Sohn holt in seinen Armen tief Luft. Vermutlich, denkt der besorgte Vater, hat er hohes Fieber. Verstohlen blickt er sich um. Da ist doch niemand. Alles nur der Wind, die Bäume. Er muss das Kind schnell zu einem Arzt bringen. Sein Sohn hält sich die Ohren zu, aber die Stimme verschwindet nicht:

... »Ich liebe dich, mich reizt deine schöne Gestalt;
Und bist du nicht willig, so brauch' ich Gewalt.« —
Mein Vater, mein Vater, jetzt faßt er mich an!
Erlkönig hat mir ein Leids getan! —

Dem Erlkönig reißt der Geduldsfaden. Er hat ihn mit schönen Worten umgarnt, aber jetzt will er ihn mitnehmen. Panisch windet sich der Sohn, weicht der Hand des grausamen Elfenkönigs aus; immer dichter wird der Wald, immer schneller treibt der Vater das Pferd an.

Dem Vater grauset's; er reitet geschwind,
Er hält in Armen das ächzende Kind,
Erreicht den Hof mit Mühe und Not;
In seinen Armen das Kind war tot.

Das Pferd lässt den Wald hinter sich; sie kommen beim Hof an, vielleicht beim Arzt. Das Kind hat aufgehört zu sprechen und keucht nur noch. Schon springt der Vater aus dem Sattel. Aber als er auf seinen Sohn hinunterschaut, bemerkt er: Er ist tot. Der Elfenkönig hat ihn mitgenommen. Goethe schreibt hier über die Urangst von Eltern, ein Kind zu verlieren und diesem im entscheidenden Augenblick nicht helfen zu können. Der Vater ist auf dem Weg, den fiebernden Sohn in Sicherheit zu bringen, aber schafft es nicht. Seine Angst, symbolisiert durch den dichten Wald, durch den er beinahe nicht hindurchkommt, ist allgegenwärtig. Wir stehen fassungslos neben dem Vater und machen plötzlich kehrt. Wir wollen zurück in den Wald, um den Erlkönig gefangen zu nehmen und ihm das Kind wieder abzunehmen. Der Wald löst sich jedoch schon auf und wir müssen weiter.

Alle Orte, die wir bisher bereist haben, sind mythische Orte: Die Insel Thule im hohen Norden, der dunkle Wald des Erlkönigs und nun geht es mit Schillers Protagonisten nach Sizilien und Syrakus. In der nächsten Ballade reisen wir zurück in die Vergangenheit und damit ins antike Griechenland.

Die Kraniche des Ibykus

Zum Kampf der Wagen und Gesänge,
Der auf Corinthus Landesenge
Der Griechen Stämme froh vereint,
Zog Ibykus, der Götterfreund.
Ihm schenkte des Gesanges Gabe,
Der Lieder süßen Mund Apoll,
So wandert er, an leichtem Stabe,
Aus Rhegium, des Gottes voll.[277]

Vergnügt bricht Ibykus zu den Spielen in Korinth[278] auf. Es sind friedliche Spiele, die die Götter ehren und die Stämme verbinden sollen. Vergnügt haben auch wir an den Spielen teilgenommen. Endlich Sonne, Sommer, Sonnenschein. Wir rücken die Sonnenbrillen zurecht und begleiten Ibykus noch ein Stück auf dem Heimweg. Dabei unterhalten wir uns über die besten Athleten und über das Gesangstalent unseres Begleiters. Ibykus kann nämlich gut singen (er ist also Dichter) und ist ein Freund der Götter – beste Voraussetzungen für ein langes und reiches Leben. Aber das Schicksal will es anders, denn er wird auf der Rückreise von einer Räuberbande überfallen und schwer verletzt. Nackt und sterbend liegt er auf dem trockenen Boden Griechenlands, wo er den Frieden feiern wollte.

---

277 Schiller, Die Kraniche des Ibykus, In: Deutsche Balladen (Reclam), S. 108-113.
278 Stadt in Griechenland, die einen wichtigen Hafen hat

Er ruft die Menschen an, die Götter,
Sein Flehen dringt zu keinem Retter,
Wie weit er auch die Stimme schickt,
Nichts lebendes wird hier erblickt.
»So muß ich hier verlassen sterben,
Auf fremdem Boden, unbeweint,
Durch böser Buben Hand verderben,
Wo auch kein Rächer mir erscheint!«

Und schwer getroffen sinkt er nieder,
Da rauscht der Kraniche Gefieder,
Er hört, schon kann er nicht mehr sehn,
Die nahen Stimmen furchtbar krähn.
»Von euch, ihr Kraniche dort oben!
Wenn keine andre Stimme spricht,
Sey meines Mordes Klag' erhoben!«
Er ruft es, und sein Auge bricht.

Er ruft die Götter um Hilfe, aber niemand kommt. Er
muss auf *fremdem Boden, unbeweint* sterben. Dann taucht
ein Vogelschwarm auf, der über ihm kreist. Es sind Kraniche. Wer in der griechischen Mythologie bewandert ist,
weiß: Das ist ein gutes Zeichen, denn dieser Vogel ist dem
Gott Apollo zugeordnet, der auch dem Dichter sein Gesangstalent geschenkt hat. Außerdem steht diese Vogelart
für Treue. Seit der Antike werden Kraniche in verschiedenen Sagen und Geschichten als Zeugen aufgerufen.[279]
Ibykus ist schon so schwer verletzt, dass er nichts mehr sehen, dafür aber das Kreischen der Vögel hören kann und

---

279 Brockhaus – die Enzyklopädie

so spricht er zu ihnen, dass sie Zeugen seiner Ermordung sein mögen. Dann stirbt er. Seine Freunde von nahe und fern sind erschüttert. Keiner kann sich vorstellen, dass der Liebling der Götter einfach so von Straßenräubern überfallen worden sein soll. Nein, dahinter muss jemand stecken, der ein Attentat auf Ibykus geplant hat:

Er geht vielleicht, mit frechem Schritte
Jetzt eben durch der Griechen Mitte,
Und während ihn die Rache sucht,
Genießt er seines Frevels Frucht.
Auf ihres eignen Tempels Schwelle
Trotzt er vielleicht den Göttern, mengt
Sich dreist in jene Menschenwelle,
Die dort sich zum Theater drängt.

Die Freunde sind misstrauisch. Irgendjemand ist unter ihnen, der unbehelligt geblieben ist, aber den Mord befohlen hat. Dieser jemand genießt sein*es Frevels Frucht*, also den Vorteil aus seinem schrecklichen Plan. Er könnte überall sein – im Tempel oder in der Menschenmenge, die zum Theater geht. Die Menschen finden den Mörder nicht. Aber es gibt ja auch noch die Götter! Und die schicken ihre schrecklichsten Bodyguards: die Erinnyen.

Ein schwarzer Mantel schlägt die Lenden,
Sie schwingen in entfleischten Händen
Der Fackel düsterrothe Glut,
In ihren Wangen fließt kein Blut.
Und wo die Haare lieblich flattern,
Um Menschenstirnen freundlich wehn,

Da sieht man Schlangen hier und Nattern
Die giftgeschwollnen Bäuche blähn.

Die Erinnyen sind die weiblichen Rachegeister der griechischen Mythologie und werden immer unterschiedlich beschrieben. Hier tragen sie lange, schwarze Mäntel und haben kein Fleisch mehr auf ihren Händen. Es sind klapprige Gespenster, die den Lebenden auf die Pelle rücken. Sie sind blass und tragen Schlangen als Haare. Diese Schlangen haben Gift im Körper, mit dem sie den Schuldigen sofort töten können. Die Auftragsmörder sind also angekommen, der Kreis zieht sich enger – noch weiß niemand, wer der Mörder ist.

Da hört man auf den höchsten Stufen
Auf einmal eine Stimme rufen:
»Sieh da! Sieh da, Timotheus,
Die Kraniche des Ibykus!« –
Und finster plötzlich wird der Himmel,
Und über dem Theater hin,
Sieht man, in schwärzlichtem Gewimmel,
Ein Kranichheer vorüberziehn.

Das Kranichheer kommt angeflogen, die einzigen Zeugen des Mordes an Ibykus (außer uns natürlich). Der Himmel wird düster über dem Theater; alles ist voller Vögel. Diese fliegen vorbei und krächzen laut, vielleicht wiederholen sie die letzten Worte des verstorbenen Dichters. Es muss eine Art Sog entstehen, denn die Mörder öffnen wie durch Zauberhand den Mund, um sich zu erkennen zu geben:

Doch dem war kaum das Wort entfahren,
Möcht' ers im Busen gern bewahren;
Umsonst, der schreckenbleiche Mund
Macht schnell die Schuldbewußten kund.
Man reißt und schleppt sie vor den Richter,
Die Scene wird zum Tribunal,
Und es gestehn die Bösewichter,
Getroffen von der Rache Strahl.

Einer der Mörder verschließt sich vermutlich sofort den
Mund mit der Hand, als er die sich selbst belastenden
Worte ausgesprochen hat. Aber es ist zu spät: Die Natur hat die Wahrheit zu Tage gebracht. Die Mörder sind
schreckenbleich und *schuldbewußt*, und sie gestehen. Sofort werden sie vor den Richter gebracht, der sein Urteil
spricht. Die letzte Verszeile kann heißen, dass sie nun
ihre gerechte Strafe durch das Auftauchen der Vögel bekommen haben. Oder es kann bedeuten, dass die Auftragsmörder, die Erinnyen, ihren Job vollendet haben und
einige Blitze auf die Schuldigen hinunterwerfen, um sie
zu töten. Wir lernen: Don't mess with the Gods. Schon
überhaupt nicht, wenn es um einen ihrer Lieblinge geht.

Das Interessante an Schillers Ballade ist, dass auch hier,
wie im Erlkönig, die Natur ihre ganz eigene Rolle spielt.
Der Wald ist für den Erlkönig Schutz und Lebensraum,
ohne die düstere Umgebung hätte er nicht auftreten können. Bei Ibykus ist es das Kranichheer, das den Menschen
den entscheidenden Hinweis gibt. Die Götter schicken
zwar die Erinnyen, aber sie können trotzdem nicht herausfinden, wer schuldig ist. Da muss erst die Natur auf
den Plan treten.

Beide Balladen erzählen von negativen Gefühlen, die wir alle mit uns tragen: von der Angst zu versagen und von der Schuld, die wir manchmal zu verbergen hoffen. In jedem Fall aber wird uns dieses Gefühl einholen. Wir können die Angst nicht besiegen – ganz gleich, wie schnell wir reiten. Und wir können der Schuld nicht entkommen – ganz gleich, wie gut wir uns versuchen herauszureden. Der Erlkönig und die Kraniche finden uns immer. Instinktiv ziehen wir den Kopf ein, als würde soeben ein Schwarm dunkler Vögel über uns auftauchen.

6.2.3 HYBRIS & SPOTT

Ein Schüler der Magie nutzt es aus, dass er sturmfreie Bude hat, weil der Meister unterwegs ist und das klingt bei Johann Wolfgang von Goethe so:

Der Zauberlehrling

Hat der alte Hexenmeister,
Sich doch einmal wegbegeben!
Und nun sollen seine Geister
Auch nach meinem Willen leben.
Seine Wort und Werke
Merkt ich, und den Brauch,
Und mit Geistesstärke
Thu ich Wunder auch.[280]

---

280   Trunz, Goethe, Bd. 1, S. 276ff.

Kann doch nichts schiefgehen, oder? Der Meister ist weg und jetzt sollen seine *Geister*, also alles, was normalerweise dem Meister gehorcht, eben für den jungen Zauberschüler arbeiten. Dieser ist überzeugt davon: So schwierig kann das nicht sein. Schließlich hat er dem Meister oft zugeschaut. *Und mit Geistesstärke – Thu ich Wunder auch.* Er muss nur ein bisschen nachdenken, meint er, dann kann er das doch auch alles. Unpraktischerweise muss er nämlich gerade das Becken mit Wasser füllen. Das ist mühsame Arbeit und darauf hat er natürlich keine Lust. Der passende Zauberspruch, mit dem er das Wasser beherrschen können will, ist schon gefunden:

Walle! walle
Manche Strecke,
Daß zum Zwecke,
Wasser fließe,
Und mit reichem, vollem Schwalle,
Zu dem Bade sich ergieße!

Diese berühmten Verszeilen kennt jedes Kind. *Wallen* steht für den Wasserschwall, der durch die Türe hineinkommt. Über weite Strecken will er das Wasser herholen und es beherrschen. Es soll zum Bad fließen, wo es aufgefangen werden soll. Die Wörter *Wallen, fließen, Schwalle* und *ergieße* zeigen schon: Überall soll alles voller Wasser sein. Doch wer soll das Wasser heranschaffen? Der Zauberschüler verzaubert zu diesem Zweck einen Besen:

Und nun komm, du alter Besen,
Nimm die schlechten Lumpenhüllen,

Bist schon lange Knecht gewesen;
Nun erfülle meinen Willen.
Auf zwei Beinen stehe,
Oben sei ein Kopf,
Eile nun und gehe
Mit dem Wassertopf!

Der Besen, der ohnehin für den Haushalt arbeitet, soll jetzt seinen Willen erfüllen. Die *Lumpenhüllen* ist zerschlissenes Gewand, das er tragen möge. Nun soll er nach der Pfeife des Zauberlehrlings tanzen. Ist doch nur ein Besen. Schnell sind ihm Kopf, Arme und Beine gezaubert und er kann mit dem Wassertopf los. Läuft doch prima! Nochmal zur Erinnerung:

Walle! walle
Manche Strecke,
Daß zum Zwecke,
Wasser fließe,
Und mit reichem, vollem Schwalle,
Zu dem Bade sich ergieße!

Alles klar. Der Besen läuft los. Das Becken füllt sich schnell. Perfekt. Das war leicht. Jetzt nur noch der Gegenzauberspruch und alles ist reibungslos verlaufen. Moment. Der Gegenzauberspruch? Wie war der noch gleich?

Stehe! Stehe!
Denn wir haben
Deiner Gaben
Vollgemessen! –

Ach ich merk' es, wehe! wehe!
Hab' ich doch das Wort vergessen!

Ach, das Wort, worauf am Ende
Er das wird, was er gewesen.
Ach, er läuft und bringt behende,
Wärst du doch der alte Besen!
Immer neue Güsse
Bringt er schnell herein,
Ach! und hundert Flüsse
Stürzen auf mich ein.

Ach du Schande! *Stehe, stehe* war es offenbar nicht. Er hat das *Wort*, sein Zauberwort zur Umkehr, vergessen. Himmel! Der Besen läuft weiter und bringt *behende*, also schnell, neues Wasser. *Wärst du doch der alte Besen!* Immer mehr Wasser bringt er her. Es sind schon *Güsse* und *Flüsse*. Ratlos stehen wir bis zu der Hüfte mit dem Zauberlehrling im Wasser und beschwören ihn, sich doch verdammt nochmal an das blöde Zauberwort zu erinnern. Dieser verliert die Nerven:

Seht, da kommt er schleppend wieder!
Wie ich mich nun auf dich werfe,
Gleich, o Kobold, liegst du nieder;
Krachend trifft die glatte Schärfe!
Wahrlich, brav getroffen!
Seht, er ist entzwei!
Und nun kann ich hoffen,
Und ich atme frei!

Wenn kein Zauberspruch hilft, muss die Gewalt übernehmen. Als der Besen wiederkommt, stürzt sich der Zauberlehrling auf ihn und spaltet ihn mit einer Axt. Der *Kobold*, ein listiges Fabelwesen, als er ihm erscheint, liegt getroffen. Endlich ist der Spuk vorbei. *Und nun kann ich hoffen; Und ich athme frey!*, ist sich der Schüler sicher. Er legt die Axt in die Ecke und setzt sich erstmal. Wir tippen ihm ängstlich auf die Schulter, denn der Besen steht wieder auf. Mehr noch: Wie bei der Hydra wachsen aus beiden Teilen neue Besen, die sofort die Arbeit wiederaufnehmen. Und wo doppelt so viele Besen laufen, wird auch doppelt so viel Wasser herbeigeschafft:

Und sie laufen! Naß und nässer
Wird's im Saal und auf den Stufen.
Welch entsetzliches Gewässer!
Herr und Meister! hör' mich rufen!

Der Zauberlehrling verliert endgültig die Fassung. Immer nasser wird es im Haus. Das Gewässer ist *entsetzlich*. Er schlägt die Hände über dem Kopf zusammen und ruft den Meister um Hilfe. Dieser taucht in letzter Sekunde auf.

Ach, da kommt der Meister!
Herr, die Not ist groß!
Die ich rief, die Geister,
Werd' ich nun nicht los.

Da ist der Meister – Hilfe! Und jetzt die beiden berühmtesten Verszeilen, die wir noch heute ansprechen, wenn wir wissen, dass etwas unsere Schuld war, es aber nicht rückgängig machen können: *Die ich rief die Geister*. Seine falschen Entscheidungen verfolgen einen. Und manchmal werden wir sie nicht mehr los. Der Meister schafft Ordnung. Wir stehen zitternd hinter dem Zauberlehrling – fast brusttief im Wasser, als des Meisters donnernde Stimme die Wände erzittern lässt:

»In die Ecke,
Besen! Besen!
Seid's gewesen.
Denn als Geister
Ruft euch nur zu seinem Zwecke
Erst hervor der alte Meister.«

Damit ist klar, wer hier der Boss ist. Nur er darf diesen Zauber vollführen. Wir schleichen uns hinaus, um die Bestrafung des Zauberlehrlings für seine Überheblichkeit nicht mitansehen zu müssen.

Diese Ballade gehört zu den bekanntesten aller Zeiten. In der Schule muss man sie auswendig lernen und es gibt sogar einen Mickey-Mouse-Kurzfilm dazu.[281] Der süße Mickey vergreift sich in seinen magischen Fähigkeiten. Die Absicht Goethes war aber keineswegs, den Zauberlehrling als süß darzustellen. Er wollte die Menschen mit dieser Geschichte erziehen, ihre Entscheidungen sorgfältig abzuwägen.

---

281 aus »Fantasia« (1940) von Walt Disney

Es geht munter weiter. Wir sind zusammen mit Friedrich Schiller in einem Amphitheater gelandet, irgendwann im Mittelalter! Alles beginnt sehr angenehm:

Der Handschuh

Vor seinem Löwengarten,
Das Kampfspiel zu erwarten,
Saß König Franz,
Und um ihn die Großen der Krone,
Und rings auf hohem Balkone
Die Damen in schönem Kranz.[282]

Ein König sitzt mit seinem Gefolge da, um sich einen Tierkampf anzusehen. Der Hof unterhält sich, die Damen sind schön. Es ist eine geordnete Welt, in der jeder seinen Platz kennt. Der König lässt die Spiele beginnen.

Und wie er winkt mit dem Finger,
Aufthut sich der weite Zwinger[283]*,*
Und hinein mit bedächtigem Schritt
Ein Löwe tritt,
Und sieht sich stumm
Rings um,
Mit langem Gähnen,
Und schüttelt die Mähnen,
Und streckt die Glieder,
Und legt sich nieder.

---

282 Schiller, Der Handschuh, In: Deutsche Balladen, S. 106ff.
283 Käfig für wilde Tiere

Ein Löwe betritt die Szenerie. Er kommt mit *bedächtigem Schritt*, hat es also nicht allzu eilig. Außerdem hat er die Gewissheit, der König der Tiere zu sein. Langsam sieht er sich um, gähnt und legt sich erst einmal hin. Erst als er Konkurrenz bekommt, wird der Löwe wach.

Und der König winkt wieder,
Da speit das doppelt geöffnete Haus
Zwei Leoparden auf einmal aus,
Die stürzen mit mutiger Kampfbegier
Auf das Tigertier,
Das packt sie mit seinen grimmigen Tatzen,
Und der Leu mit Gebrüll
Richtet sich auf, da wird's still,
Und herum im Kreis,
Von Mordsucht heiß,
Lagern sich die greulichen Katzen.

In der Zwischenzeit ist auch noch ein Tiger dazugekommen. Die Leoparden stürzen kampfbereit hervor und alle Tiere umkreisen einander misstrauisch – bereit zum Sprung, um die anderen zu töten. Da passiert etwas Unerwartetes.

Da fällt von des Altans Rand
Ein Handschuh von schöner Hand
Zwischen den Tiger und den Leun[284]
Mitten hinein.

---

284 der Leu: altes Wort für »Löwe«

Und zu Ritter Delorges spottender Weis'
Wendet sich Fräulein Kunigund:
»Herr Ritter ist eure Lieb so heiß
Wie ihr mir's schwört zu jeder Stund,
Ei, so hebt mir den Handschuh auf«.

Dem Fräulein Kunigunde war die Szenerie ganz offenbar
noch nicht aufregend genug. Sie beschließt, ihren Handschuh in die Mitte der wilden Tiere zu werfen. Sie wendet
sich an einen der Ritter, Delorges, und bittet ihn, doch so
galant und mannhaft zu sein, ihr den Handschuh wieder-
zubringen.

Und der Ritter in schnellem Lauf
Steigt hinab in den furchtbarn Zwinger
Mit festem Schritte,
Und aus der Ungeheuer Mitte
Nimmt er den Handschuh mit keckem Finger.

Und mit Erstaunen und mit Grauen
Sehen's die Ritter und Edelfrauen,
Und gelassen bringt er den Handschuh zurück,
Da schallt ihm sein Lob aus jedem Munde,
Aber mit zärtlichem Liebesblick –
Er verheißt ihm sein nahes Glück –
Empfängt ihn Fräulein Kunigunde.

Der Ritter tut, was Ritter tun und springt tapfer zwischen
die Bestien. Schnell, mit *keckem Finger,* birgt er den Handschuh. Wir haben die Hände vor die Augen geschlagen.
Aber er schafft es zurück auf die Tribüne, wo er von den

anderen Rittern und Edelfrauen unter großem Jubel empfangen wird. Kunigunde hat ihren romantischen Helden gefunden. Wortlos hat dieses Bild von einem Mann sich der Gefahr gestellt, um ihren Wunsch zu erfüllen. Sie weiß, wie man das Spiel der Liebe spielt. Jeder hat darin seine Rolle, die er vor der Gesellschaft spielen muss. Ihre ist es, einen hohen Preis für ihre Gunst zu erlangen. Sie schenkt ihrem Superman einen *zärtlichen Liebesblick* und wir sind gerührt. Aber der Ritter hat keinen Bock auf das Spiel um die Liebe, das die Gesellschaft ihm vorgibt:

Und er wirft ihr den Handschuh ins Gesicht:
Den Dank, Dame, begehr ich nicht,
Und verläßt sie zur selben Stunde.

Er sagt zu ihr: Meine Schöne, wenn du mich mutwillig in Gefahr bringst (immerhin hat sie den Handschuh absichtlich fallenlassen) bin ich weg. Egal, was die Gesellschaft von einem Ritter wie mir erwartet. Ihren Dank braucht er nicht und sie sind kein Paar mehr. Vor versammeltem Hof serviert er sie ab. Autsch.

Beide Figuren brechen hier mit den Klischeevorstellungen der Liebe zwischen Ritter und Fräulein im Mittelalter: Eine reine Liebe, die gewissen gesellschaftlichen Ansprüchen genügen muss. Schließlich ist klar, was ein Ritter können soll und was ein Fräulein. Das Fräulein Kunigunde bricht mit diesen Vorstellungen, indem sie den Beweis für seine Mannhaftigkeit vor aller Augen verlangt. Sie ist sich ihrer Stellung sehr wohl bewusst. Der Ritter bricht das Klischee aber zum zweiten Mal, weil er sich umwendet und geht. Er pfeift darauf, dass er als

Ritter seine Tapferkeit unter Beweis stellen muss und hat keine Lust, weiter sein Leben zu riskieren, um bei diesem Gesellschaftsspiel mitzumachen. Wir beißen uns auf die Lippen. Wann haben wir es zuletzt geschafft, nicht bei den Gesellschaftsspielen unserer Zeit mitzuspielen, obwohl wir wissen, dass sie so sinnlos sind wie eben das Werfen eines Handschuhs?

Goethe und Schiller erzählen hier von der Hybris, der Überheblichkeit, die schon immer Teil des Menschen war. Wir denken oft, dass wir alles beherrschen können – dann aber entgleitet es uns: die Lügen unseren Mitmenschen gegenüber, der Umgang mit der Natur. Und sie erzählen vom Spott, vor dem wir uns so fürchten, weil uns das Urteil der Gesellschaft über unser Leben noch heute wichtiger ist als unser eigenes Gerechtigkeitsempfinden. Zu oft heben wir den Handschuh auf und lassen uns dafür feiern. Wohl würden wir auch die schöne Kunigunde zu oft heiraten, weil man das eben so macht, wenn man ein Ritter ist, anstatt sie einfach stehen zu lassen, weil wir keinen solchen Menschen an unserer Seite haben wollen würden.

Der Controller vibriert in unserer Hand. Ist es schon Zeit? Goethe und Schiller sitzen zerzaust neben uns. Sie sind ausgelaugt, weil sie so viele Gefühle aufs Papier gebracht haben, sodass sie erstmal verschnaufen müssen. Wir sind mit ihnen auf Hochtouren durch die Levels der Gefühlswelt gestreift. Einmal mehr wissen wir, dass sich in über zweihundert Jahren nichts verändert hat. Noch immer lieben wir, noch immer haben wir Angst, noch immer verfallen wir zu oft der Hybris. Jetzt heißt es: Batterien aufladen, denn das Spiel der Gefühle kennt nur kurze Pausen.

KAPITEL 7: CIAO & SERVUS

7.1 CIAO, BELLA - GOETHE IN ROM

Die Pferdekutsche hält an einem regnerischen November-
abend auf den Pflastersteinen der Ewigen Stadt. Das
Schnauben der Pferde verrät, dass ein Fremder die Stadt
betreten hat. Wir sitzen auf der Piazza del Popolo am
Brunnen und verfolgen das Geschehen. Der Reisende
entsteigt der Kutsche, nimmt seinen breitkrempigen Hut
vom Kopf, mit dem ihn sein Mitbewohner Johann Heinrich Tischbein, auf dem Bild in der Campagna verewigt
hat, und dreht sich zwei Mal im Kreis um sich selbst.
Seine Nase ragt in die Luft; gierig atmet er den Süden
ein. Für ihn ist diese Reise mehr als Urlaub; sie ist Verheißung und Freiheit. Der Mann, der sich schmunzelnd
seinen Hut wieder aufsetzt, um sein Quartier zu suchen,
ist Johann Wolfgang von Goethe. Als er an uns vorbei-
geht, zwinkert er uns schelmisch zu. Die Ewige Stadt, da
ist er sicher, hat nur auf ihn gewartet – und er ein Leben
lang auf sie.

Schon als kleines Kind bekommt Goethe Italienisch-
unterricht. Einige Zeichnungen zieren die Wände des
Elternhauses in Frankfurt. Italien ist für ihn ein Sehn-
suchtsort seit er denken kann. Als ihn sein Briefroman
Die Leiden des jungen Werthers über Nacht berühmt macht,
bekommt er einen hochdotierten Posten am Weimarer

Hof. Ein ganzes Leben lang muss er sich, im Gegensatz
zu seinem späteren Freund Schiller, keine finanziellen
Sorgen machen. Aber Goethe ist gelangweilt vom Leben
bei Hof. Das, was er hier arbeitet, fühlt sich nicht nach
seiner Bestimmung an. Noch schlimmer: Oft muss er an
Kriegsschauplätze reisen, die er verabscheut. Das alles
wird ihm zu viel. Zudem wird er bedrängt, sich eine Frau
zu suchen. Seine Gefährtin und Freundin, Charlotte von
Stein, scheint nicht abgeneigt. Aber Goethe ist sich sicher, da muss noch mehr sein. Heute würden wir von den
Anfängen eines Burnouts sprechen oder eine beginnende
Midlife-Crisis diagnostizieren. Egal, wie wir es nennen:
Keine Zeit kennt das Gefühl, einfach mal wegzumüssen,
so gut wie unsere. Goethe muss weg. Eines Nachts steigt
er in eine Kutsche – und flüchtet. Tage später erreicht er
seine Traumstadt:

Rom, den 1. November 1786.
Endlich kann ich den Mund auftun und meine Freun-
de mit Frohsinn begrüßen. Verziehen sei mir das Ge-
heimnis und die gleichsam unterirdische Reise hierher.
Kaum wagte ich mir selbst zu sagen, wohin ich ging,
selbst unterwegs fürchtete ich noch, und nur unter der
Porta del Popolo war ich mir gewiß, Rom zu haben.[285]

Wir sehen Goethe über die Schulter, als er in seiner
Unterkunft auf einem kleinen Tisch diese Zeilen verfasst. Wir spüren die Erleichterung, die ihn erfasst, dass
die Geheimniskrämerei endlich ein Ende hat. Er wollte

---

285 Trunz, Goethe, Bd. 11, S. 125.

sich kaum selbst eingestehen, dass er so dringend aufbrechen musste. Wie jeder Reisende zweifelte Goethe daran, wirklich auf dem Weg zu sein, bis er es dann endlich war und die Piazza in Rom betreten hat. Wir sehen am obenstehenden Datum: Das Buch *Italienische Reise* ist ein Tagebuch. Goethe schreibt es aber nicht etwa für sich, sondern für eben jene erwähnte Charlotte von Stein. Wir können uns ihre Begeisterung über die schwungvollen Briefe aus der Ferne – auch fern von ihr – bildlich vorstellen. Der Dichter ist nicht aufzuhalten:

> *Und laßt mich nun auch sagen, daß ich tausendmal, ja beständig eurer gedenke in der Nähe der Gegenstände, die ich alleine zu sehen niemals glaubte. Nur da ich jedermann mit Leib und Seele in Norden gefesselt, alle Anmutung nach diesen Gegenden verschwunden sah, konnte ich mich entschließen, einen langen, einsamen Weg zu machen und den Mittelpunkt zu suchen, nach dem mich ein unwiderstehliches Bedürfnis hinzog. Ja, die letzten Jahre wurde es eine Art von Krankheit, von der mich nur der Anblick und die Gegenwart heilen konnte. Jetzt darf ich es gestehen; zuletzt durft' ich kein lateinisch Buch mehr ansehen, keine Zeichnung einer italienischen Gegend. Die Begierde, dieses Land zu sehen, war überreif...*[286]

Ja, natürlich denkt er *beständig eurer*. Charlotte von Stein wird das eine große Beruhigung sein. Er spricht hier von einem *Mittelpunkt* und tut das aus zwei Gründen:

---

286 Trunz, Goethe, Bd. 11, S. 125.

Erstens ist die Ewige Stadt zu diesem Zeitpunkt in der Geschichte das christliche Zentrum der Welt. Zweitens gibt es in Rom einen Platz auf dem Forum Romanum, der sich *Umbilicus urbis* nennt: der Nabel der Welt. Von dort aus wurden die Meilen der römischen Heerstraßen im Römischen Reich gezählt. Der Sagenwelt der römischen Mythologie zufolge sollen an diesem Punkt Ober- und Unterwelt aufeinandertreffen. Rom ist aber auch sein persönlicher Mittelpunkt, denn es ist die Stadt, in die er immer reisen wollte, um endlich zu sich selbst zu finden. Goethe spricht von einer *Krankheit*, die von ihm Besitz ergriffen hat. Er konnte nicht einmal mehr ein Buch auf Latein oder ein Bild der italienischen Landschaft ansehen, sofort wurde er an das Sehnsuchtsland erinnert. Und dann kommt ein Satz, der noch heute oft zitiert wird, wenn es um Italien geht: *Die Begierde, dieses Land zu sehen, war überreif.* Das Wort *Begierde* bezeichnet ein starkes Lustgefühl, das nichts mit Vernunft oder Studienwünschen zu tun hat, sondern sich psychisch und körperlich manifestiert. *Überreif* sind Früchte, die längst gereift sind, die den besten Moment, sie zu verspeisen, schon hinter sich haben. Und doch sind sie so unendlich süß, dass wir ihnen nicht widerstehen können. Längst ist alles da: die Lust auf sie, ihre Reife, die Zeit der Ernte. Goethe beginnt mit der Ernte.

Nur Erzherzog Carl August von Weimar, für den Goethe arbeitet, aber mit dem ihn auch eine tiefe Freundschaft verbindet, weiß Bescheid. Er ist bereit, Goethe sein Gehalt weiterzuzahlen, sodass er sich keine Sorgen machen muss. Der Dichter stößt Charlotte von Stein vor den Kopf und noch einige andere. Aber er weiß auch, dass er sie finden muss: seine Freiheit. Er reist über den Brenner nach Verona, Venedig und weiter an sein Ziel, nämlich Rom. Als er sich dort ins Stadtregister einträgt, macht er sich nicht nur drei Jahre jünger, sondern lässt sich unter einem falschen Namen registrieren, um keine Aufmerksamkeit auf sich zu ziehen. Als Johann Philipp Möller checkt er in eine Künstler-WG voller schräger Vögel ein, die ihn gleichermaßen faszinieren und abstoßen. Die Wahl dieser WG hat einen Grund: Goethe ist zu diesem Zeitpunkt davon überzeugt, Maler zu sein und möchte seine Talente ausbauen. Außerdem betreibt er naturwissenschaftliche Studien. Was er allerdings nicht auf dem Schirm hat: Dichter zu werden. Viele Biografen sind sich aber sicher, dass erst der Aufenthalt in Rom Goethe zum großen Literaten hat werden lassen. Er hat dort nämlich etwas wiedergefunden: seine Leidenschaft.

Die dichterischen Zeugnisse hiervon sind die *Römischen Elegien*. 20 kurze Elegien zeugen von der Leidenschaft, die ihm in Rom begegnet ist. Hinter antiken Gleichnissen und Preisungen über die Schönheit der Stadt Rom finden wir sie versteckt: die erotischen Begegnungen, die Goethe die Nächte verkürzten. Als er am Ende seines Lebens seine Tagebücher und Schriften aufarbeitet, verbrennt er einiges. Aber die Elegien dürfen bleiben... Wir schleichen uns in das kleine Zimmer im ersten Stock der Via del Corso. Bei Kerzenlicht blicken wir auf ein Liebespaar, das in den zerwühlten Laken liegt. Wir sehen die Küsse, die sie austauschen.

V.

Froh empfind' ich mich nun auf klassischem Boden be-

geistert,
Vor- und Mitwelt spricht lauter und reizender mir.
Hier befolg' ich den Rat, durchblättre die Werke der
Alten
Mit geschäftiger Hand, täglich mit neuem Genuß.[287]

Gut, er ist begeistert, endlich auf italienischem Boden zu sein. Alles scheint ihm viel schöner als noch in Deutschland. *Vor- und Mitwelt spricht lauter und reizender mir.* Er kann die Vergangenheit spüren und auch die Gegenwart scheint ihm interessanter als zu Hause. Hier kann er studieren und sich den *Werken der Alten* widmen – und das noch mit *Genuß.* Wir neigen uns ihm in der Bibliothek zu. »Ist das alles?«, flüstern wir etwas ungläubig. Goethe schmunzelt. Er schiebt das Blatt zu uns hinüber und wir lesen weiter:

Aber die Nächte hindurch hält Amor mich anders be-
schäftigt;
Werd' ich auch halb nur gelehrt, bin ich doch doppelt
beglückt.
Und belehr' ich mich nicht, indem ich des lieblichen
Busens
Formen spähe, die Hand leite die Hüften hinab?
Dann versteh' ich den Marmor erst recht: ich denk' und
vergleiche,
Sehe mit fühlendem Aug, fühle mit sehender Hand.
Raubt die Liebste denn gleich mir einige Stunden des
Tages,

---

287 Trunz, Goethe, Bd. 1, S. 160.

Gibt sie Stunden der Nacht mir zur Entschädigung hin.
Wird doch nicht immer geküßt, es wird vernünftig ge-sprochen,
Überfällt sie der Schlaf, lieg' ich und denke mir viel.

Ach so ist das! *Amor*, der römische Gott der Liebe, hält ihn also *anders beschäftigt*. Soso. Durch diese Nächte wird er zwar nur *halb gelehrt*, aber dafür *doppelt beglückt*. Er legt eine steile These vor: Ist er nicht beim Lernen, wenn er die Form des Busens und der Hand erforscht? Kann er denn so nicht den *Marmor*, also die römischen Statuen in ihrer Nacktheit, viel besser begreifen? Natürlich, pflichten wir ihm bei. Da ist noch mehr: *Sehe mit fühlendem Aug, fühle mit sehender Hand*. Es ist eine Verschränkung der Sinne. In der Literatur nennt man diesen Zusammenfall *Syn-ästhesie*. Ein Beispiel dafür wäre: eine *süße Melodie*. Hier fallen die Sinne des Geschmacks (*süß*) und des Hörens (*Melodie*) zusammen. Was Goethe hier beschreibt, ist der Augenblick, in dem er es als Dichter so empfindet: Seine Augen fühlen und seine Hand sieht. Er ist so tief im Moment versunken, dass er gar nicht merkt, welcher Sinn welches Gefühl transportiert. Die Liebste raubt ihm *Stunden des Tages*. Vielleicht, weil er ständig an sie denken muss. Vielleicht, weil er den Schlaf nachholen muss. Aber die Entschädigung für diese Schlaflosigkeit sind eben die Nächte. Natürlich, fügt er hinzu, wird nicht nur geküsst, sondern auch gesprochen. Wir öffnen den Mund und wol-len danach fragen, wie oft im Vergleich zum Küssen denn gesprochen wird, aber Goethe sieht uns streng an und wir beschließen zu schweigen. Wenn sie dann schläft, denkt er über vieles nach. Und nicht nur das:

Oftmals hab' ich auch schon in ihren Armen gedichtet
Und des Hexameters Maß leise mit fingernder Hand
Ihr auf den Rücken gezählt. Sie atmet in lieblichem
Schlummer,
Und es durchglühet ihr Hauch mir bis ins Tiefste die
Brust.
Amor schüret die Lamp' indes und gedenket der Zeiten,
Da er den nämlichen Dienst seinen Triumvirn getan.

Die Literaturliebhaber unter uns beißen sich auf die Lippen. *In ihren Armen gedichtet.* Die Frage »Willst du auch einmal in meinen Armen dichten?« bleibt uns im Hals stecken. *Und des Hexameters Maß leise mit fingernder Hand ihr auf den Rücken gezählt.* Mamma mia! Das Versmaß des Hexameters, in dem die Worte seit der Antike fließen können, *zählt er ihr auf den Rücken.* Wir sehen Goethe mit *fingernder Hand,* also mit seinen Fingerkuppen auf die weiche Haut der südländischen Schönheit klopfen, während er die Nasenspitze in ihren Haaren vergraben hat. Sie atmet sanft und ist im *Schlummer,* also in tiefem Schlaf, aber die Leidenschaft hat ihn nicht losgelassen, denn ihr *Hauch durchglüht* ihn noch immer. Der Liebesgott *Amor* sitzt am Bett und stellt sicher, dass die *Lamp'* nicht ausgeht. Mit der Lampe ist das Feuer der Liebe gemeint. Der kleine Gott denkt an die Zeiten zurück, in der er genau dieses Feuerschüren für die Herren des Triumvirats getan hat. Gemeint ist hier die Zeit, in der drei Männer in der Antike (mehr oder weniger) gemeinsam über das Römische Reich herrschten.[288] Im Grunde also, versichert uns Goethe hiermit, steht er in einer Tradition, die über die Jahrhunderte weitergeführt wird. Und Amor, der böse Bube, lässt Goethe keine Ruhe. Jede Nacht sitzt er aufs Neue an seinem Bettrand.

IX.

...

Und die erwärmte Nacht wird uns ein glänzendes Fest.
Morgen frühe geschäftig verläßt sie das Lager der
Liebe,
Weckt aus der Asche behend Flammen aufs neue hervor.
Denn vor andern verlieh der Schmeichlerin Amor die
Gabe,
Freude zu wecken, die kaum still wie zu Asche ver-
sank.[289]

Jede Nacht in Rom ist ein *glänzendes Fest*. Die Ewige Stadt erglüht im Feuer der Leidenschaft. Jeden Morgen verlässt die Geliebte das *Lager der Liebe*. Das Nomen *Lager* kennen wir heute vor allem als Bestrafungs- und Gefängnisanstalt. Zu Goethes Zeiten bedeutete das Wort schlicht *Bett*. Sie weckt von neuem *behend* Flammen hervor; es fällt ihr also leicht. Fast, sie ist eine *Schmeichlerin*: weiß also, wie sie ihn anpacken muss. Diese *Freude*, die hier nie zu Asche versinken kann, weil sie von ihr immer wieder von Neuem geweckt wird, ist schlicht: die Leidenschaft.

------

288 unterteilt in: Erstes Triumvirat (Cäsar, Pompeius und Crassus); Zweites Triumvirat (Marcus Antonius, Octavian, Lepidus)
289 Trunz, Goethe, Bd. 1, S. 163.

Wir schieben Goethe das Blättchen wieder zu. »Wie aber«, fragen wir und kommen uns dabei ein bisschen dumm vor, »macht man sich ohne Handy eine Uhrzeit aus?« Goethe lacht uns aus. Die Bibliothekarin fährt herum und ermahnt uns. Wir stecken die Köpfe noch enger zusammen. Goethes Worte sind beinahe nur ein Flüstern: »Folgt mir.« Wir gehen in eine etwas – nun ja – rustikale Kneipe und setzen uns an einen Tisch. Selbstbewusst bestellt der Fremde aus dem Norden Wein. Wir starren ihn an, weil wir noch immer auf eine Antwort warten. Goethe breitet die Arme aus, in seinen Augen blitzt die Abenteuerlust.

XV.
...

Denn ihr zeiget mir heute die Liebste, begleitet vom Oheim,
Den die Gute so oft, mich zu besitzen, betrügt.
Hier stand unser Tisch, den Deutsche vertraulich umgaben;
Drüben suchte das Kind neben der Mutter den Platz,
Rückte vielmals die Bank und wußt es artig zu machen,
Daß ich halb ihr Gesicht, völlig den Nacken gewann.[290]

Wir sehen das Problem. Die Schöne hat einen *Oheim*, also einen Onkel, der über sie wacht. Aber sie *betrügt*, also hintergeht ihn und zwar, um *mich zu besitzen*. Für gewöhnlich finden wir das Verb *besitzen* für einen Mann, der eine

---

290 Trunz, Goethe, Bd. 1, S. 167f.

Frau *besitzen* will. Hier aber spricht er davon, dass auch sie ihn besitzen kann. Goethe sitzt bei seinen deutschen Freunden. Die Schöne bemerkt, dass der Dichter da ist und flirtet mit ihm in der Art des 18. Jahrhunderts: Sie sitzt neben ihrer Mutter, dreht sich aber immer wieder so, dass er manchmal ihr Gesicht, ein andermal ihren *Nacken* sieht. Der Nacken war einer der wenigen Körperteile, an denen man die Haut sehen konnte – ein unheimlich erotischer Blickpunkt. Dann macht sie auf sich aufmerksam.

Lauter sprach sie, als hier die Römerin pfleget, kredenzte,
Blickte gewendet nach mir, goß und verfehlte das Glas.
Wein floß über den Tisch, und sie, mit zierlichem Finger,
Zog auf dem hölzernen Blatt Kreise der Feuchtigkeit hin.
Meinen Namen verschlang sie dem ihrigen; immer begierig
Schaut ich dem Fingerchen nach, und sie bemerkte mich wohl.
Endlich zog sie behende das Zeichen der römischen Fünfe
Und ein Strichlein davor. Schnell, und sobald ichs gesehn,
Schlang sie Kreise durch Kreise, die Lettern und Ziffern zu löschen;

Sie scheint bei ihrem Onkel zu arbeiten, denn sie *kredenzt* den Wein, also schenkt ihn aus. Die Schöne behält Goethe im Auge ehe sie den Wein neben das Glas

267

gießt. Wir können uns förmlich vorstellen, wie sie ein leises »Ups« von sich gibt. In Wahrheit hat sie die Flüssigkeit jedoch absichtlich verschüttet. Mit *zierlichem Finger* zieht sie *auf dem hölzenen Blatt Kreise der Feuchtigkeit hin.* Sie schreibt also mit dem Finger auf dem Holztisch etwas in den Wein. Sie *verschlingt* die Namen ineinander, vielleicht sind die Initialen, die Anfangsbuchstaben der Namen, gemeint. Goethe sieht genau hin und weiß, was sie ihm sagen will: Wann treffen wir uns? *Das Zeichen der römischen Fünfe* und *ein Strichlein davor:* IV. Vier. Als sie sicher ist, dass er es gesehen hat, verwischt sie alles gleich wieder, damit niemand Verdacht schöpfen kann. Dem Dichter geht die Aussicht auf die Liebesnacht aber nicht mehr aus dem Kopf:

Aber die köstliche Vier blieb mir ins Auge geprägt.
Stumm war ich sitzen geblieben und biß die glühende
Lippe,
Halb aus Schalkheit und Lust, halb aus Begierde, mir
wund.
Erst noch so lange bis Nacht! Dann noch vier Stunden
zu warten! ...

Goethe ist die Zahl vier ins Auge eingebrannt. Er beißt auf seiner Lippe herum und hofft inständig, es möge schon wieder Nacht sein. Die *Schalkheit* bedeutet hier Abenteuerlust; die *Lust* ist die Aufregung und *Begierde* die sexuelle Lust. Noch so lange warten! Wir blicken in die Runde und grinsen uns an; dieses Gefühl kennen wir. Dann steht Goethe auf. Wir wollen folgen, aber er runzelt die Stirn – zu seiner Liebesnacht dürfen wir nun wirklich nicht mit. Enttäuscht nehmen wir wieder Platz. Während der große Dichter seine Leidenschaften auslebt, bestellen wir noch eine Flasche Wein und blättern weiter in seinen *Römischen Elegien*. Wir wissen, dass Goethe bei aller Lust und Leidenschaft eine große Sorge hatte: krank zu werden. Auch davon erzählt eine seiner Elegien:

XVIII.
Eines ist mir verdrießlich vor allen Dingen, ein andres
Bleibt mir abscheulich, empört jegliche Faser in mir,
Nur der bloße Gedanke. Ich will es euch, Freunde, gestehen:
Gar verdrießlich ist mir einsam das Lager zu Nacht.[291]

Am Schlimmsten, so meint er, ist die Aussicht auf ein einsames Bett in der Nacht. Feel you. Aber das ist nicht das, worüber er hier sprechen möchte.

Aber ganz abscheulich ists, auf dem Wege der Liebe
Schlangen zu fürchten, und Gift unter den Rosen der Lust,
Wenn im schönsten Moment der hin sich gebenden Freude
Deinem sinkenden Haupt lispelnde Sorge sich naht.

Auf dem Wege der Liebe, also beim Sex, *Schlangen zu fürchten, und Gift unter den Rosen der Lust.* Goethe schreibt hier seine Angst vor Geschlechtskrankheiten nieder. Das Rom seiner Zeit ist voll davon. Diese *Schlangen* kommen bis in

---

291 Trunz, Goethe, Bd. 1, S. 170.

die höchsten Kreise. Der *schönste Moment*, von dem er hier spricht, könnte tatsächlich der Höhepunkt sein. Wenn einen also während des Höhepunkts plötzlich die Sorge überkommt, dass das Abenteuer doch nicht ohne Folgen sein könnte. Die *lispelnde Sorge* ist immer da – ganz leise, fast nicht hörbar, aber sie flüstert ins Ohr des Liebenden. Goethe hat daher folgende Lösung gefunden: Er trifft sich oft, aber nicht mit vielen verschiedenen Frauen. Eine hat sogar einen Namen:

Darum macht Faustine mein Glück: sie teilet das Lager
Gern mit mir, und bewahrt Treue dem Treuen genau.
Reizendes Hindernis will die rasche Jugend; ich liebe,
Mich des versicherten Guts lange bequem zu erfreun.
Welche Seligkeit ists! wir wechseln sichere Küsse,
Atem und Leben getrost saugen und flößen wir ein.
So erfreuen wir uns der langen Nächte, wir lauschen,
Busen an Busen gedrängt, Stürmen und Regen und
Guß.
Und so dämmert der Morgen heran; es bringen die
Stunden
Neue Blumen herbei, schmücken uns festlich den Tag.

Faustina ist bei ihm und teilt mit keinem anderen das Bett. Er beklagt, dass für die *Jugend* alles *rasch*, also auch unvernünftig gehen muss. Aber er, mit seinen 38 Jahren, ist natürlich schon überlegen. Er bleibt dieser einen Frau treu. Das Liebespaar kann sich der Nächte erfreuen, dicht an dicht beieinanderliegen und draußen dem Regen zuhören, wie er an das Fenster klopft. Dann kann der Morgen ja nur mehr herrlich werden, die Blumen schmücken den nächsten Tag. Und damit diese Busen, die sich hier aneinanderdrängen, nicht too much sind, müssen in den letzten beiden Verszeilen natürlich noch die römischen Bürger der Antike (*Quiriten)* und Gott schnell als moralische Türsteher herhalten:

Gönnet mir, o Quiriten! das Glück, und jedem gewähre
Aller Güter der Welt erstes und letztes der Gott!

Im wahrsten Sinne des Wortes *atemlos* machen Goethe seine Erfahrungen in Rom. Im Frühsommer 1788 kehrt er, nach fast zwei Jahren, nach Hause zurück. Erzherzog Carl August wird langsam ungeduldig. Natürlich hat er seinem Superstar-Minister diese Reise gerne bezahlt, aber jetzt will er ihn wiederhaben. Goethe bleibt also keine Wahl und er muss zurück. Je weiter sich die Kutsche in den Norden bewegt, desto schwerer wird Goethes Herz. Seine verrückte Künstler-WG wird ihm fehlen: Der Maler Karl Philipp Moritz, der glaubt, dass die Physiognomie[292] eines Menschen alles über dessen Charakter verrät. Sieht ein Mann etwa aus wie ein Löwe, weil er so behaart ist, schließt Moritz daraus, dass dieser Mensch auch tapfer sein muss. Der melancholische Johann Heinrich Tischbein, mit dem sich Goethe am Schluss der Reise zerstritten hat, der aber dennoch das Bild malen sollte, das Goethes Italienreise bis heute symbolisiert. Goethe selbst hat *Goethe in der Campagna*[293] übrigens nie fertig gesehen. Jakob Philipp Hackert, dessen Tuschezeichnun-

292 äußere Erscheinung eines Lebewesens
293 Abbildung 4, S. 389.

271

gen alle Orte und Pflanzen in Rom und auf Sizilien darstellen. Und auch Angelica Kauffmann, die sich in den
Dichter aus dem Norden verliebt hat. Für ihn wird es
wohl nie mehr gewesen sein. Angelica, die mit einem viel
älteren Maler unglücklich verheiratet ist, malt Goethes
Porträt.[294] Es zeigt einen Mann mit weichen Gesichts-
zügen, der etwas zweifelnd aus seinen dunklen Augen auf
den Betrachter sieht. Goethe selbst gefällt das Bild nicht:
Es ist immer ein hübscher Bursche, aber keine Spur von mir.[295]
Vielleicht hatte ihm die Malerin zu tief in die Seele ge-
blickt. Die Kutsche holpert über die Straßen gen Norden. Goethe ist in Gedanken versunken. Während wir
unsere Jausenbrote auspacken, verfällt er immer mehr. Er
ist einst aufgebrochen, um seine Bestimmung zu finden
– im festen Glauben, er hätte sie als bildender Künstler.
Aber alles kam anders: Goethe gab seine zeichnerischen
Ambitionen auf. Zudem musste er feststellen, dass es die
sogenannte *Urpflanze*, die er auf Sizilien zu finden hoffte,
nicht gab. Es sollte die Pflanze sein, von der alle anderen abstammen. Er verwarf darüber hinaus die Hoffnung,
Universalgenie zu werden. Zu Zeiten Goethes waren
noch nicht alle Studienrichtungen so getrennt wie heute.
Erst das 19. Jahrhundert brachte schließlich die endgültige Trennung in Geistes- und Naturwissenschaften. Goethes Beschäftigung mit Mineralien brachte ihm erst viel
später Anerkennung ein; seine Farbenlehre weniger. Über
Venedig reisen wir zurück. Auf den ersten Blick war sei-

---

294 Abbildung 5, S. 390.
295 In Goethes Italienische Reise der letzte Satz des Briefes vom
27. Juni 1787. In: Trunz, Goethe, Bd. 11, S. 353.

ne Reise in den Süden erfolglos. In seinen *Venezianischen Epigrammen* zieht er später Bilanz:

14.

Vieles hab' ich versucht, gezeichnet, in Kupfer gestochen
Öl gemalt, in Ton hab' ich auch manches gedruckt,
Unbeständig jedoch, und nichts gelernt noch geleistet;
Nur ein einzig Talent bracht' ich der Meisterschaft
nah:
Deutsch zu schreiben. Und so verderb' ich unglücklicher
Dichter
In dem schlechtesten Stoff leider nun Leben und
Kunst.[296]

Wir blicken den Mann an, der hier auf dem Rückweg so sehr mit sich selbst hadert: Er hat alles versucht: gezeichnet, in Kupfer gestochen, mit Ölfarben gemalt, alle Drucktechniken ausprobiert – dennoch hat er nichts geschaffen. Das einzige, sagt er, das er kann, ist *Deutsch zu schreiben.* Nur das bringt er der *Meisterschaft nah* und deshalb muss er nun als *unglücklicher Dichter* sein Leben fristen. Die Worte sind nun einmal der *schlechteste Stoff.* In unserem Kopf klingelt etwas. Dieses *Ich habe alles getan, weiß aber nichts* erinnert uns an eine literarische Figur – aber an wen? Während wir fieberhaft überlegen, seufzt Goethe tief. Er fühlt sich noch nicht am Ende angekommen und wäre gerne noch länger geblieben. Dieser *unglückliche Dichter* mit dem sinnlosen Talent für Worte wird einer der größten Schriftsteller aller Zeiten werden,

296 Trunz, Goethe, Bd. 1, S. 177.

aber das weiß er zu diesem Zeitpunkt noch nicht. Und so verabschiedet er sich melancholisch in Venedig vom *Land, wo die Zitronen blühn.*[297]

43.
Und so tändelt' ich mir, von allen Freunden geschieden,
In der neptunischen Stadt Tage wie Stunden hinweg.
Alles, was ich erfuhr, ich würzt' es mir süßer Erinn-
rung,
Würzt' es mit Hoffnung; sie sind lieblichste Würzen
der Welt.[298]

Neptuns Stadt ist Venedig. Dort sagt er Goethe *Ciao* zu seinem Sehnsuchtsland. Die Stunden und Tage vergehen wie im Flug. Aber alles, was er erfahren hat, wird auch für immer bei ihm bleiben. Wir stellen uns vor, dass er noch einmal an Faustina denkt, wenn er in einigen Jahren als alter Mann die *Italienische Reise* ins Reine schreibt. Wir wünschen uns, dass er mit seinen arthritischen Fingern auf den Holztisch klopft und dabei die weiche, schöne Haut Faustinas unter seinen Fingerkuppen spürt. Seine Erlebnisse würzt er mit zweierlei: *Erinnerung* und *Hoff-nung*. Wir wissen: Der große Dichter hat recht. Auch zweihundert Jahre später ist es uns nicht möglich, groß-artige Momente einzufrieren und einfach mit in die Zu-kunft nehmen. Aber wir können uns erinnern an das Wunderbare in unseren Leben und an die Menschen, die

---

297 Trunz, Goethe, Bd. 7, S. 145. Dieser Teil einer Verszeile eröffnet das dritte Buch von Goethes Roman *Wilhelm Meisters Lehrjahre.*
298 Trunz, Goethe, Bd. 1, S. 184.

wir geliebt haben oder mit denen uns manchmal nur wenig Zeit verband und die wir trotzdem niemals vergessen werden. Und dann ist da noch die Hoffnung, die uns stets den Blick in die Zukunft weist. Am Ende seiner italienischen Reise gibt uns Goethe eine wichtige Lektion mit: Erinnert euch an das Großartige in eurem Leben und lasst diese Gefühle niemals gehen. Aber haltet den Blick gleichzeitig auf die Zukunft gerichtet, um weitere großartige Momente zu erleben. Diese beiden sind die *lieblichsten Würzen der Welt* – das, was das Leben lebenswert macht.

Wir hüpfen aus der Kutsche in den Matsch. »Willst du wirklich nicht mit uns kommen?«, fragen wir Goethe ein letztes Mal. Er schüttelt nur den Kopf, noch in Gedanken versunken. »Wir sehen uns bald«, versichern wir ihm und sehen die Kutsche wegrollen. Im Leben des großen Dichters müssen noch ein paar Jahre vergehen, ehe wir ihm wieder über die Schulter schauen. Und plötzlich wissen wir, an wen uns die Suche nach allem, was man wissen müsste, erinnert: Faust. Aber Goethe ist noch nicht soweit. Wir besteigen die nächste wackelige Kutsche und machen einen Abstecher in eine Stadt, in der der große Literat noch nie war: Wien.

7.2 SERVUS, MÄDEL – RAIMUND IN WIEN

In der Zeitspanne, in der Goethe sich in Rom vergnügt und bis zu dem Punkt, an dem wir in Wien aus der Kutsche steigen, ist die Literatur im Rest der deutschsprachigen Welt äußerst geordnet. Es geht um moralische

Fragen, um perfekte Versmaße und Figuren, die die beste Lebensweise vorzeigen. Der hohe Norden versinkt in Ernsthaftigkeit. Hinter den Bergen, bei den sieben Zwergen, wird aber gleichsam revolutioniert. Mitten im Zeitalter der Zensur unter Staatskanzler Fürst Metternich begehrt eine Handvoll Schauspieler und Autoren in Wien auf: Ferdinand Raimund, Franz Grillparzer und Johann Nepomuk Nestroy. Die Schauplätze sind die Bühnen des Volkes; ihre Waffe ist der Dialekt. Die Deckmäntel für politische Anliegen: Humor und Gefühle.

Wien ist zu dieser Zeit eine Weltstadt. Rund zehn Jahre zuvor hat der Wiener Kongress 1815 stattgefunden und Europa hat in die neue, aber eigentlich alte, Ordnung zurückgefunden. Alle atmen auf, dass Napoleon Bonaparte besiegt ist. Die Neuordnung aber hat ihren Preis: Überall in der Stadt sind Spione unterwegs. Es herrscht ein Spitzelwesen unter Fürst Metternich. Niemand traut sich, seine Gedanken zu äußern. Inmitten dieser strengen Zeit poltern wir mit der Kutsche in die Stadt und stürzen uns ins Getümmel. Wer wissen will, was läuft, geht – damals wie heute – am besten ins Theater. Aber nicht etwa ins altehrwürdige Hoftheater, sondern in die Vorstadt – dort, wo das Leben zu Hause ist: in die Josefstadt[299]. Ferdinand Raimund wird am 1. Juni 1790 in Wien als zwölftes Kind seiner Eltern geboren. Eigentlich will er Zuckerbäcker werden und wird als Lehrling in der heute berühmten Hofkonditorei Demel angenommen. Am Na-

---

299 Die Josefstadt gehört im 21. Jahrhundert zu den Innenbezirken, damals lag der Bezirk aber in der Vorstadt.

tionaltheater[300] verkauft er in den Pausen Süßigkeiten und späht wohl das eine oder andere Mal durch die Türen auf die Bühne. Es wird der Ort sein, der beispielhaft für sein Schicksal wird. Bald beschließt er, wegzulaufen und als Schauspieler umherzuziehen. Sein Weg führt ihn nach Ungarn, dann wieder zurück nach Wien bis zu einem Engagement am Theater in der Josefstadt. Seine Stücke sind heute berühmt; wer in Wien lebt, stolpert im Laufe seines Lebens mehr als einmal im Alltag über eine Redewendung aus einem Raimund-Stück.

Raimunds Charaktere sind grob, ursprünglich und von ihren Lebensumständen gezeichnet. Antike Lichtgestalten sucht man vergebens. Aber es sind gerade diese ungeschliffenen Diamanten, die seine Stücke so sehenswert machen, tief in die Wiener Seele blicken lassen und das Leben der Zeit in all seinen Facetten abbilden. Was Raimunds Stücke mit Goethes und Schillers verbindet, ist die erzieherische Intention. Bei ihm ist sie nicht in historisches Gewand gekleidet, sondern sehr real. Um trotz der Zensur spielen zu können, gebraucht Raimund die Waffe des Humors, damit die Staatsdiener nicht gleich hinter seine wahre Absicht blicken können. Und da ist noch ein Zusatz – man könnte fast sagen – eine Art Feenstaub, der seine Stücke außergewöhnlich macht. Denn nach dem langen Zeitalter der Vernunft braucht die Menschheit vor allem eines: ein Quäntchen Magie.

Das Theaterstück, mit dem Raimund berühmt wird, ist *Das Mädchen aus der Feenwelt oder der Bauer als Millio-*

300 heute: Burgtheater

när. Es erzählt die Geschichte der Fee Lakrimosa und
ihrer Tochter Lottchen. Weil Lakrimosa hochmütig war,
nimmt die Feenkönigin ihr ihre Zauberkraft und ver-
bannt die Tochter auf die Erde. Lakrimosa bringt Lottchen zum Bauern Fortunatus Wurzel und schärft diesem
ein, sie nur mit einem armen Mann zu vermählen. Die
Hochzeit soll noch vor dem 18. Geburtstag stattfinden.
Das ist nämlich die Bedingung der Feenkönigin, damit Lakrimosa ihre Zauberkraft zurückerhält. Zunächst
scheint für Lakrimosa alles gut auszugehen: Ihre Tochter
wächst bescheiden auf und verliebt sich in den Fischer-
sohn Karl. Aber dann kommt etwas entscheidendes dazwischen: Gefühle.

Der Neid, der hier als Person auftritt, verliebt sich in
Lakrimosa und hält um ihre Hand an, doch diese weist
ihn ab. Aus Rache lässt der Neid den Bauern Wurzel einen
großen Schatz finden, um Lakrimosas Plan zu vereiteln.
Wurzel wird durch den Reichtum geizig und bösartig.
Voller Sorge beruft Lakrimosa einen Rat der Geister ein
und bittet um Hilfe. Die Mission: Lottchen und Karl zu-
sammenzubringen und sie an Ort und Stelle zu verheiraten. Wurzel darf nichts davon mitbekommen, weil er
Karl für nicht standesgemäß hält. Hauptverantwortlich
für das Vorhaben soll der Magier Ajaxerle mit dem char-
manten, schwäbischen Dialekt sein. Aber der versäumt es,
den Bräutigam in spe abzuholen, weil er einschläft. Und
so wird die Bahn frei für das böse Spiel des Neides.

In diesem *romantischen Original-Zaubermärchen*[301] sind
die Menschen nur Marionetten. Die höheren Mächte be-

---

301 so die Bezeichnung durch Ferdinand Raimund

kriegen sich über die sterblichen Statisten hinweg, um ihre Machtpositionen zu behaupten. Lakrimosa schart ihre Geister um sich, um Lottchen und Karl zusammenfinden zu lassen. Aber es mischen noch andere Mächte mit: die Gefühle. Der verschmähte Bräutigam, der Neid, sein Handlanger, der Hass und die Zufriedenheit, die Lottchen bei sich in der Waldhütte aufnimmt, als diese von zu Hause davonläuft. Mit ihr hat Lottchen eine mächtige Verbündete, *denn nur die Zufriedenheit kanns mit dem Haß aufnehmen.*[302] Der junge Autor, der mit *Der Bauer als Millionär* in Wien berühmt wird, schreibt hier also ein Stück, in dem die Gefühle regieren. Es ist interessant, dass er die Zufriedenheit als Gegenpol zum Hass wertet – nicht etwa die Freude. Wer genau hinsieht, weiß, dass er recht hat: Wer starke Freude empfinden kann, kann sich auch stark ausgeprägtem Hass hingeben. Zufriedene Menschen aber, die in ihrem Lebensglück fest verankert sind, hassen nicht. Es fehlt jedoch noch ein Dritter im Bunde: Amor. Der kleine Liebesgott schließt sich der Zufriedenheit und Lottchen an, um die dunklen Gefühle zu besiegen. Er wird seinen großen Moment haben. Zunächst aber haben Neid und Hass ihren Auftritt.

Wolken fallen vor.
Der Neid kommt auf einer grünen Wolke, die sich an eine rote schließt, worauf der Haß steht, aus der Kulisse gerollt.
Diese Erscheinung muß äußerst schnell vor sich gehen. Wurzel.

---

302 Raimund, Der Bauer als Millionär, S. 61.

Der Neid ist römisch gekleidet, doch ganz gelb. Das Kleid hat eine Bordüre von gestickten Schlangen, einen Turban mit Nattern umwunden. Der Haß in römischer roter Kleidung mit goldener Stickerei, Brustharnisch und Helm von roter Folio, auf dem Helm eine Spiritusflamme.[303]

Wolken ziehen auf. Diese Szenerie trägt auch eine symbolische Komponente – es ziehen Wolken über dem Glück der Sterblichen auf. Der Neid kommt zuerst auf einer grünen Wolke. Grün ist die Farbe der Hoffnung, aber auch die des Gifts und als solche ist sie hier gemeint. Gleich danach kommt der Hass auf einer roten Wolke. Rot steht für Liebe und Leidenschaft, aber auch für Zorn und so ist sie hier zu deuten. Jetzt muss alles schnell gehen. Die Gefühle haben nicht viel Zeit, besonders, wenn sie sich mit Sterblichen herumschlagen müssen. Fortunatus Wurzel steht auf der Bühne herum und weiß nicht, was zu tun ist. In der Szene davor wollte er dem ganzen Geld abschwören, um sein Glück zurückzugewinnen. Die Tochter ist davongelaufen und er beginnt zu realisieren, dass er vollkommen alleine ist. Der Neid ist in Gelb gekleidet, der Farbe der Eifersucht. Er trägt einen Umhang, auf dem Schlangen zu sehen sind und einen Turban mit Nattern – die Schlange ist das Symbol für Untreue, aber auch für Gift. Der Hass kommt in Rüstung. Auf dem Helm thront eine Flamme. Alles an ihm verweist auf Kriegs- und Angriffsbereitschaft. Beide sind *römisch gekleidet*, tragen also Kleidung aus lang vergangener Zeit.

---

303 Raimund, Der Bauer als Millionär, S. 51f.

Vermutlich ist dies eine Anspielung darauf, wie alt diese Gefühle schon sind. Der Neid ist zornig auf Wurzel, dem er den Schatz geschenkt hat. Wurzel hätte nur eine Aufgabe gehabt:

NEID (antwortet schnell auf Wurzels Frage).
Ich! Was hast du getan? Schurke! warum hast du das Mädchen nicht schon lange vermählt, wie ichs befahl? Fort aus meinen Augen, Mißgestalt, oder ich schleudre dir eine Natter in deinen hohlen Schädel, daß dir der Wahnsinn zu allen Knopflöchern herausspringen soll.[304]

Der Neid ist sauer. Längst hätte Wurzel das Mädchen verheiraten sollen, dann wäre das nie passiert. Der arme Fischer Karl wäre niemals eine Option geworden und alles hätte sich zum Guten wenden können. Aber nein! Weil man den Sterblichen nicht trauen kann, muss der Neid sich um alles selbst kümmern. Zur Strafe droht er Wurzel damit, ihm eine Natter an den Hals zu hetzen. Wurzel bietet dem überirdischen Besucher aber die Stirn:

WURZEL (kann sich vor Zorn kaum fassen, ganz erschöpft).
Gelt, jetzt hast leicht reden mit mir, du gelbzipfeter Ding du. Jetzt kommst erst daher, du – du Eiernschmalzbruder du! (Neid und Haß lachen. Wurzel verzweifelnd.) Ja lachts nur, ihr habt es notwendig! Einer sieht aus wie ,s gelbe Fieber und der andere wie ein

---

304 Raimund, Der Bauer als Millionär, S. 52.

Gimpel, der den Rotlauf hat. Aber dich will ich rekom-
mandieren, du Galläpfellieferant. Die ganze Welt will
ich durchkriechen, überall will ich mein Schicksal er-
zählen. (Weint heftig.) Drucken laß ich mein Unglück
und lauf selber damit herum und schrei: Einen Kreuzer
die schöne Beschreibung, die mir erst kriegt haben, von
dem armen unglücklichen Mann, (schluchzend) der aus
einen jungen Esel ein alter worden ist. (Geht heulend
ab.)[305]

Wurzel ist zornig. Er beginnt, den Neid als *Ding* zu beschimpfen und verfällt mit *gelbzipferter* in den Dialekt.
Sogar als *Eiernschmalzbruder* bezeichnet er ihn. Neid und
Hass benennt er mit *gelbes Fieber* und *Gimpel, der den Rot-*
lauf[306] *hat.* Der unglückliche Fortunatus Wurzel, der alt
geworden ist, erinnert uns an *Der Ackermann aus Böh-*
men, der mit dem Tod hart ins Gericht geht. Die Sterblichen wollen keine Marionetten der höheren Mächte
sein – nicht des Todes, nicht des Neides. Der Ackermann
beschimpft den Tod und spricht ihm das Recht ab, seine geliebte Frau mitzunehmen. Wurzel tritt dem Neid
gegenüber und wehrt sich verbal gegen ihn. Wie auch
der Ackermann wird Wurzel verspottet, auf seine Beschimpfungen reagieren der Neid und der Hass nur mit
Gelächter. Doch anstatt sich entmutigen zu lassen, wirft
er ihnen entgegen: *Ja lachts nur.* Wurzel sieht die Schuld

---

305 Raimund, Der Bauer als Millionär, S. 52.
306 Brockhaus – die Enzyklopädie: Hautkrankheit, bei der man
juckende, flächige Entzündungen auf der Hautoberfläche aufweist.
Kann Menschen und Tiere befallen. Definition siehe Brockhaus-
Enzyklopädie.

beim Neid. Er will seine Geschichte aufschreiben und sie jedem zu lesen geben, der sie lesen will, um sein Schicksal zu erzählen. Die ganze Welt soll wissen, dass der Neid ihm alles genommen hat. Es ist das letzte Aufbäumen eines Mannes, der alles verloren hat.

Während Wurzel mit seinem Schicksal ringt, schmieden der Hass und der Neid ihren Plan. Der arme Fischer Karl ist ein harter Brocken, denn seine Liebe zu Lottchen ist stark. Dementsprechend wird es nicht einfach sein, ihn von seinem Weg abzubringen. Eine List muss helfen: Es existiert ein Ring, der unermesslich reich macht – dieser ist jedoch von einer Kegelbahn bewacht. Gewinnt Karl das Kegelspiel, gewinnt er den Ring des Reichtums. Und genau hier liegt ein uraltes Motiv: Das Leben ist ein Spiel. In einer berühmten Wiener Sage kegelt der Tod persönlich.[307] In diesem Fall muss ein Sterblicher um sein Schicksal spielen. Abgemacht!

NEID (fällt ihm um den Hals).
Bruder, ich beneide dich um diesen Plan, das ist der einzige Dank, den ich dir dafür geben kann.

HASS.
So komm, du ohnmächtiges Ungeheuer, ich will dich mit der Rache vermählen! Du bist ein seltner Bräutigam, dich führt der Haß ins Brautgemach. (Beide Arm in Arm ab.)[308]

---

307 Die Wiener Sage Alle Neun; z.B. auf http://www.planet-vienna.com/Nekropole/sagen/alleneun.htm (zuletzt abgerufen am 06.05.2022)
308 Raimund, Der Bauer als Millionär, S. 55.

Es macht die Stärke von Raimunds volkssprachlichen Texten aus, dass zwischen den Zeilen philosophische Überlegungen wie diese hindurchschimmern. Es gibt für den Neid kein größeres Kompliment als jemanden zu be-*neid*en. Es ist sein einziger Dank an den Hass, aber, (das versteht sich von selbst) auch der größte. Der Hass bezeichnet den Neid als *ohnmächtiges Ungeheuer* – vielleicht, weil für ihn klar ist, dass der Neid alleine nichts ausrichten kann. Erst der Hass besitzt Tatkraft. Der Neid und die Rache sollen das *Brautgemach*, also das Schlafzimmer des Hochzeitspaars, betreten. Nur der Hass kann den Neid und die Rache zusammenführen. Die beiden setzen ihren Plan in die Tat um und Karl erkegelt sich den Ring, der neben dem Gewinn von Reichtum noch eine andere Besonderheit hat: Sein Träger ist vor Zauberei geschützt. Somit haben Neid und Hass verhindert, dass Lakrimosa Karl durch Magie noch umstimmen kann. Es kommt wie es kommen muss: Karl lässt einen riesigen Palast bauen, um seine Braut noch heute dorthin zu führen.

Karl will Lottchen von zu Hause abholen, findet sie aber nicht, weil sie ja bei der Zufriedenheit im Wald ist. Während er fieberhaft nach ihr sucht, kommt sie an den neu erbauten Palast und glaubt, dass er eine andere heiraten will. Dort trifft sie auf den Hass.

HASS.
Was wollt ihr?

LOTTCHEN.
Ach! (Zur Zufriedenheit ängstlich.) Was wollen wir denn?

ZUFRIEDENHEIT.
Euer Gnaden verzeihen, wir sind zwei arme Ver-
wandte des Herrn vom Hause, die zu ihm gereist sind,
ohne von seinem Reichtum noch unterrichtet zu sein.
Unser Bruder ist im nächsten Dorfe zurückgeblieben
und wird gleich nachkommen.

HASS.
Das ist Betrug! Ergreift sie schnell!

LOTTCHEN.
O Himmel! Wer beschützet uns jetzt?[309]

Ertappt. Lottchen stottert und hätte sich beinahe verraten. Die Zufriedenheit erfindet schnell eine Verwandt-
schaftsbeziehung, aber der Hass weiß sofort, dass die beiden lügen und will sie festnehmen lassen. Dem sterblichen
Lottchen bleibt nur *O Himmel* zu rufen. Sie hat hier – wie
auch im Rest des Stückes – keine eigene Persönlichkeit,
sondern bleibt schablonenhaft. Im entscheidenden Moment hat Amor seinen großen Auftritt:

AMOR (springt aus dem Blumengebüsche und tupft
schnell den Haß mit seinem Pfeile ans Herz, schalk-
haft).
Still, still! Ich hab ihn schon verletzt! (Läuft ab.)

HASS (zu den Dienern).
Haltet! Ich war zu rasch! Hm! Ein hübsches Mäd-

---

309 Raimund, Der Bauer als Millionär, S. 62.

chen. (Kneipt sie in die Wange.) Ich vergesse beina-
he, daß ich der Haß bin! Nun, womit kann ich euch
dienen?

ZUFRIEDENHEIT.
Wenn Sie uns nur ein kleines Plätzchen gönnen woll-
ten, um dort die Ankunft des Herrn abzuwarten.

LOTTCHEN.
Wir bitten recht schön!

HASS.
Nein! zum Fortjagen sind sie zu hübsch und zum Be-
trug zu unschuldsvoll. (Zu den Dienern.) Zeigt ihnen
das Domestikengebäude[310]*, dort können sie ihn erwar-*
ten. Wo kommt ihr her?

Amor hat den Hass mit einem seiner Pfeile getroffen, was
diesen zu der Aussage *Ich vergesse beinahe, daß ich der Haß*
bin! verleitet. Der Liebeszauber ist stärker als der Hass,
auch das ist symbolisch gemeint. Im entscheidenden Moment rettet das Gefühl der Liebe die beiden Frauen vor
der Verhaftung. Sie bitten um Unterschlupf, den der Hass
gerne gewährt. Er fragt sogar, woher sie kommen.

ZUFRIEDENHEIT.
Aus dem Salzburgischen[311].

---

310 Domestiken: anderes Wort für »Diener«
311 aus dem Salzburger Land; das »Salzburgische« ist ein Dia-
lektausdruck, der noch heute gebräuchlich ist

HASS.
Wirklich? glückliches Salzburg, ein zweites Sachsen,
wo die hübschen Mädchen wachsen. (Für sich.) Das ist
ein Kapitalmädchen! Wenn ich nur der Haß nicht wär
– das ist doch fatal! die könnte mich glücklich machen.
Denn wenn sie mich alle Tage mit ihren schönen Augen
nur hundertmal anblickt, so habe ich die Woche hin-
durch siebenhundert schöne Augenblicke. (Nachden-
kend.) Das ist doch fatal, daß ich der Haß bin, jetzt
wär ich viel lieber ein Salzburger. Adieu! schöne Salz-
burgerin. (Geht ab und wirft ihr im Abgehen Küsse
zu.)

ZUFRIEDENHEIT *(macht ihm einen Knicks nach).*
Adieu, schöner Salzburger! Vielleicht gelingt es uns, dir
die Suppe zu versalzen. (Zu Lottchen.) Komm! (Geht
mit ihr in das Nebengebäude ab. – Die Bühne ist
leer.)[312]

Hier sieht man den Humor, mit dem Raimund arbeitet
und der seine Stücke so besonders macht. Der Hass är-
gert sich, dass er der Hass ist und nicht einfach Lottchen
lieben kann. Sein Monolog endet in der Feststellung, dass
er lieber Salzburger wäre als der Hass. Raimund macht
sich in seinen Werken oft über Bewohner und Bewohne-
rinnen der verschiedenen Bundesländer lustig, aber hier
ist es auch so gemeint: Wäre ich doch ein ganz normaler
Kerl, dann könnte ich einfach lieben. Ja, warum nicht?
Warum brauchen wir den Hass unbedingt? Ist er nicht

---

312 Raimund, Der Bauer als Millionär, S. 62f.

ein zerstörerischer Zeitgenosse? Wieder fließt an dieser Stelle eine Grundeinstellung Raimunds mit ein, die viele seiner Stücke kennzeichnet: Wer das einfache Leben lebt, wird glücklich.

Schließlich kommt Karl am Palast an, die Liebenden finden sich und der Hass spielt nur noch auf einen Trumpf: Karl weiß, dass er alles verliert, wenn er den Ring ablegt. Dieser Ring aber hält ihn von der Zauberkraft der Feen und Geister fern. Und natürlich will Karl seinen Palast nicht mehr hergeben:

KARL.
Wie? Ich sollte wieder ein elender Fischer werden, da ich sie jetzt glücklich machen kann?[313]

Die Zufriedenheit will ihm die Sache erklären. Sie gibt sich als Bevollmächtigte von Lottchens Mutter Lakrimosa zu erkennen und wirkt auf Karl ein:

ZUFRIEDENHEIT.
Nie wird sie durch diesen Reichtum glücklich werden, denn ein böser Geist hat ihn geprägt.

KARL.
Du lügst! Mit Gefahr meines Lebens hab ich ihn errungen. Du bist ein böser Geist, der mir mein Glück entreißen will! Fort! ich erkenne dich nicht.

---

313 Raimund, Der Bauer als Millionär, S. 72.

LOTTCHEN.
Karl, sie meint es gut –

KARL.
Glaub es nicht, Sie hat dich nur betört. Lottchen, wenn du mich liebst, so eilst du zur Vermählung. Alles ist bereit. Sieh mich zu deinen Füßen, ich habe jahrelang um dich gelitten. Kannst du mich verlassen?

LOTTCHEN.
Nein, nein, das kann ich nicht! Verzeih mir, teure Freundin, aber mein Karl ist mir das Teuerste auf dieser Welt, ich folge ihm.

ZUFRIEDENHEIT.
Du gehst in dein Unglück.

LOTTCHEN.
Sei es auch, es geschieht für ihn. (Sie will auf Karl zu.)[314]

Karl bleibt bockig und will der Zufriedenheit den Ring nicht geben. Er wendet sich an Lottchen. Die Marionette Lottchen ist dazu da, die Spannung noch einmal zu erhöhen, indem sie sich für Karl entscheidet (obwohl sie ja eigentlich wissen sollte, was auf dem Spiel steht). Sie folgt ihm blind. Da können nur noch die Geister helfen.

---

314 Raimund, Der Bauer als Millionär, S. 72f.

ZUFRIEDENHEIT *(die noch immer in der Mitte steht).*
Nun denn! Geister, sendet eure Macht. (Sie zerreißt die Perlenschnur. Unter einem Trommelwirbel kommt Bustorius aus der Versenkung.)

BUSTORIUS *(mit einer Windbüchse).*
Sukkurs[315] *ist da! Da hab ich kleine Windbüchsen, sein zwölf Geister drinnen, wie ich losschieß, fahrt einer nach dem andern heraus. Du Paidás, wirst parieren*[316] *oder nicht? Was ist dir lieber, Geld oder Madel?*

KARL.
Ich will beide.

BUSTORIUS.
Ich glaub gern! So Narren gäbs mehr. Nichts da, kannst nur eins haben.

ZUFRIEDENHEIT *(sanft).*
Karl, gib mir den Ring, den du am Finger trägst, und ich bürge dir für dein Glück.

KARL.
Ha Betrügerin! Jetzt hast du dich entlarvt. Ich will den Ring und sie. Du fängst mich nicht.

---

315 Sukkurs: anderes Wort für »Hilfe«; von lat. succursus; vergleiche das italienische Wort für Hilfe: soccorso
316 hier: kämpfen

BUSTORIUS.
Das ist bockbeiniger Kerl!

KARL.
Laßt sie los, oder ich rufe meine Geister![317]

Der Magier Bustorius, ein Kollege des verschlafenen Ajaxerle, aber ohne den kecken schwäbischen Akzent, soll
die Sache lösen. Er droht damit, die Geister, die er in der
Windbüchse mit sich führt, freizulassen. Der Magier lässt
Karl die Wahl, aber dieser bleibt hartnäckig. Trocken antwortet Bustorius auf seinen Widerstand, ja, Narren, die
dächten, sie könnten Reichtum und Liebe haben, gäbe es
mehrere. Wieder blitzt hier eine generelle Frage zu den
Gefühlsverwirrungen der Menschheit durch. Man kann
nicht beides haben, sagt Raimund uns hier: den Reichtum
der Welt und die wahre Liebe. Ein Gedankengang, der
in unser Zeitalter eins zu eins übertragbar ist. Karl meint
sogar, die Zufriedenheit als Lügnerin zu entlarven, weil
diese ihm den Ring abnehmen will. Dann droht er damit
seine Geister zu rufen. Führen wir uns vor Augen, was
hier passiert: Karl ist durch seinen Reichtum blind für das
Gefühl der Zufriedenheit geworden. Er kann sie buchstäblich nicht einmal sehen, wenn sie ihm gegenübersteht.
Stattdessen will er seine Geister rufen, den Neid und den
Hass. Der Autor will uns damit sagen: Wer sich dem Neid
und dem Hass verschreibt, der wird blind für das Gute im
Leben. Dem ist nichts hinzuzufügen.

---

317 Raimund, Der Bauer als Millionär, S. 73.

ZUFRIEDENHEIT.
Du opferst ihr den Ring nicht?

KARL.
Nein!

*ZUFRIEDENHEIT (faßt plötzlich einen Gedan-
ken, entreißt Bustorius seinen Zauberstab und berührt
damit Lottchens Herz).*
So nimm sie hin!

KARL.
Komm, Lottchen!

*LOTTCHEN (will freudig auf ihn zu, bleibt plötzlich
stehen und sieht ihn ernst an).*
*Ich kann dir nicht folgen. Fort von mir, ich liebe dich
nicht – ich hasse dich!*

KARL.
*Wie, sprichst du irre? mich, deinen Karl! (Er schlägt
mit der rechten Hand, an welcher er den Ring hat,
an die Brust. Lottchen erblickt den Ring, stößt einen
Schrei aus und fällt in Ohnmacht. Die Zufriedenheit fängt sie auf.) Was ist das? Hülfe! Hülfe! Zauberei! (Bediente kommen.) Entreißt ihr das Mädchen und
schützt mich vor der Macht dieser Zauberer!*[318]

---

318 Raimund, Der Bauer als Millionär, S. 73f.

Karl bleibt standhaft. Die Zufriedenheit spielt ihre letzte Karte aus – und die betrifft Lottchen. Sie berührt mit dem Zauberstab das Herz der jungen Frau, sodass diese nicht mehr mit Karl kommen will. Über Karl mögen die Geister keine Macht haben, über Lottchen schon. Diese, erst leicht dämlich auf ihn zu hüpfend, kann ihn plötzlich nicht mehr ertragen. Sie sagt *ich hasse dich!* und wir wissen, was passiert ist: Die Zufriedenheit hat die Macht des Ringes gespiegelt, sodass der Hass nun auf Lottchen übergreift. Lottchen ist eine Puppe, in der der Kampf der Gefühle und Geister ausgetragen wird. Karl versteht die Welt nicht mehr. Er ruft den Hass um Hilfe vor der Zauberei, die ihm ungeheuerlich erscheint.

HASS.
Was geht hier vor? Zurück von ihm, oder ich vernichte dich! Kennst du den Haß? (Schlägt auf seine Brust.)

ZUFRIEDENHEIT *(fest).*
Nein! denn ich bin die Zufriedenheit.

HASS *(erschrickt).*
Pardon, Mademoiselle! Je suis désarmé.

(Alle ihm Angehörigen ziehen sich demütig zurück.)

ZUFRIEDENHEIT.
Karl! du siehst unsere Macht, zum letztenmal ruf ich

dir zu: Wirf den Ring von dir, oder du siehst sie nie
wieder – du zauderst? Wohlan, lebe wohl! …[319]

Wir lernen hier: Die Zufriedenheit ist stärker ist als der
Hass. Im unmittelbaren Duell der Gefühle siegt das
Gute. Der Hass kann nichts mehr ausrichten und zieht
sich zurück. Schweren Herzens gibt Karl klein bei und
zieht den Ring vom Finger. Dann gewinnt er alles: Lottchen und eine kleine Fischerhütte an einem See, die ihm
seine magische Schwiegermutter bauen lässt. Sogar der
Bauer Fortunatus Wurzel, der arm und alt geworden ist,
wird belohnt. Die Fee erhält ihre Zauberkraft zurück und
hat ihre Lektion gelernt: Liebe ist ein größeres Geschenk
als Reichtum; Zufriedenheit im Leben ist stärker als der
Neid auf den Besitz anderer. Und, nun ja: Traue keinem
schwäbischen Magier. Dieser schläft zum ungünstigsten
Zeitpunkt ein.

Dem Neid begegnen wir noch einmal bei Raimund,
diesmal aber nicht als Person, sondern in der Figur des
Wolf, der Diener bei Herrn Julius Flottwell ist. Flottwell
ist ein reicher Adeliger, der sein Geld zum Fenster hin-
auswirft. Erst in der Generation seines Vaters ist die Familie zu Geld gekommen. Ganz zu Beginn des Stückes
erfahren wir auch, warum. Flottwell und die Fee Cheristane sind ein Liebespaar:

FLOTTWELL (froh).
Heitern Tag, mein teures Mädchen, sei nicht böse, daß
ich selbst so spät erscheine, denn meine Sehnsucht ist

---

319 Raimund, Der Bauer als Millionär, S. 74.

schon lang bei dir. Doch – sag! was ist dir? Du bist
traurig! Wer hat dir was zu Leid getan? Quält dich die
Eifersucht? Bist du erkrankt? Betrübt? Sprich! Oder
willst du mich betrüben?

CHERISTANE *(steht bewegt auf).*
Dich? mein Julius, nein, das will ich nicht! (Schlingt
ihre Arme um seinen Hals und legt ihr Haupt an seine
Brust)

FLOTTWELL.
So bist du halb nur die, die mich sonst ganz beglückt.
Die frohere Hälfte fehlt, und nur die trübe ruht an
meiner Brust. Komm, laß uns Frieden schließen, trau-
tes Kind. Du ahnest nicht, was mich so freudig stimmt.
Du sollst nicht länger hier in deiner Hütte weilen. Du
mußt mir morgen schon nach meinem Schlosse fol-
gen. Zu lange schmückt der Brautkranz deine seidnen
Locken, er könnte sonst auf deiner Stirne welken. Die
Welt muß als mein treues Weib dich grüßen, du darfst
durchaus nicht länger widerstreben.

CHERISTANE.
Oh, mehr' mein Leid nicht! Zieh mich nicht auf die-
se Höhe, sie zeigt ein Paradies mir, das ich nie be-
treten darf. Ich habe dich getäuscht! ich bin nicht das
Geschöpf, das du in diesem Augenblick noch in mir
suchst.[320]

---

320 Raimund, Der Verschwender, S. 28.

Flottwell ist gut gelaunt, denn er hat vor, um Cheristanes Hand anzuhalten. Er spricht davon, dass der *Brautkranz* schon so lange ihr Haar schmückt und meint damit, dass sie zu lange seine Verlobte ist und nun endlich seine Frau werden soll. Auch möge sie aus der Hütte im Walde mit ihm auf sein Schloss kommen. Alle Welt soll sehen, dass sie zusammengehören. Aber Cheristane offenbart ihm, dass sie nicht die ist, für die sie sich ausgab.

FLOTTWELL.
Sei, was du willst. Hör nur nicht auf, die Liebenswürdigkeit zu sein. Drei Jahre sind es, als ich auf der Jagd mich bis hieher verirrt und dich zum erstenmal erblickte. Befremdend glänzte deine Schönheit in der niedern Hütte wie ein Edelstein in eines Bettlers Hand. Du weihtest mir dein Herz. Doch durft ich niemals forschen, woher du kamst und wer du seist. Und sieh! ich war so folgsam wie ein Kind, nie hast du eine andre Frag gehört, als ob du mich auch immer lieben wirst. Du hast die Gegend in ein Eden hier verwandelt und pflanztest Blumen wie sie nur des Indiers[321] Träume schmücken. Ich hab dich nie befragt, woher dir solche Macht geworden ist, mir wars genug, daß dus für mich getan.

CHERISTANE.
Dir waren sie geweiht, doch blühten sie umsonst. Sie sollten dein Gemüt in ihre duftgen Kreise ziehn und dich den wahren Wert des Glückes lehren. Ich hab es

---

321 Indier: anderes Wort für »Inder«

nicht erreicht. Zu wild ist deine Phantasie, zu hoch-
begehrend. Du willst, dein Leben soll ein schimmernd
Gastmahl sein, und ziehst die Welt an deine goldne
Tafel. Ach, möchte sie dirs einst mit Liebe lohnen!

FLOTTWELL.
Sie wird es tun, zeig nicht so düstern Sinn. Komm, folg
mir gleich, du bist durch Einsamkeit erkrankt.

CHERISTANE.
Umsonst. Zu spät! Du kannst mich länger nicht besit-
zen, umarmst mich heut zum letztenmal.

FLOTTWELL (wild und heftig).
Es darf nicht sein. Wer wagt den Raub an meinem
liebsten Gut? –

CHERISTANE.
Das Schicksal!

Flottwell reagiert nicht überrascht. Er gibt zu, dass ihm
längst klar war, dass etwas an Cheristane anders sein
muss. Nicht umsonst hat sie die ärmliche Umgebung in
einen paradiesischen Garten *Eden* verwandelt. Nur ein
Inder kann von einem solchen Garten träumen. Raimund
nimmt uns mit in die Vorstellung des Orients als Ort, in
dem es noch Zauber und prächtige Natur gibt. Aber Cheristane entgegnet, dass Flottwell das Geld und die Pracht
seines Schlosses zu sehr liebt. Hier unter den Pflanzen
würde er sich nicht wohlfühlen. Wieder steht der Reichtum gegen das Lebensglück, das nur in der Natürlichkeit

gefunden werden kann. Flottwell will das nicht gelten lassen und sie einfach mitnehmen, aber Cheristane muss gehen. Niemand Geringerer als das Schicksal selbst hat es ihr befohlen. Sie ist eine Fee und muss zurück in ihr Königreich. Einst hat sie eine Krone voller Perlen anvertraut bekommen, die sie auf der Erde ausgeben durfte. Durch ihre Liebe zu Flottwell hat sie alles ihm und seinem Vater gegeben – von ihr kommt der Reichtum der Familie. Sie bittet den Geliebten noch um eine letzte Sache: ihr ein Jahr seines Lebens zu schenken. Flottwell willigt ein und lässt sie schweren Herzens ziehen.

Unterdessen wird die humorvolle Liebesgeschichte von Valentin und Rosa erzählt. Sie arbeitet als Dienstmädchen im Palast; er ist Tischlerlehrling. Aber auch der eifersüchtige Kammerdiener Wolf hat ein Auge auf Rosa geworfen. Flottwell stürzt sich indes wieder in Trinkgelage und das Leben im Überfluss. Das einzige, was sein Bild stört, ist der Bettler, der regelmäßig an die Türe klopft, um ihn um Geld oder Juwelen zu bitten. Flottwell ist dieser Mann zwar unheimlich, aber er ist es gewohnt, Geld auszugeben und so gibt er ihm auch immer etwas. Der Bettler taucht einmal auf, dann zweimal und irgendwann sind wir sicher: Dieser Mann hat noch eine größere Aufgabe. Aber zunächst muss sich alles anders entwickeln. Wolf bekommt seine große Chance auf Rache an seinem Herrn, den er schon immer um alles beneidet hat: Einige Zeit, nachdem Flottwell sich von Cheristane verabschieden musste, verliebt dieser sich in Amalie. Deren Vater ist mit dieser Verbindung aber nicht einverstanden. Das Liebespaar will nach England fliehen. Für Wolf ist diese Entwicklung ideal.

WOLF (allein).
Du schiffst nach England. Günstgen Wind! Ich bleibe
hier und will mein Schifflein in den Hafen lenken.
Wie doch die Sonne auf und nieder geht! Wer ist nun
zu beneiden? Er? der stolze, der gepriesene Mäzen,
der seines Glückes Reste, mit zerfallenem Gemüt, dem
ungetreuen Meer vertrauen muß? oder ich, der sanfte,
der bescheidene Kammerdiener, der sein still erworbnes
Schäfchen demütig ins trockne bringen kann. Und wem
verdank ich diesen Sieg? (schlägt sich an die Stirn) dir,
Klugheit! vielseitigste der Göttinnen! Die Natur hat
mir nur eine starke Gallenblase gegeben, die nicht zer-
platzt ist bei all dem Unsinn, den ich seit fünf Jahren
in diesem Haus hab sehen müssen. Aber die Klugheit
hat mich lächeln gelehrt. Oh, es ist eine große Sache um
das Lächeln! Wie viele Menschen haben sich ihr Glück
erlächelt, und ein Schwachkopf kann eine Minute lang
für einen vernünftigen Mann gelten, wenn er mit
Anstand zu lächeln weiß. Darum will ich lächeln über
die Erbärmlichkeit, solang ich noch zu leben habe, und
dann eine laute Lache aufschlagen – auf welche Gra-
besstille folgt. (Ab)[322]

Wolf reibt sich die Hände: Sein Herr wird nach England
gehen. Er tut etwas so Törichtes wie der Liebe zu folgen.
Darüber kann der Kammerdiener nur lachen. Siegessi-
cher fühlt er sich vom Schicksal begünstigt, weil er seine
Schäfchen ins Trockene bringen kann. Das ist ein Ausdruck
dafür, sein Gut (auch ein gestohlenes) sicherzustellen.

---

322 Raimund, Der Verschwender, S. 57.

Woher diese Möglichkeit kommt, weiß er: von der Göttin der Klugheit. Er selbst spricht sich also die Tatkraft ab. Diese wundervolle Göttin hat sein Glück gelenkt. Raimund fügt dann wieder einen Grundgedanken an: Jemand, der lächelt, ist im Vorteil. Die meisten Menschen durchschauen die List des Lächelnden nicht. Wer in Gesellschaft lächelt, wird nicht verdächtigt. Das ist durchaus ein Seitenhieb auf die Zeit, in der gute Miene zum bösen Spiel gefragt war. Wir aber wissen: An dieser Feststellung hat sich bis heute aber nichts verändert. Wer lächelt, darf das Spiel mitspielen – ganz gleich, was diese Person sich dabei wirklich denkt.

Die Zeit vergeht und Flottwell kehrt als alter Mann eines Tages zum Schloss zurück. Frau und Kind sind in England gestorben und er ist zurückgekommen, um hier sterben zu können. Der gefallene Edelmann erfährt, dass Wolf jetzt in seinem Schloss wohnt. Aber auch dieser ist alt geworden – und unglücklich geblieben. Wieder hat der Reichtum kein Glück gebracht. Der Tischlergeselle Valentin hat aber seine Rosa geheiratet und mit ihr Kinder bekommen. Das Paar, das in ärmlichen Verhältnissen lebt, hilft Flottwell und gibt ihm zu essen. Der Edelmann schämt sich dafür, dass er früher das Geld beim Fenster hinausgeworfen und den falschen Leuten vertraut hat. Die Lage scheint aussichtslos. Wer allerdings einmal die Liebe einer Fee gewonnen hat, der hat sie für immer. Als Flottwell auf einen Berg steigt, um sich dort umzubringen, erscheint ihm der Bettler zum dritten Mal.

FLOTTWELL *(erschrickt)*.

...

Weh mir! Nun wird mirs klar, du solltest mir
Ein schauervolles Bild der Warnung sein.

BETTLER.
Dies war mein Zweck. Du hast mich nicht erkannt,
Weil Leidenschaft nie ihre Fehler sieht.
Erkenne mich nun ganz, ich bin ein Jahr
Aus deinem viel zu rasch verzehrten Leben,
Und zwar dein fünfzigstes, das heute noch
Beginnen wird, wenn jene Sonne sinkt.
Du hast an Cheristanen einst ein Jahr
Verschenkt, und diese edle Fee, die sich
Für dich geopfert hat, sah in dem Buch
Der Zukunft, daß, wenn du zurück nicht kehrst
Von der Verschwendung Bahn, das fünfzigste
Jahr deines Lebens dir den Bettelstab
Als Lohn für deinen Leichtsinn reichen wird.
.....
Gereicht: Ich hab für dich bei dir gebettelt.
Ein Jahr lang hab ich den Tribut durch List
Und schaudervolle Angst von dir erpreßt.
Die letzte Stunde hab ich aufbewahrt,
Sie schlief in diesem Stein und spricht zu dir:
(Ein Stein teilt sich, und ein Haufen Gold und der
Schmuck zeigt sich in einem silbernen Kästchen.)
Nimm hier dein Eigentum, das du mir gabst,
Zurück. Du wirst es besser schätzen nun,
Weil du die Welt an deinem Schicksal hast
Erkannt. Was du dem Armen gabst, du hasts
Im vollen Sinne selber dir gegeben.

Leb wohl! Ich hab vollendet meine Sendung. (Ver-
sinkt.)[323]

Als der Bettler neben ihm steht, fällt es Flottwell wie
Schuppen von den Augen: Er sollte eine Warnung an ihn
sein, nicht so leichtfertig Geld auszugeben. Aber als junger Mann hat Flottwell diese Gefahr nicht beachtet und
nun alles verloren. Der Bettler, in Wirklichkeit Cheristanes Geist Azur, erklärt Flottwell die Situation: Bei seinen
Besuchen, die über ein Jahr verteilt waren, hat der Bettler
von Flottwell Geld und Schmuck angenommen. Es war
das Jahr, dass Flottwell Cheristane geschenkt hat. Diese
hat im Buch der Zukunft nachgesehen und wusste, dass
es sein *fünfzigstes* Lebensjahr sein würde, in dem er alles
verliert. Da hat sie den Geist Azur zum Betteln angesetzt,
um ihm heute, in eben diesem Lebensjahr, alles wieder
zurückgeben zu können. Jetzt bekommt Flottwell wieder,
was der Geist erbettelt hat, womit sein Auftrag erfüllt ist.
Wir lernen nebenbei: Geister mit Wiener Dialekt sind zu-
verlässiger als jene mit schwäbischem. Der einstige Edelmann bleibt alleine zurück und kann noch nicht glauben,
was er soeben gehört hat.

FLOTTWELL (allein).
Ists Traum, ists Wahrheit, was ich sah und hörte?
Woher die überirdische Erscheinung?

(Sanfte Musik. Die Ruinen verwandeln sich in eine
Wolkengruppe mit vielen Genien. Cheristane in rei-

---

323 Raimund, Der Verschwender, S. 86f.

zender Feenkleidung in der Mitte auf einem Blumen-
thron)

CHERISTANE (sanft).
Mein Julius! Es war Azur, der Geist
Der letzten Perle, die ich einst für dich
So freudig hingeopfert hab, als ich
Die süße Lieb zu dir mit bitterer
Verbannung büßen mußte. Ach! Mir wars ja
Vom Schicksal nicht gegönnt, dich zu erretten,
Er hat für mich erfüllt, was meine Treu
Dir einst gelobt.

FLOTTWELL (kniet).
O Cheristane! Dich
Erblicke ich auf dieser Erde wieder?
Du Himmelsbild aus meiner Rosenzeit!
Kaum wagt mein welkes Aug den Blick zu heben
Zur Morgenröte deiner ewgen Jugend.
Oh, zieh nicht fort, verweile noch! Sieh, wie
Die Wehmut um vergangne Zeit mich tötet.

CHERISTANE.
Verzweifle nicht, mein teurer Julius,
Und dulde noch dein kurzes Erdenlos.
Wir werden uns gewiß einst wiedersehen
Dort! in der Liebe grenzenlosem Reich,
Wo alle Geister sich begegnen dürfen.[324]

---

324 Raimund, Der Verschwender, S. 87f.

Die Geliebte erscheint und offenbart ihm, dass der Geist, den sie aus der letzten ihrer Perlen erschaffen hat, Azur, in ihrem Auftrag gehandelt hat. Ihre Liebe zu ihm ist nie vergangen. Flottwell bezeichnet sie als sein *Himmelsbild aus meiner Rosenzeit*. Cheristane ist nicht älter geworden und er erkennt in ihr die Liebe seiner Jugend. Sein *welkes Auge*, also ein Auge, das schon nicht mehr gut sieht, kann ihren Glanz noch erkennen. Ihre *ewge Jugend* macht ihn glücklich. Flottwell hat zwei Mal in seinem Leben geliebt. Einmal irdisch, mit Amalie, und einmal himmlisch, mit Cheristane. Diese ist nicht einfach eine Geliebte, sondern steht hier für die Liebe selbst. Die Fee ist ewig jung wie das Gefühl der Liebe. In diesem Augenblick ist es, als würde sie dem schon ergrauten Mann dieses Gefühl unmittelbar zurückgeben können. Er will ihr sofort in den Himmel folgen. Aber sie sagt: Deine Zeit ist noch nicht gekommen. Noch musst du auf der Erde sein und deine Aufgabe erfüllen. Cheristane verabschiedet sich mit dem Versprechen des Wiedersehens im Himmelreich. Die Vorstellung des Himmelreichs hat natürlich einen christlichen Hintergrund. Dennoch kommt Gott hier nicht vor. Das Schicksal bestimmen die Feen und Geister. Daher ist es auch *der Liebe grenzenloses Reich*, das ihm versprochen wird. Am Ende seines Lebens, so verspricht sie ihm, wird kein abstrakter Gott stehen, sondern ein Gefühl: die reine, ewige Liebe.

Der Autor Ferdinand Raimund hatte zeitlebens Angst davor, von einem tollwütigen Hund gebissen zu werden. Ende August 1836 ist es soweit: Er sieht sein Schicksal erfüllt und glaubt, an Tollwut erkrankt zu sein. Aus Verzweiflung schießt er sich in den Kopf, überlebt vorerst aber. Nach qualvollen Tagen, in denen der Arzt ihm nicht mehr helfen kann, stirbt der große Autor der Volksbühnen. Raimund, der sein Leben lang das Publikum zum Lachen gebracht hat, stirbt an seiner eigenen Angst. Nur wir wissen: Lakrimosa und Cheristane haben auf der anderen Seite auf ihn gewartet und den Dichter mit sich in ihr Feenreich genommen.

KAPITEL 8: DAS MEISTERWERK

Ich versprach eine Rückkehr zu ihm, hier sind wir nun! Eigentlich war die Figur des Doktor Faust, die im 16. Jahrhundert ihren Ursprung hat, die ganze Zeit über bei uns: als Zweifler, als Mann hinter den großen Fragen des Daseins. Jetzt, über zweihundert Jahre nach seinem ersten Auftritt in der Weltliteratur, wird der Charakter von Johann Wolfgang von Goethe wiedererschaffen. Ihm sehen wir über die Schulter, als er sich nach den stürmischen Jahren in Rom, nach dem Kennenlernen von Christiane Vulpius und nach den Wirren der Napoleonischen Besatzung niedersetzt, um sein Meisterwerk zu vollenden.

Mit dem Stück *Faust* in den Dialog zu treten, bedeutet, mit der deutschen Geistes- und Gefühlsgeschichte der vergangenen Jahrhunderte eine Unterhaltung zu führen.[325] Wir erkennen die Suche nach allem, was man wissen kann, das tatkräftige Genie der Stürmer und Dränger und auch die Kindermörderin. *Faust* ist die Essenz eines Zeitalters. In die Welt des Stückes einzutauchen bedeutet, in einen Sog gezogen zu werden, dem man sich nicht entziehen kann. Bereit? Dann los!

---

325 Es bedeutet, endlich den Ursprung so einiger Redewendungen zu erkennen, die wir bis heute gebrauchen – oft ohne zu wissen, dass wir Goethes Drama zitieren.

Ihr naht euch wieder, schwankende Gestalten,
Die früh sich einst dem trüben Blick gezeigt.
Versuch' ich wohl, euch diesmal festzuhalten?
Fühl' ich mein Herz noch jenem Wahn geneigt?
Ihr drängt euch zu! nun gut, so mögt ihr walten,
Wie ihr aus Dunst und Nebel um mich steigt;
Mein Busen fühlt sich jugendlich erschüttert
Vom Zauberhauch, der euren Zug umwittert.[326]

Diese Zeilen sind der Beginn von Johann Wolfgang von Goethes *Faust*. Sie sind die *Zueignung*, also eine Widmung. Dem Drama sind drei kleine Szenen vorangestellt. Diese hier ist autobiografisch: Goethe sitzt in Weimar an seinem Schreibtisch und lässt die Feder über das Papier wandern. Sein Kopf ist bei den Studien, die er in seinem Leben getätigt hat, vielleicht bei seinem verstorbenen Freund Schiller, der ihn immer wieder dazu drängte, das Drama zu Ende zu schreiben, vielleicht ist sein Herz in Rom. Da, plötzlich, an einem unbedeutenden Tag, kommen sie wieder, die *schwankenden Gestalten:* die Charaktere, die er längst vergessen und in einer Zeit zurückgelassen hat, in der sein Blick noch *trüb* war. Der *trübe Blick* sagt aus, dass er damals, in seiner Jugend, noch keinen klaren Blick auf die Dinge gehabt hat – weder auf den Text des Dramas und auf das Leben selbst. Doch diesmal will er diese Geister *festhalten*. Noch immer ist er *jenem Wahn* zugeneigt. Aber er drückt auch aus, dass es nicht seine Entscheidung ist: die Geister *drängen zu* ihm und er lässt es passieren. Goethe lässt los und steigt mit uns

---

326 Trunz, Goethe, Bd. 3, S. 9.

in *Dunst und Nebel* auf, womit ihn die Geister umhüllen. Dieser *Zauberhauch*, der ihn umfängt, bringt ihm die Jugend zurück, in der er diese Geister kennengelernt hat. Die Fantasie breitet ihre Flügel aus und entführt Goethe und uns rückwärts durch die Zeit zu Doktor Faust.

8.1 DIE HANDELNDEN: FAUST, MEPHISTOPHELES UND GOTT

Alles beginnt im Himmel. In der Szene *Prolog im Himmel* tritt Mephistopheles vor Gott, der sich zuvor friedlich mit seinen Erzengeln unterhalten hat. Er möchte sich bei ihm über diese seltsame, selbstsüchtige Spezies beschweren, die die Krone der Schöpfung sein soll:

MEPHISTOPHELES.
Der kleine Gott der Welt bleibt stets von gleichem Schlag,
Und ist so wunderlich als wie am ersten Tag.
Ein wenig besser würd' er leben,
Hättst du ihm nicht den Schein des Himmelslichts gegeben;
Er nennt's Vernunft und braucht's allein,
Nur tierischer als jedes Tier zu sein.
Er scheint mir, mit Verlaub von Euer Gnaden,
Wie eine der langbeinigen Zikaden,
Die immer fliegt und fliegend springt
Und gleich im Gras ihr altes Liedchen singt;

Und läg' er nur noch immer in dem Grase!
In jeden Quark begräbt er seine Nase.[327]

Mephistopheles beklagt sich, dass der Mensch nichts dazulernt. Er bleibt, über all die Zeit hinweg, immer *von gleichem Schlag*. Verstehen kann er ihn so wenig wie am ersten Tag. Die Wurzel des Übels ist für Mephistopheles das *Himmelslicht*, das Gott ihm mitgegeben hat: seine Vernunft. Die Vernunft, die den Menschen eigentlich zum Menschen machen soll, benutzt eben dieser nur, um noch *tierischer als jedes Tier zu sein*. Keine guten Aussichten. Es ist eine Kritik an der Vernunft, aber auch an der Aufklärung, die dem Menschen nicht das gebracht zu haben scheint, was sie ihm hätte bringen sollen. Dann vergleicht Mephistopheles die Menschen mit *Zikaden*, die umherspringen. Wer im Süden schon das eine oder andere Mal nicht schlafen konnte, hat vermutlich draußen ihr Gezirpe gehört. Nervig sind sie also auch noch, zudem launisch und wankelmütig, findet Mephistopheles. Wäre die Spezies des Menschen doch genau dort, wo die Zikaden sind: im Gras. Aber nein, sie müssen ja überall ihre Nase hineinstecken – auch dort, wo es sie nichts angeht.

Gott sieht das alles nicht so dramatisch. Vor allem spricht er gut von einem gewissen Doktor Faust, der ihm treu ergeben ist. Daraufhin erwidert Mephistopheles in bester Spielermanier: Wetten, dass ich dir den ausspannen kann? Gott zuckt die Schultern:

---

327 Trunz, Goethe, Bd. 3, S. 17.

DER HERR.
Solang' er auf der Erde lebt,
Solange sei dir's nicht verboten,
Es irrt der Mensch, solang' er strebt.[328]

Er sagt: Nun, gut, versuche es. Solange der Mensch auf der Erde ist, solange kann er Fehler begehen – also auch vom Teufel verführt werden. Mit der berühmten Zeile *Es irrt der Mensch, so lang er strebt* schließt seine Feststellung über das Wesen des Menschen: Er strebt nach etwas, das tief in ihm angelegt ist. Allerdings wird er, solange er dies tut, auch irren. Damit verbindet Gott in bester Sturm und Drang-Definition das Wort *streben* mit der Bedeutung *leben*. Wenn wir aufgehört haben zu *streben*, also weiterzugehen in unserem Leben, dann leben wir nicht mehr richtig. Mephistopheles klatscht in die Hände – er hat ein neues Projekt.

Im weiteren Verlauf des Stückes begegnen wir Gott nicht mehr wieder. Erst das letzte Wort darf er, wie im *Ackermann* im ausgehenden 15. Jahrhundert, sprechen. Dementsprechend ist das Drama *Faust* kein Wettstreit des Guten gegen das Böse, sondern spielt in der Gegenwart eines tätigen Charakters, der weit davon entfernt ist, die Marionette höherer Mächte zu sein.[329] Die Geschichte hat ein theologisches Setting, das auch immer wieder durchklingt, aber das ist nicht ihre Kernaussage.

---

328 Trunz, Goethe, Bd. 3, S. 18.
329 Nicholas Boyle verweist auf diesen Aspekt: Boyle, Faust. Part One., S. 21.

Ähnlich wie im frühneuzeitlichen Drama *Der Ackermann aus Böhmen* stehen sich auch hier ausschließlich der Teufel und der Protagonist gegenüber. Hier wie dort geht es darum: Was darf Mephistopheles eigentlich? Ist es gerecht, dass er seine Aufgabe erfüllt? Mephistopheles definiert sich selbst als *Ein Teil von jener Kraft, die stets das Böse will und stets das Gute schafft.*[330] Diese Ambivalenz zeichnet seine Rolle aus. Aber dazu kommen wir später. Jetzt betritt Doktor Faust die Bühne; wir befinden uns in seinem Studierzimmer.

FAUST.
Habe nun, ach! Philosophie,
Juristerei und Medizin,
Und leider auch Theologie
Durchaus studiert, mit heißem Bemühn.
Da steh' ich nun, ich armer Tor[331],
Und bin so klug als wie zuvor!
Heiße Magister, heiße Doktor gar,
Und ziehe schon an die zehen Jahr'
Herauf, herab und quer und krumm
Meine Schüler an der Nase herum –
Und sehe, daß wir nichts wissen können!
Das will mir schier das Herz verbrennen.
Zwar bin ich gescheiter als all die Laffen,
Doktoren, Magister, Schreiber und Pfaffen;
Mich plagen keine Skrupel noch Zweifel,
Fürchte mich weder vor Hölle noch Teufel –

---

330 Trunz, Goethe, Bd. 3, S. 46.
331 Narr, Idiot

Dafür ist mir auch alle Freud' entrissen,
Bilde mir nicht ein, was Rechts zu wissen,
Bilde mir nicht ein, ich könnte was lehren,
Die Menschen zu bessern und zu bekehren.[332]

Faust hat alles studiert, was man studieren kann – und das sogar mit *heißem Bemühn.* Trotzdem ist ihm davon nichts geblieben. Er hat die Titel *Magister* und *Doktor* und unterrichtet schon seit zehn Jahren, wobei er seine Schüler an der Nase herumführt. Ein Seminar bei Doktor Faust ist vermutlich als Studierender mehr als nervenaufreibend. Sein großes Problem: Es wird ihm immer mehr bewusst, wie wenig man wissen kann. Zwar, meint er selbstbewusst, ist er klüger als alle anderen, aber das macht ihn trotzdem nicht glücklicher. Mit so profanen Dingen wie *Zweifeln* schlägt er sich erst gar nicht herum; vor *Tod und Teufel* fürchtet er sich nicht, dafür kann er aber auch nicht wirklich *Freude* empfinden. Er kann nichts wissen (Medizin), nichts am Menschen verbessern (Philosophie) und sie auch nicht bekehren (Theologie) – alle Studien waren sinnlos. Wir treffen also einen Menschen, den im Leben nichts mehr überrascht. Er hat für seine Karriere seine Lebensfreude geopfert, mehr noch: er weiß überhaupt nicht, was das sein soll. Besonders religiös ist er auch nicht: *Die Botschaft hör' ich wohl, allein mir fehlt der Glaube.*[333] Intellektuell hat er den Glauben also durch sein Theologiestudium begriffen (die Botschaft), aber sich spirituell auf ihn einlassen, kann er nicht. Auch diesem

---

332 Trunz, Goethe, Bd. 3, S. 20.
333 Trunz, Goethe, Bd. 3, S. 31.

Faust ist nach all den Studien nur ein Hobby geblieben: die Zauberei, die aber nicht so recht klappen will. Beste Voraussetzungen also für Mephistopheles.

8.2 DER SUCHENDE: DOKTOR FAUST

Faust geht mit seinem Gehilfen, Wagner, spazieren. Da er eine lokale Berühmtheit ist, weil er mit seinem Vater gegen die Pest gekämpft hat, nimmt er die Huldigungen der Menschen entgegen. Es ist ein Sommertag, fast könnte Faust glücklich sein. Zu den beiden Männern gesellt sich ein Tier:

FAUST.
Betracht' ihn recht! für was hältst du das Tier?

WAGNER.
Für einen Pudel, der auf seine Weise
Sich auf der Spur des Herren plagt.

FAUST.
Bemerkst du, wie in weitem Schneckenkreise
Er um uns her und immer näher jagt?
Und irr' ich nicht, so zieht ein Feuerstrudel
Auf seinen Pfaden hinterdrein.

WAGNER.
Ich sehe nichts als einen schwarzen Pudel;
Es mag bei Euch wohl Augentäuschung sein.

FAUST.
Mir scheint es, daß er magisch leise Schlingen
Zu künft'gem Band um unsre Füße zieht.

WAGNER.
Ich seh' ihn ungewiß und furchtsam uns umspringen,
Weil er, statt seines Herrn, zwei Unbekannte sieht.

FAUST.
Der Kreis wird eng, schon ist er nah!

WAGNER.
Du siehst! ein Hund, und kein Gespenst ist da.
Er knurrt und zweifelt, legt sich auf den Bauch,
Er wedelt. Alles Hundebrauch.[334]

Ein schwarzer Pudel folgt ihnen. Faust ist über das Verhalten des Tieres verwundert. Er meint, hinter dem Tier
einen *Feuerstrudel* zu sehen. Aber Wagner winkt ab: »Ach
was, das bildet Ihr euch ein.« Es ist nichts weiter als ein
Pudel. Aber Faust fühlt, als würde das Tier *magisch leise
Schlingen* um sie ziehen. Wagner scheint das alles nicht
wahrzunehmen. Er meint, es sei doch nur ein Hund,
kein Gespenst und Faust solle sich beruhigen. Alles nach
Hundebrauch, ganz normal also. Schließlich gibt Faust
ihm recht. Es ist nur ein Hund.

Ist es aber nicht. Es ist Mephistopheles, der sich an-
schleicht und Faust nach Hause folgt. Dort verwandelt
er sich in seine Feuergestalt, die er mit der Erzählung der

---

334 Trunz, Goethe, Bd. 3, S. 42.

Historia von D. Johann Fausten gemeinsam hat. Faust ruft die berühmten Worte *Das also war des Pudels Kern!*[335] aus. Er ist verwundert, aber nicht erschrocken. Mephistopheles kommt gleich zur Sache und packt den Doktor bei seiner Schwachstelle: Was begehrst du? Dieser gibt zu, dass auch er noch offene Wünsche an das Leben hat: *Ich bin zu alt, um nur zu spielen / Zu jung, um ohne Wunsch zu sein.*[336] Faust macht eine Liste mit allem, was er sich wünscht: eine Speise, die ihn nie sättigt, ein schönes Mädchen, die größte Ehre, die einem Menschen zuteil werden kann. Mephistopheles sagt: Kriegst du. Kurzum – Mephistopheles soll Faust glücklich machen.

FAUST.
Werd' ich beruhigt je mich auf ein Faulbett legen,
So sei es gleich um mich getan!
Kannst du mich schmeichelnd je belügen,
Daß ich mir selbst gefallen mag,
Kannst du mich mit Genuß betrügen,
Das sei für mich der letzte Tag!
Die Wette biet' ich!

MEPHISTOPHELES.
Topp!

FAUST.
Und Schlag auf Schlag!
Werd' ich zum Augenblicke sagen:

---

335 Trunz, Goethe, Bd. 3, S. 46.
336 Trunz, Goethe, Bd. 3, S. 53.

Verweile doch! du bist so schön!
Dann magst du mich in Fesseln schlagen,
Dann will ich gern zugrunde gehn!
Dann mag die Totenglocke schallen,
Dann bist du deines Dienstes frei,
Die Uhr mag stehn, der Zeiger fallen,
Es sei die Zeit für mich vorbei![337]

Faust sagt zu Mephistopheles, dass er sich nie auf ein *Faulbett* legen wird. Dann *sei es gleich um ihn getan*. Damit definiert er sich als Mensch wie Gott ihn im Sinn hatte: Wenn er aufhört zu streben, kann er auch gleich sterben. Faust steht also in seiner Lebenskraft in der Tradition des stürmischen Karl Moor aus Schillers *Die Räuber*, der um jeden Preis seinen Weg geht und mit unbändiger Kraft um sich schlägt. Faust sagt auch, dass der Teufel ihn jederzeit mitnehmen könne, wenn er sich eines Tages selbst belügen sollte. Mit dem übermütigen *Die Wette biet ich!* entscheidet er sich. Mephistopheles schlägt ein. Er hat sein ideales Opfer gefunden. Was dann folgt, ist die reinste Form des Ausdrucks und eine der stärksten Stellen im Drama. *Schlag auf Schlag* gibt an, dass etwas plötzlich passiert, aber auch die Uhr schlägt zu den vollen Stunden (in denen sich Dinge, so die unterliegende Bedeutung, entscheiden). Wenn Faust zum Augenblick sagt: *Verweile doch! du bist so schön!*, also in einem Moment wunschlos glücklich ist, so darf der Teufel seine Seele haben. Dann darf er ihn *in Fesseln schlagen* und seinen Körper mitnehmen, denn dann wird Faust gerne mit ihm gehen. Der

---

337 Trunz, Goethe, Bd. 3, S. 57.

Teufel muss ihm nicht länger zu Diensten sein. Seine Lebensuhr soll stehen bleiben, alle Zeiger ausfallen und seine Zeit auf Erden mag zu Ende gehen.

Der Unterschied zum Faust des 16. Jahrhunderts ist hier, dass er den Teufel nicht heraufbeschworen hat, sondern dieser ist aktiv (aufgrund der Wette mit Gott) zu ihm gekommen. Das Pentagramm, das Faust auf den Boden gemalt hat, um seine Zauberei auszuprobieren, schreckt Mephistopheles sogar ab. Für das Genie Doktor Faust ist es, so fühlt er sich in seiner Hybris, nun endlich eine Herausforderung, die seiner würdig ist. Auch wenn der Doktor Faust der Neuzeit ein Gelehrter ist, bleibt er ungelenk und unfreiwillig komisch. Dieser Faust aber weiß, was er tut. Obwohl der Teufel zu ihm gekommen ist, ist es letztlich er, der die Macht des Bösen herausfordert. Was kann ihm schon passieren?

Der Faust der Neuzeit muss ein Dokument unterschreiben, in dem die Punkte der Abmachung detailliert aufgelistet sind. Diesen Vertrag unterzeichnet er mit Blut. Und auch hier bittet Mephistopheles, Faust ein paar Zeilen zu schreiben und diese mit seiner Unterschrift mit Blut als Tinte zu besiegeln. Er tut dies mit dem Hinweis *Blut ist ein ganz besondrer Saft.*[338] Diese Worte sind die sehr kurze Zusammenfassung der Symbolik des Blutes, das so alt ist wie die Menschheitsgeschichte.[339] Faust macht sich gar lustig über ihn:

---

338 Trunz, Goethe, Bd. 3, S. 58.

339 Blut in rituellen Handlungen, aber auch das Menstruationsblut, dem immer wieder heilende Fähigkeiten zugesprochen werden; siehe Band 1, Kapitel 3.

FAUST.
Auch was Geschriebnes forderst du Pedant?
Hast du noch keinen Mann, nicht Manneswort ge-
kannt?
Ist's nicht genug, daß mein gesprochnes Wort
Auf ewig soll mit meinen Tagen schalten?
Rast nicht die Welt in allen Strömen fort,
Und mich soll ein Versprechen halten?
Doch dieser Wahn ist uns ins Herz gelegt,
Wer mag sich gern davon befreien?
Beglückt, wer Treue rein im Busen trägt,
Kein Opfer wird ihn je gereuen!
Allein ein Pergament, beschrieben und beprägt,
Ist ein Gespenst, vor dem sich alle scheuen.
Das Wort erstirbt schon in der Feder,
Die Herrschaft führen Wachs und Leder.
Was willst du böser Geist von mir?
Erz, Marmor, Pergament, Papier?
Soll ich mit Griffel, Meißel, Feder schreiben?
Ich gebe jede Wahl dir frei.[340]

Faust nennt den Teufel kleinlich. Du möchtest ein Dokument, du kleiner Beamter?, scheint er zu fragen. In dieser
Bemerkung schwingt mit, dass der Teufel letztlich nur
der Knecht einer höheren Macht ist, wie auch der Ackermann dem Tod an einer Stelle vorwirft. Hier taucht wieder die alte Frage auf, ob Tod und Teufel überhaupt selbst
Entscheidungen treffen können. Der ganze Unterschied
zeigt sich in der literarischen Beantwortung der Frage:

---

340 Trunz, Goethe, Bd. 3, S. 57f.

Der Tod kann nicht selbst entscheiden, der Teufel schon. Faust fährt fort mit der Frage, ob der Teufel denn kein *Manneswort* kennt, also ein mündliches Versprechen, auf das man sich verlassen kann? Wir hören hier Karl Moor, der sich als Gegenposition zum schwachen *Kastratenjahrhundert* sieht und im Namen des Manneswortes Krieg über Städte bringt. Ja, es besteht kein Zweifel: Faust ist im Herzen ein Stürmer und Dränger, kraftvoll, zweifelnd, intelligent – das Kraftgenie par excellence. Die Treue ist das höchste Gut. Diese kann nicht durch ein Dokument ersetzt werden. *Das Wort erstirbt schon in der Feder, die Herrschaft führen Wachs und Leder.* In dem Moment, in dem das Wort aufgeschrieben wird, ist es bereits nur noch ein toter Haufen Buchstaben. Das einzige, was zählt, sind Taten. Also darf Mephistopheles, wenn er unbedingt darauf besteht, auch auswählen, in welcher Form Faust das Dokument aufsetzen soll: in Erz oder auf Pergament. Alles an seinen Worten sagt dem Teufel: Halte mich hier nicht mit deinen Details auf. Lass uns anfangen! Und die beiden fangen an, indem sie in *Auerbachs Keller* mit ein paar magischen Tricks Unruhe stiften. Dort klingt der Schelmenroman des 16. Jahrhunderts durch, in dem Doktor Faust seine Fähigkeit hauptsächlich dafür nutzt, um anderen Streiche zu spielen. Aber die wahre Probe, und der Kern des Dramas, steht noch bevor: die Liebe.

8.3 DIE LIEBENDEN: GRETCHEN UND HEINRICH

Natürlich geht es für Faust auch darum, eine Frau kennenzulernen. Anders als sein Gegenpart im 16. Jahrhundert muss er sie nicht gleich heiraten, was auch damit zu tun hat, dass die christliche Ehe für Goethes Faust (wie für den Autor selbst) nicht sehr wichtig ist. Um jemanden kennenzulernen, muss man aber – damals wie heute – möglichst jung aussehen. Mephistopheles weiß das natürlich und schleppt Faust zu einer Hexe, die ihm einen Verjüngungstrank braut. Während Mephistopheles und die Hexe flirten, wird Faust mulmig zumute, als er in den brodelnden Kessel schaut. Das Resultat kann sich aber sehen lassen. Als Faust auf die Straße tritt, läuft er praktisch in seine Liebe hinein: Margarete kommt gerade von der Kirche. Wie Emilia Galotti treffen wir den Charakter zuerst am Weg zur oder in die Kirche; sie ist damit als eine tugendhafte und reine Person gekennzeichnet. Die Welt außerhalb der Kirche ist für unverheiratete Mädchen nicht sicher. Faust verknallt sich sofort und fordert von Mephistopheles, ihm dabei zu helfen, um Margarete zu werben. Dieser ist zwar nicht begeistert, weil sie so tugendhaft ist, hat aber keine andere Wahl, als seinem Herrn zu Diensten zu sein. Gemeinsam dringen sie in das Schlafgemach der jungen Frau ein, um dort Schmuck für sie zu deponieren. Faust lebt seine Verliebtheit aus.

FAUST.
Willkommen, süßer Dämmerschein,
Der du dies Heiligtum durchwebst!

Ergreif mein Herz, du süße Liebespein,
Die du vom Tau der Hoffnung schmachtend lebst!
Wie atmet rings Gefühl der Stille,
Der Ordnung, der Zufriedenheit!
In dieser Armut welche Fülle!
In diesem Kerker welche Seligkeit!
...
Und hier!
(Er hebt einen Bettvorhang auf.)
Was faßt mich für ein Wonnegraus!
Hier möcht' ich volle Stunden säumen.
Natur! hier bildetest in leichten Träumen
Den eingebornen Engel aus!
Hier lag das Kind, mit warmem Leben
Den zarten Busen angefüllt,
Und hier mit heilig reinem Weben
Entwirkte sich das Götterbild![341]

Diese Komposition kommt uns sehr bekannt vor: Sie erinnert an Goethes *Die Leiden des jungen Werthers*. Däm-
merung zeigt immer an, dass etwas Neues beginnt und
steht für die Natur, in der alles rein und ehrlich ist. Das
Heiligtum ist Margaretes Schlafzimmer, also der Ort, der
mit der Geliebten verbunden ist. Auch der *Tau* der Hoffnung trägt die Reinheit der Natur in sich und das tiefe
Gefühl, am richtigen Ort zu sein. Ein Gefühl zu *atmen*
ist ebenfalls eine Formulierung, die wir aus Werthers
Briefen kennen. Wenn etwas atmet, lebt es. Die *Seligkeit*
korrespondiert hier mit der *Herrlichkeit*, die Werther in

---

341 Trunz, Goethe, Bd. 3, S. 87.

seinem Brief vom 10. Mai beschreibt. Die Reinheit der Natur wird hier auf die seelische Reinheit der Geliebten projiziert. Wir wissen: Margarete ist die Richtige. Er legt sich in ihr Bett und träumt weiter. Faust stellt sich vor, wie sie hier in *leichten Träumen* liegt, den *Busen angefüllt* mit Leben. Der Liebende stellt sich die Geliebte beim Schlafen vor. Kommt uns das bekannt vor? Natürlich, denn so klingt das Gedicht *Erwache, Friederike*, das Goethe in den Anfängen seiner Liebe zu Friederike Brion an sie schrieb. Wir stellen uns vor, wie Goethe einen Moment über dem Blatt Papier innehält, auf dem er *Faust* beendet. Die *jugendliche Erschütterung* aus der *Zueignung* ist wieder bei ihm. Er ist in die Zeit zurückversetzt, als er jung war und die Liebe sich ausschließlich leicht anfühlte. Ob er wieder vor ihrem Fenster steht und sich vorstellt, sie würde an der Seite ihrer Schwester schlafen? Ob sie diesmal das Fenster öffnet? Wir legen ihm die Hand auf die Schulter. Es geht weiter... Margarete kommt zur Türe hinein und Faust versteckt sich. Er sieht ihr dabei zu, wie sie sich auszuzieht und dabei ein Lied zu singen beginnt:

Es war ein König in Thule
Gar treu bis an das Grab,
Dem sterbend seine Buhle
Einen goldnen Becher gab.[342]

Moment, auch dieses Lied kennen wir! Es ist die Ballade über einen goldenen Becher, der für eine große Liebesgeschichte steht. Die Erzählung spielt auf einer weit ent-

---

342 Trunz, Goethe, Bd. 3, S. 89.

fernten Insel namens Thule. Wir haben die Ballade als Symbol für die ewig andauernde, wahre Liebe in unseren Gamingnächten mit Goethe und Schiller kennengelernt. Und genau dafür steht sie auch: für die wahre Liebe. Margarete träumt von dieser Art der Liebe, das wissen wir jetzt. Wir wollen hervorspringen und sie warnen, weil wir wissen, dass der Mann, den sie liebt, mit dem Teufel im Bunde ist, aber das können wir nicht. Doch glücklicherweise hat eine Figur im Stück ihre Zweifel: die Nachbarin, Frau Marthe. Marthe scheint ein beliebter Name für weibliche Nebenfiguren zu sein – auch die Frau, deren Krug in Heinrich von Kleists Drama *Der zerbrochne Krug* zerstört wird, heißt Marthe; ebenso wie jene alte Frau, die Evchen in Wagners Drama *Die Kindermörderin* mit ihrem Kind aufnimmt. Alle drei Figuren weisen einen ausgeprägten weiblichen Instinkt auf. Die Frau Marthe mit dem Krug tritt vor Gericht, um zu sagen, dass etwas passiert ist. Keine der anderen Figuren hätte Anzeige erstattet. Sie ist von einfachem Gemüt wie auch die anderen: Die Frau Marthe, die Evchen aufnimmt, versucht trotz ihrer Blindheit das Kind zu seinen Verwandten zu bringen, um ihm das Leben zu retten. Und diese Frau Marthe wittert hier sofort, dass etwas mit dem Schmuck, den Faust Margarete geschenkt hat, nicht stimmen kann: Das muss Teufelszeug sein, da ist sie sicher. Aber natürlich hat sie keinen Beweis. Deshalb schlägt Margarete ihre Warnung auch in den Wind, weil ihr der Schmuck so gut gefällt.

Als Margarete und Faust sich das nächste Mal treffen, erzählt sie ihm, dass sie ihre kleinere Schwester aufgezogen hat. Auch hier hat die Figur in ihrer Güte ihren

Geschwistern gegenüber eine Parallele zu Lotte aus *Die Leiden des jungen Werthers.* Als Lotte und Werther sich dort ineinander verlieben, zieht ein Sturm auf. Die Natur projiziert ihre angestauten Gefühle füreinander. So auch hier bei Faust und Margarete:

(Sie pflückt eine Sternblume und zupft die Blätter ab, eins nach dem andern.)

FAUST.
Was soll das? Einen Strauß?

MARGARETE.
Nein, es soll nur ein Spiel.

FAUST.
Wie?

MARGARETE.
Geht! Ihr lacht mich aus.
(Sie rupft und murmelt.)

FAUST.
Was murmelst du?

MARGARETE (halblaut).
Er liebt mich – liebt mich nicht.

FAUST.
Du holdes Himmelsangesicht!

MARGARETE *(fährt fort).*
Liebt mich – Nicht – liebt mich – Nicht –
(Das letzte Blatt ausrupfend, mit holder Freude.)
Er liebt mich!

FAUST.
Ja, mein Kind! Laß dieses Blumenwort
Dir Götterausspruch sein. Er liebt dich!
Verstehst du, was das heißt? Er liebt dich![343]

Wieder wird die Natur zu einem Liebescode zwischen den beiden. Margarete pflückt Blumen und spielt das Spiel *Er liebt mich, er liebt mich nicht,* wobei sie nacheinander einzelne Blütenblätter ausrupft – während Faust sie anhimmelt. Dann ist Margarete beim letzten Blütenblatt angekommen und hat ihre Antwort: Er liebt mich! Die Natur lügt nicht. Faust bestätigt dieses *Blumenwort* und bekräftigt: *Er liebt dich!* Jetzt gibt es kein Zurück mehr für die beiden. Im Gartenhäuschen küssen sie sich zum ersten Mal. Es ist eine kleine, feine Szene, denn ihr Beisammensein wird jäh von Mephistopheles unterbrochen. Danach ändert sich alles: Faust ist glücklich – das ist aber genau das Problem! Er erinnert sich daran, dass das alles nur durch den Teufel möglich ist. Auch ändert sich Margaretes Name, die im Stück ab sofort Gretchen heißt. Mit dem Vertrauen zwischen den Liebenden ist auch die Intimität der Diminutivform einhergegangen. Als sie sich das nächste Mal sehen, spricht auch Gretchen Faust ebenfalls anders an, nämlich mit seinem Vornamen. Dieser hat

---

343 Trunz, Goethe, Bd. 3, S. 101f.

sich über die Jahrhunderte verändert. Aus *Johann* Faust wird *Heinrich* Faust. Unmittelbar an diese intime Anrede knüpft sich auch die sogenannte *Gretchenfrage:*

MARGARETE.
Nun sag, wie hast du's mit der Religion?
Du bist ein herzlich guter Mann,
Allein ich glaub', du hältst nicht viel davon.

FAUST.
Laß das, mein Kind! Du fühlst, ich bin dir gut;
Für meine Lieben ließ' ich Leib und Blut,
Will niemand sein Gefühl und seine Kirche rauben.

MARGARETE.
Das ist nicht recht, man muß dran glauben![344]

Die Kernfrage ist: *Wie hast du's mit der Religion?* Faust versucht, der Frage auszuweichen. Gretchen spürt, dass er nicht gläubig ist und das wäre ein Problem für sie. Faust bezieht eine neutrale Position: Er glaubt zwar selbst nicht, will aber niemanden bekehren und dieses Gefühl rauben. Für Gretchen ist das keine zufriedenstellende Antwort, denn religiöse Gefühle sind für sie ein wichtiger Teil der Liebe. Trotzdem finden die beiden nun auch körperlich zusammen. Damit die Mutter davon nichts mitbekommt, gibt Faust ihr ein Schlafmittel. Wir ahnen nichts Gutes, denn auch das kommt uns bekannt vor. In Wagners Drama *Die Kindermörderin* wird die Mutter ebenso betäubt,

---

344 Trunz, Goethe, Bd. 3, S. 109.

damit Lieutnant von Gröningseck Evchen vergewaltigen kann. Die Mutter zu betäuben, um sich der Leidenschaft hinzugeben, ist nie eine gute Idee. So auch diesmal nicht. Die Idylle kann so nicht bleiben, schließlich lebt Faust sein Leben unter dem Einfluss des Teufels. Die Mutter stirbt an einer Überdosis des Schlafmittels und der Bruder Valentin taucht auf, um seine Schwester Gretchen als Hure zu beschimpfen. Faust tötet ihn daraufhin im Zweikampf. Als die Familie sich von Gretchen abwendet (die Mutter durch ihren Tod passiv, der Bruder durch seine Beschimpfungen aktiv), passiert genau das, was auch der Marquise von O. passiert: Sie ist ratlos und alleine. Trost sucht Gretchen in der Kirche. Dort wird auf der Orgel *Dies Irae*[345] gespielt. Dieser Hymnus geht auf das Mittelalter zurück und wird in Totenmessen gespielt. Er handelt vom Tag des Jüngsten Gerichts, also von dem Zeitpunkt, an dem die Menschen von Gott ihr Urteil empfangen müssen – kein gutes Omen. Faust und Mephistopheles machen inzwischen einen Ausflug auf den Blocksberg. Nein, den gibt es nicht erst seit Bibi Blocksberg, sondern schon seit dem Mittelalter. Hier trägt er die Bezeichnung *Brocken*. Es ist Zeit für magische Gestalten, die Faust versuchen, abzulenken. Eine der Hexen tanzt wild mit ihm, um seine sexuelle Lust zu entfachen.

FAUST (mit der Jungen tanzend).
Einst hatt' ich einen schönen Traum.
Da sah ich einen Apfelbaum,

---

345 lat.: Tag des Zorns

Zwei schöne Äpfel glänzten dran,
Sie reizten mich, ich stieg hinan.

DIE SCHÖNE.
Der Äpfelchen begehrt ihr sehr,
Und schon vom Paradiese her.
Von Freuden fühl' ich mich bewegt,
Daß auch mein Garten solche trägt.[346]

Es geht um den Traum von einem Apfelbaum, den er besitzen will. Es handelt sich dabei um den Apfelbaum des Paradieses, der (sexuelle) Lust verspricht. Die schöne Hexe begehrt die Äpfel, hat aber keinen Zutritt zum Paradies. Deshalb zaubert sie sich kurzerhand selbst welche. Mit dem Begriff *pflücken* ist auch die übertragene Bedeutung mitgedacht: jemandem die Jungfräulichkeit nehmen. Kurz: Es geht hier um das Ausleben der sexuellen Lust; um das Sich-Hingeben in einem Augenblick. Für Goethe selbst ist diese Hingabe mit einem bestimmten Ort verbunden: Rom. Ob er der schönen Faustina wohl diese Verse nachts auf den Rücken geklopft hat, während sie schlief? Im Traum der Walpurgisnacht, der auf diesen Tanz folgt, taucht Goethe sogar selbst auf und zwar als nordischer Künstler auf einer Italienreise.

NORDISCHER KÜNSTLER.
Was ich ergreife, das ist heut
Fürwahr nur skizzenweise;

---

346 Trunz, Goethe, Bd. 3, S. 129.

Doch ich bereite mich bei Zeit
Zur italien'schen Reise.[347]

Aber bei aller Ablenkung durch die Hexen und den nordischen Künstler gibt es da noch etwas: Fausts Gefühl, das ihm sagt, dass etwas nicht stimmt. Er hat eine Vision:

FAUST.
Mephisto, siehst du dort
Ein blasses, schönes Kind allein und ferne stehen?
Sie schiebt sich langsam nur vom Ort,
Sie scheint mit geschloßnen Füßen zu gehen.
Ich muß bekennen, daß mir deucht,
Daß sie dem guten Gretchen gleicht.[348]

Faust sieht eine Frauengestalt, die alleine in der Ferne steht. Nur langsam scheint sie sich zu bewegen und *mit geschloßnen Füßen zu gehen.* Sie ist gefesselt. Obwohl Faust es sich nicht erklären kann, ist er sich doch sicher, dass er hier Gretchen vor sich hat. Mephistopheles versucht, ihm das auszureden.

MEPHISTOPHELES.
Laß das nur stehn! dabei wird's niemand wohl.
Es ist ein Zauberbild, ist leblos, ein Idol.
Ihm zu begegnen, ist nicht gut:
Vom starren Blick erstarrt des Menschen Blut,

---

347 Trunz, Goethe, Bd. 3, S. 134.
348 Trunz, Goethe, Bd. 3, S. 131.

Und er wird fast in Stein verkehrt;
Von der Meduse hast du ja gehört.

FAUST.
Fürwahr, es sind die Augen einer Toten,
Die eine liebende Hand nicht schloß.
Das ist die Brust, die Gretchen mir geboten,
Das ist der süße Leib, den ich genoß.[349]

Mephistopheles versichert Faust, dass dieser sich irrt. Hier ist überall Zauber, gibt er zu bedenken, auch dieses Bild von Gretchen sei ein Trugbild. Er meint, dass Faust zu lange in den Felsen (des Brocken) gestarrt hat und dabei Dinge sieht, die gar nicht da sind. Faust ist sich jedoch sicher: Er sieht ihre Augen, die aber schon die *Augen einer Toten* sind. Außerdem erkennt er ihren Busen (und damit ihr Herz). Das ist ihr ganzer Körper, kein Zweifel – doch etwas stimmt nicht. Faust verlässt sich inmitten der Magie, inmitten des Zaubers, mit dem Mephistopheles ihn abzulenken versucht, auf den Kern seiner Menschlichkeit: sein Gefühl.

In der nächsten Szene, die die Angaben *Trüber Tag. Feld.* trägt, erfährt Faust von Gretchens Schicksal. Das Adjektiv *trüb* führt uns die Ausweglosigkeit seiner Lage vor Augen. Das *Feld* erinnert an das Gräberfeld, also an den Friedhof. Faust erfährt, dass Gretchen aus Verzweiflung das gemeinsame Kind getötet hat und dafür ins Gefängnis gesperrt wurde, wo sie ihrer Hinrichtung entgegensieht. Anders als in Wagners *Die Kindermörderin*

---

349 Trunz, Goethe, Bd. 3, S. 131.

werden wir keine Zeugen des Mordes, aber die Erkenntnis ist umso schrecklicher, weil die Tat hinter der Bühne vollzogen wurde.

FAUST.

Im Elend! Verzweifelnd! Erbärmlich auf der Erde lange verirrt und nun gefangen! Als Missetäterin im Kerker zu entsetzlichen Qualen eingesperrt, das holde unselige Geschöpf! Bis dahin! dahin! – Verräterischer, nichtswürdiger Geist, und das hast du mir verheimlicht! – Steh nur, steh! Wälze die teuflischen Augen ingrimmend im Kopf herum! Steh und trutze mir durch deine unerträgliche Gegenwart! Gefangen! Im unwiederbringlichen Elend! Bösen Geistern übergeben und der richtenden gefühllosen Menschheit! Und mich wiegst du indes in abgeschmackten Zerstreuungen, verbirgst mir ihren wachsenden Jammer und lässest sie hülflos verderben!

MEPHISTOPHELES.
Sie ist die erste nicht.[350]

Faust kann nicht glauben, was er hört. Sein Gretchen ist im Kerker eingeschlossen! Sein Schmerz wird dadurch greifbar, dass seine Verzweiflung nicht in Versen ausgedrückt ist, sondern in Prosa. Es ist, als würde er die Worte ausspeien, unfähig, sie, wie auch seine wirren Gedanken, zu ordnen. Schuld daran hat Mephistopheles. Der *nichtswürdige Geist* hat ihm alles verheimlicht. Es

---

350 Trunz, Goethe, Bd. 3, S. 137.

ist Faust unerträglich, den Teufel bei sich zu haben. Sogleich kehren seine Gedanken wieder zu dem geliebten
Gretchen zurück. Sie ist *bösen Geistern* übergeben und der
richtenden Menschheit. Keine Geister sind in seinen Augen böser als die gesellschaftlichen Moralvorstellungen,
die eine Frau in den Kerker wirft, die sich nicht anders
zu helfen wusste, als ihr Kind zu töten. Wieder zurück
bei Mephistopheles klagt er an: Dieser habe ihn mit *abgeschmackten Zerstreuungen* abgelenkt, um sein Gefühl
zu verwirren und sie alleine zu lassen. Fast scheint es,
als wären Faust und Mephistopheles auf Thomas Manns
magischen *Zauberberg* gestiegen, auf dem die Zeit anders
vergeht. Mephistopheles bleibt vom Wutausbruch seines
Gegenübers unbeeindruckt und antwortet trocken, Gretchen sei doch nicht die erste, der das passieren würde.
Das ist sie wirklich nicht! Auch Schiller hat ein Gedicht
mit dem Titel *Die Kindermörderin* geschrieben und Wagner kündigt Goethe gar die Freundschaft, weil er findet,
dieser habe ihm »seine Geschichte« für *Faust* gestohlen.
Sicher ist, dass alle Zeitgenossen den Prozess um die Kindermörderin Susanna Margarete Brandt kannten, die in
Frankfurt im Jahr 1772 angeklagt und hingerichtet wurde.[351] Kindstötungen haben eine lange Geschichte, besonders verbreitet sind sie vor allem zu Goethes Zeit, weil
die gesellschaftliche Ächtung von unehelich schwangeren
Frauen viele von ihnen dazu zwang. Die Marquise von O.
hat ihr Kind trotzdem behalten, aber Evchen und Gretchen (beides Diminutivformen, die für Naivität stehen)

---

351 Boyle, Faust. Part One., S. 15.

wissen keinen anderen Ausweg. Faust klagt Mephistopheles weiter an:

FAUST.

Hund! abscheuliches Untier! – Wandle ihn, du un-
endlicher Geist! wandle den Wurm wieder in seine
Hundsgestalt, wie er sich oft nächtlicherweile gefiel,
vor mir herzutrotten, dem harmlosen Wandrer vor die
Füße zu kollern und sich dem niederstürzenden auf die
Schultern zu hängen. Wandl' ihn wieder in seine Lieb-
lingsbildung, daß er vor mir im Sand auf dem Bauch
krieche ich ihn mit Füßen trete, den Verworfnen! – Die
erste nicht! – Jammer! Jammer! von keiner Menschen-
seele zu fassen, daß mehr als ein Geschöpf in die Tie-
fe dieses Elendes versank, daß nicht das erste genug
tat für die Schuld aller übrigen in seiner windenden
Todesnot vor den Augen des ewig Verzeihenden! Mir
wühlt es Mark und Leben durch, das Elend dieser
einzigen; du grinsest gelassen über das Schicksal von
Tausenden hin!

MEPHISTOPHELES.

Nun sind wir schon wieder an der Grenze unsres
Witzes, da wo euch Menschen der Sinn überschnappt.
Warum machst du Gemeinschaft mit uns, wenn du sie
nicht durchführen kannst? Willst fliegen und bist vorm
Schwindel nicht sicher? Drangen wir uns dir auf, oder
du dich uns?[352]

---

352 Trunz, Goethe, Bd. 3, S. 137f.

Er beschimpft Mephistopheles wüst und wünscht ihn wieder zurück in die Gestalt eines Hundes. Er selbst stellt sich als unbedarften Wanderer dar, den Mephistopheles als sein Opfer auserwählt hat. Er wiederholt die Worte des Teufels und kann nicht fassen, dass noch viel mehr Frauen dieses Schicksal erlitten haben. Für ihn ist Gretchen *diese eine* und gleichzeitig beklagt er das Schicksal Tausender anderer Frauen, die niemand bedauert. Mephistopheles reagiert immer noch trocken, für ihn ist die Sache klar: Faust hat in den Pakt eingewilligt und auch wir denken an das selbstsichere Gebaren des Doktors zurück. Warum will der Mensch den Vertrag mit dem Teufel, wenn er ihn doch eigentlich überhaupt nicht einhalten kann? Er vergleicht dieses Verhalten mit jemandem, der fliegen will, aber nicht schwindelfrei ist: hoch hinaus, aber tief von Angst zerfressen und gehemmt. Und er stellt die Kernfrage: Wer hat sich nun wem aufgedrängt? Wir wissen, dass Faust diesen Handel unbedingt wollte und jetzt den Preis dafür bezahlt hat.

FAUST.
Fletsche deine gefräßigen Zähne mir nicht so entgegen!
Mir ekelt's! – Großer, herrlicher Geist, der du mir
zu erscheinen würdigtest, der du mein Herz kennest
und meine Seele, warum an den Schandgesellen mich
schmieden, der sich am Schaden weidet und am Verder-
ben sich letzt[353]*?*

---

353 gemeint ist: »sich am Verderben ergötzen«, also Freude am Leid des anderen finden

MEPHISTOPHELES.
Endigst du?

FAUST.
*Rette sie! oder weh dir! Den gräßlichsten Fluch über
dich auf Jahrtausende!*

MEPHISTOPHELES.
*Ich kann die Bande des Rächers nicht lösen, seine Rie-
gel nicht öffnen. – Rette sie! – Wer war's, der sie ins
Verderben stürzte? Ich oder du?*
(Faust blickt wild umher.)
*Greifst du nach dem Donner? Wohl, daß er euch elen-
den Sterblichen nicht gegeben ward! Den unschuldig
Entgegnenden zu zerschmettern, das ist so Tyrannen-
art, sich in Verlegenheiten Luft zu machen.*

FAUST.
Bringe mich hin! Sie soll frei sein![354]

Faust beschimpft ihn weiter als *Schandgesellen*; seine Wut
hat von ihm Besitz ergriffen. Der Doktor, der alles studiert und geglaubt hat, nichts im Leben kann ihn mehr
überraschen, lässt sich von einem Gefühl übermannen.
Mephistopheles wird zunehmend wütender. Er fragt ihn,
ob er jetzt endlich genug hat. Dann bittet Faust, anders
als jener im 16. Jahrhundert, nicht um sein eigenes Leben,
sondern um das Gretchens. *Rette sie!*, ruft er dem Teufel entgegen so wie der Ackermann um das Leben seiner

---

354 Trunz, Goethe, Bd. 3, S. 138.

Frau gebeten hat. Mephistopheles erinnert Faust daran, dass er es war, der sie ins Verderben stürzte, indem er sie zu seiner Geliebten machte. Er weist den armen Sterblichen darauf hin, dass er nichts für ihn tun kann. Wie der Ackermann muss der Sterbliche bitter erfahren, dass die höhere Macht am längeren Ast sitzt. Aber Faust gibt nicht auf: Mephistopheles soll ihn zu Gretchen führen. Er will sie selbst befreien – koste es, was es wolle!

8.4 DIE GERICHTETEN

Faust und Mephistopheles finden Gretchen im Kerker. Sie sitzt in ihrer Zelle und starrt unverwandt auf die Wand gegenüber.

MARGARETE.
Wer hat dir, Henker, diese Macht
Über mich gegeben!
Du holst mich schon um Mitternacht.
Erbarme dich und laß mich leben!
Ist's morgen früh nicht zeitig genung? (Sie steht auf.)
Bin ich doch noch so jung, so jung!
Und soll schon sterben!
Schön war ich auch, und das war mein Verderben.
Nah war der Freund, nun ist er weit;
Zerrissen liegt der Kranz, die Blumen zerstreut.
Fasse mich nicht so gewaltsam an!
Schone mich! Was hab' ich dir getan?

Laß mich nicht vergebens flehen,
Hab' ich dich doch mein Tage nicht gesehen![355]

Gretchen spricht diese Worte leise vor sich hin. Sie fragt, wer dem Henker die Macht über sie gibt und stellt damit indirekt die gesellschaftliche Ordnung infrage. Wer gibt ihm das Recht, sie auf den Richtplatz zu führen? Hat die Gesellschaft das Recht, über sie zu urteilen? Gretchen hört, dass jemand ihre Zelle betritt und glaubt, dass der Henker sie schon vor dem Morgengrauen holen kommt. Es ist Mitternacht und damit, natürlich, Geisterstunde. Sie beklagt ihre Jugend und die Jahre, die sie nicht wird leben dürfen. Ihr einziges Verbrechen war es, schön zu sein. Sie erinnert sich an Heinrich (Faust), ihren *Freund*, der ihr einmal nahe war und nun weit weg ist. Ihr Kranz ist zerrissen. Der Kranz und die verstreuten Blumen stehen hier für zwei Bilder: Ihre Jungfräulichkeit, also ihre Unschuld, durch den Kindsmord auch in moralischer Hinsicht, ist ihr genommen worden. Und sie könnten aber auch für ihren Brautkranz stehen – für die Möglichkeit einer Hochzeit, die ihr durch ihre gesellschaftliche Ächtung ebenfalls genommen ist. Ihr Traum von einer Liebe wie jene des Königs von Thule ist für immer dahin. Sie erkennt den Mann nicht, der sie hier anfasst, um sie wegzubringen. Heinrich Faust wirft sich vor ihr auf die Knie und offenbart sich ihr als ihr Geliebter. Dann erkennt sie ihn und kurz blitzen ihre Gefühle für ihn durch. Sie umarmen einander. Für einen Augenblick scheint die Liebe

---

355 Trunz, Goethe, Bd. 3, S. 140.

zu siegen. Faust will sie überreden, mit ihm zu kommen, aber Gretchen weigert sich:

FAUST.
Du kannst! So wolle nur! Die Tür steht offen.

MARGARETE.
Ich darf nicht fort; für mich ist nichts zu hoffen.[356]

Du kannst, bettelt Faust, mach den Schritt in die Freiheit! Aber für Gretchen wartet da draußen nichts. Tausend Gefühle stürzen im Folgenden auf die Liebenden ein. Faust schwört, bei ihr zu bleiben. Sie drängt ihn aber, zu gehen, um ihr Kind zu retten, obwohl es schon tot ist. In ihrer Vorstellung lebt es allerdings noch, zappelt und wartet darauf, dass es jemand holen kommt. Im nächsten Moment sieht sie schon dem eigenen Tod realistisch ins Auge und gibt Faust genaue Anweisungen, sie bei Mutter und Bruder zu beerdigen und das Kind an ihre Brust zu legen. Faust will das alles nicht hören. Wir sehen, wie er sie packt und aus dem Kerker zerren will. Aber Gretchen wehrt sich:

FAUST.
Der Tag graut! Liebchen! Liebchen!

MARGARETE.
Tag! Ja, es wird Tag! der letzte Tag dringt herein;
Mein Hochzeittag sollt' es sein!

---

356 Trunz, Goethe, Bd. 3, S. 143.

Sag niemand, daß du schon bei Gretchen warst.
Weh meinem Kranze!
Es ist eben geschehn!
Wir werden uns wiedersehn;
Aber nicht beim Tanze.
Die Menge drängt sich, man hört sie nicht.
Der Platz, die Gassen
Können sie nicht fassen.
Die Glocke ruft, das Stäbchen bricht.
...
Stumm liegt die Welt wie das Grab![357]

Faust bittet sie noch einmal, mit ihm zu kommen. Der
Tag bricht an und der Henker wird bald hier sein. Aber
Gretchen hat ihre Entscheidung getroffen und will, wie
Evchen und Emilia, lieber in den Tod gehen, um für ihre
Vergehen zu büßen. Wieder spricht sie von ihrem Hochzeitstag und ihrem Kranz. Auch Emilia findet in *Emilia
Galotti* den Tod an ihrem Hochzeitstag. Die Kombination kommt uns bekannt vor: Der Liebhaber, der zur Eile
drängt. Der Hochzeitstag und damit das Hochzeitsbett.
Die Anrede *Liebchen* und der Tanz, der nur ein Toten-
tanz sein kann. Es sind die Worte aus Gottfried August
Bürgers Ballade *Lenore,* in der der Bräutigam, der ebenfalls Heinrich heißt, kommt, um die Schöne mit ins Grab
zu nehmen. Dann tritt Mephistopheles auf und Gretchen
verliert endgültig die Fassung:

---

357 Trunz, Goethe, Bd. 3, S. 144.

MARGARETE.
Was steigt aus dem Boden herauf?
Der! der! Schick' ihn fort!
Was will der an dem heiligen Ort?
Er will mich!

FAUST.
Du sollst leben![358]

Margarete läuft es wie ein Schauer über den Rücken. Sie erkennt Mephistopheles als der, der er ist und fühlt bereits seine Nähe zur Hölle[359]. Schon zu Beginn hat Mephistopheles gespürt, dass er keine Macht über Gretchen hat. Sie ist die, die sein wahres Wesen erkennt. Außer der kurzen Zusammenkunft im Gartenhäuschen mit Faust, als Mephistopheles die beiden unterbricht, als sie sich küssen, treten die drei außerhalb des Kerkers nie zusammen auf. Gretchen will, dass Faust Mephistopheles fortschickt. Aber der Geliebte hat keine Macht mehr über die Situation – alles ist ihm entglitten. Sein verzweifelter Ausruf *Du sollst leben!* ist von einer emotionalen Kraft, die ihresgleichen sucht. Der Mann, der glaubt, alles im Griff zu haben, kann nur noch betteln und das nicht einmal um sein eigenes Leben. Verzweifelt versucht er, der Situation Herr zu werden, indem er das strenge Modalverb *sollen* verwendet, als könne er noch irgendeinen Befehl erteilen.

---

358 Trunz, Goethe, Bd. 3, S. 144f.
359 Interessant: Wer den Film Rendezvous mit Joe Black mit Brad Pitt aus dem Jahr 1998 kennt, dem kommt die Szene bekannt vor. Auch da weiß Susan, dass Joe sie mitnehmen will und spürt die Kälte.

Auch schwingt hier vielleicht ein Wunsch mit: Du *solltest* leben, wenn der Satz im Konjunktiv formuliert wäre – eine Bedeutung, die sicher mitgedacht ist. Es ist sie, die am Leben bleiben und sich daran erfreuen sollte, weil sie es wertschätzen kann und dem Leben in ihrer Reinheit würdig ist. Mit *leben* ist hier nicht mehr das Streben gemeint, das so wichtig für alle Tatkraft ist. *Leben*, das bedeutet hier nicht produktiv oder kräftiger als die anderen sein, sondern glücklich. Es trägt die Bedeutung der Worte aus der Bibel, wo von der *Fülle des Lebens*[360] und damit von Fruchtbarkeit, Glück und Freude, Trauer und Liebe und nur ganz am Rande von Wissen die Rede ist. Gretchen hingegen weiß, auf wen sie vertrauen kann:

MARGARETE.
Dein bin ich, Vater! Rette mich!
Ihr Engel! Ihr heiligen Scharen,
Lagert euch umher, mich zu bewahren!
Heinrich! Mir graut's vor dir.

MEPHISTOPHELES.
Sie ist gerichtet!

STIMME (von oben).
Ist gerettet!

MEPHISTOPHELES (zu Faust).
Her zu mir!

---

360 Die Bibel, Einheitsübersetzung, Joh. 10, 10.

341

(Verschwindet mit Faust.)

STIMME *(von innen, verhallend).*
Heinrich! Heinrich![361]

Heinrich! Mir graut's vor dir klingt ganz ähnlich wie Le-
nores Ausruf in Bürgers Ballade. Gretchen drückt hier
aus, dass ihrem Geliebten etwas anhaftet, das ihr nicht
geheuer ist: Mephistopheles' Zauber. Dieser will dem
allen ein Ende machen und Gretchen ihrem Schicksal
überlassen. Aber dann kommt die Stimme von oben: *Ist
gerettet!* Wie auch in *Der Ackermann* hat Gott das letzte
Wort; er ist der letzte Richter. Um nicht auch noch ihn zu
verlieren, greift Mephistopheles schnell nach Faust, um
ihn mit sich zu reißen. Als letztes hören wir Gretchens
verhallende Stimme, die den Namen des Geliebten ruft.

Goethes Drama vereint alle Themen, die die voraus-
gehenden dreihundert Jahre beschäftigt haben: Die Frage
danach, was der Mensch ist. Die Frage, wie Gott, Mensch,
Tod und Teufel zueinanderstehen. Die gesellschaftlichen
Fragen nach Recht und Unrecht, besonders aus der Per-
spektive der Frauen. Die Frage nach der Religion. Die
Frage nach dem Zusammenhang zwischen Vernunft und
Gefühl. Und es ist eine Liebesgeschichte – mehr noch: Es
ist die Geschichte der Liebe.

Mephistopheles sagt ganz zu Beginn, er sei *ein Teil
von jener Kraft, die stets das Böse will / und stets das Gute
schafft.*[362] Damit meint er genau das: Als Menschen kön-

361 Trunz, Goethe, Bd. 3, S. 145.
362 Trunz, Goethe, Bd. 3, S. 44.

nen wir manchmal erst im Angesicht des Bösen für das Gute einstehen. Faust bittet Mephistopheles nicht um sein eigenes Leben, sondern um das Gretchens. Erst durch Mephistopheles erwacht er aus seiner emotionalen Lethargie, die bezeichnenderweise durch seine Eigenschaften des Kraftgenies verdeckt sind, und entdeckt die Liebe. Diese Liebe aber ist es, was ein Leben so erfüllt macht. Durch sein Auftreten als Personifikation des Bösen hat Mephistopheles Faust die Liebe gelehrt. Wie dem Jüngling in Schillers Ballade *Das verschleierte Bild zu Sais* hat auch Faust sein Erkenntniswunsch *Daß ich erkenne, was die Welt / Im Innersten zusammenhält*[363] kein Glück gebracht, aber nichtsdestoweniger hat er eine Antwort gefunden. Wir lernen: Das, was die Welt zusammenhält, sind unsere Gefühle, genauer gesagt: die Liebe. Nichts, was wir jemals wissen können, kann dieses Gefühl ersetzen. Es ist eine Botschaft, die noch weit ins 21. Jahrhundert hinein nachhallt – vergesst nicht, was wirklich wichtig ist!

Der nordische Dichter lehnt sich in seinem Stuhl zurück. Es ist vollbracht. Schiller hätte sich gefreut. Vielleicht ist Sommer und Goethe geht eine Runde in seinem Garten spazieren. Wir begleiten ihn, sehen das Sommerhäuschen, wünschen uns, Gretchen und Faust würden sich dort noch einmal küssen. Und als unser Begleiter nicht herschaut, pflücken wir eine Blume aus dem großen Beet, über das die Schmetterlinge segeln. *Er liebt mich. Er liebt mich nicht. Er liebt mich.* Wir lächeln.

---

363 Trunz, Goethe, Bd. 3, S. 20.

KAPITEL 9: ZEITREISE INS 21. JAHRHUNDERT

Jedes Abenteuer, auch die Reise in ferne Zeiten, hat einmal ein Ende. Wir landen im 21. Jahrhundert. Sehen uns um. Sehen die Werbeplakate, die uns versprechen, schöner, besser und glücklicher zu werden. Sehen die Menschen, die hilfloser denn je mit den eigenen Gefühlen kämpfen. Sehen häufig die Überzeugung, die Naturwissenschaften seien den Geisteswissenschaften alleine deshalb überlegen, weil man ihre Gedankengänge in Zahlen darstellen kann. Faust wäre in unserem Zeitalter ebenso gefangen gewesen, da sind wir sicher. Strenggenommen ist er das auch, denn wir begegnen ihm bis heute – so oft, dass uns schwindlig wird.

9.1 FANTASTISCHE FAUSTFIGUREN: *THE GOOD DOCTOR* UND *THE WITCHER*

Zunächst tauchen in der zeitgenössischen Unterhaltungsindustrie immer wieder Figuren auf, die sich zwischen Rationalität und ihren Gefühlen entscheiden müssen. Ein gutes Beispiel ist der junge Arzt Doktor Shaun Murphy aus der Serie *The Good Doctor*, der eigentlich kein Arzt ist. Er wurde von einem Arzt aufgezogen und ist Autist.

Durch seine spezielle Begabung (Inselbegabung)[364] kann er sich die menschliche Anatomie so gut vorstellen, dass er mühelos Patienten operiert. Nach und nach wächst er in die Krankenhausbelegschaft des San Jose St. Bonaventure Hospital hinein. Medizinische Diagnosen sind sein Leben, durch seine Logik verblüfft er Belegschaft und Freunde jedes Mal aufs Neue. Aber etwas gänzlich Schwierigeres wartet auf ihn: Gefühle. Die Frau, in die er sich verliebt, heißt Lea. Um sie zu gewinnen, braucht es keinen Pakt mit Mephistopheles: Hier lernt ein junger Mann, der eigentlich alles weiß, was man so wissen kann, die Liebe kennen. In der Szene, in der er Lea seine Liebe gesteht, wird genau dieser Unterschied zwischen Rationalität und Gefühl zum Problem.[365] Es ist immer wieder erstaunlich, wie dringend unsere Zeit gesellschaftliche Außenseiter braucht, um ihre Gefühle zu verbalisieren. In dieser Szene sagt Doktor Murphy ganz schlicht *I love you* und *I wanna be your boyfriend*. Diese Gefühle hat er gelernt, zuzuordnen, jetzt kann er sie Lea gegenüber verbalisieren. Und sie antwortet ihm, dass sie ihn auch liebt. Nichts steht zwischen den beiden – außer, dass sie zu bedenken gibt, dass sie chaotisch und gefühlvoll ist. Das könnte für den jungen Autisten durchaus zum Problem werden. Doktor Murphy führt deshalb ihre Ablehnung,

---

364 Brockhaus – die Enzyklopädie: Auch Savant-Syndrom genannt. Bezeichnung für Formen extrem einseitiger geistiger Fähigkeiten (»Inselbegabung«; v. a. Gedächtnisleistungen, auch musikalische Begabung), die mit unterdurchschnittlichen intellektuellen Leistungen auf sonstigen Gebieten verbunden sind. (Definition siehe Brockhaus-Enzyklopädie)
365 Staffel 3, Folge 16.

ein Paar zu werden, auf seinen Autismus zurück. Er ist derjenige, der »nicht normal« ist. Wir, als Zuseher und Zuseherinnen des 21. Jahrhunderts, ertappen uns bei der Frage, wann es uns das letzte Mal gelungen ist, unsere Gefühle so klar zu verbalisieren.

Die beiden finden letztlich doch zusammen und Lea wird schwanger, aber das Baby stirbt noch in ihrem Bauch. Wie auch im Fall von Gretchen und Faust ist das Kind, das aus der wahren Liebe der beiden entsteht, nicht lebensfähig. In der Szene, in der es darum geht, ob die Geburt eingeleitet werden soll oder ob das Kind aus dem Mutterleib entfernt wird, begegnet uns der Gegensatz zwischen Rationalität und Gefühl erneut.[366] Wie Gretchen quälen Lea Gefühle der Schuld, ihr Kind im Stich gelassen zu haben. In diesem Fall stimmt das so nicht, aber es sind die Gefühle einer jungen Mutter, die ihr Kind verloren hat. Doktor Murphy nimmt hier den faustisch-rationalen Part ein. Er fragt sie, ob sie alle Vor- und Nachteile der beiden vorgeschlagenen Szenarien besprechen will. Sie antwortet ihm, dass es darum geht, dass sie ihr Kind am Ende des Tages nicht mit nach Hause nehmen können wird. *I can't talk about medical questions,* sagt sie. Es ist keine rationale Frage mehr und auch keine medizinische. Jetzt geht es um das Gefühl und nur darum. Wir sehen in den Augen der beiden Charaktere die Schwierigkeit der Entscheidung. Fast ist es, als würden da Gretchen und Faust am Bett sitzen und beschließen, wie sie mit einer schwierigen Entscheidung umgehen sollen: Die Rollenaufteilung ist die gleiche.

---

366 Staffel 4, Folge 16.

Der Fauststoff bietet aber noch magischere Ausprägungen, zum Beispiel in *The Witcher*. Eigentlich geht es in dieser Serie, die auf einer Romanreihe des polnischen Autors Andrzej Sapkowski beruht, um den Hexer Geralt von Riva. Der ist allerdings etwas zu einfältig, um Faust sein zu können. Nein, die interessantere Figur ist Yennefer von Vengerberg. Yennefer ist Magd auf einem Bauernhof. Sie ist verkrüppelt und wird von ihrer Umgebung schikaniert. Dann tritt eine mächtige Hexe in Erscheinung, die in Yennefer magische Fähigkeiten erkennt. Sie nimmt sie mit in eine Art Zauberschule, wo sie lernen soll, ihre Fähigkeiten zu kontrollieren. Zunächst will Yennefer sich das Leben nehmen, weil sie so unglücklich ist. Aber dann bekommt sie die Chance, das zu kriegen, was sie sich am sehnlichsten wünscht: Schönheit. Eine Art Schönheitschirurgzauberer willigt ein, sie zu verwandeln.[367] Diese Verwandlung findet innerhalb eines brennenden Kreises statt. Wie schon der Faust im 16. Jahrhundert seine Bannkreise gezogen hat, so ist auch diese Transformation nur in einem magischen Rahmen möglich. Yennefer willigt ein, als der Zauberer den Preis für die vollkommene Schönheit nennt, nämlich ihre Fruchtbarkeit. Er entnimmt ihr die Gebärmutter, um sie über dem Feuer zu rösten und damit rote Linien auf ihren Körper zu zeichnen – dort, wo die Verkrüppelungen verschwinden sollen. Es ist ein schönes Symbol, das hier die Parallele aufzeigt: Der Vertrag, auf den mit Blut geschrieben wird, ist Yennefers Körper. Und wir lernen, dass jeder Pakt mit Blut unterzeichnet werden muss. Der Stuhl, in dem die junge Frau Platz nimmt, ist

---

367 Staffel 1, Folge 3.

eine mittelalterliche Version eines Gynäkologenstuhls. Sie wird angekettet, denn dieser Prozess ist sehr schmerzhaft. Am Ende der Prozedur liegt sie in ihrem eigenen Blut am Boden; es hat funktioniert und der Schönheitszauberer beglückwünscht sich selbst. Yennefer lächelt leise. Wo der Teufel Faust die Jugend geschenkt hat, schenkte sein Gegenpart Yennefer die Schönheit.

Als schöne Frau kann Yennefer ihre Macht als Hexe weiter ausbauen. Nicht nur kann sie am Ende von Folge 3 mit dem König tanzen. Bald wird auch klar, dass sie jeden Mann herumkriegt, den sie sich wünscht – und wie Faust will auch sie mehr. Als die Oberhexe sie fragt, was sie denn nun noch im Leben will, antwortet sie: einfach alles.[368] Auch will sie ihre Macht, wie Faust, nur zu egoistischen Zwecken nutzen. In keiner der beiden Geschichten geht es für die Protagonisten darum, ihre neugewonnenen Fähigkeiten zum Wohle der Allgemeinheit einzusetzen. Aber sowohl für Yennefer als auch Faust wird deutlich, dass es eine Sache gibt, die sie niemals werden haben können: bei Faust ist es die Erfüllung der wahren Liebe, bei Yennefer ist es der Kinderwunsch. Sie wird sich in Geralt, den Witcher verlieben und mit ihm über die Staffeln hinweg eine Beziehung führen, die von Höhen und Tiefen geprägt ist. Erotischer Höhepunkt ist die Szene in der Badewanne[369], ihren größten Wunsch wird sie sich aber nie erfüllen können.

---

368 Staffel 1, Folge 5.
369 Staffel 1, Folge 5.

9.2 EIN KONGENIALES DUO: ALINA UND DER DUNKLE IN *SHADOW AND BONE*

Faust und Mephisto – das passt verboten gut zusammen. Faust will alles und Mephisto ist (aus egoistischen Gründen freilich) bereit, es ihm zu geben. Ähnlich ist die Ausgangskonstellation in der Netflix-Serie *Shadow and Bone*. Alina Starkov, eine Soldatin, lebt in einer magischen Welt, die von einer Schattenflur, einer dichten, dunklen Wolkenwand, durchtrennt wird. In dieser Welt gibt es verschiedene Wesen und Stämme, unter anderem jene der Magier. Seine Angehörigen werden *Grisha* genannt – jedes Kind wird an einem bestimmten Tag darauf getestet, ob es ein *Grisha* ist. Alina konnte sich diesem Test aber durch einen Trick entziehen. Als sie jedoch mitten in der Schattenflur auf einem Schiff ihren besten Freund Mal retten muss, wird ihre Kraft offenbart: Sie ist eine Grisha und noch dazu nicht irgendeine! Wie es aussieht, ist sie die mächtigste von allen, jene Kriegerin, die Licht heraufbeschwören und so vielleicht eines Tages die Schattenflur zerstören kann. Wie auch Harry Potter nach Hogwarts muss, so muss Alina in die Schule der Grisha, den Kleinen Palast. Zuerst sträubt sie sich, dazuzulernen, aber dann nimmt sie ihr Schicksal an. Unter seine Obhut nimmt sie fortan General Kirigan, auch *der Dunkle* genannt. Zwischen Alina und dem Dunklen sprühen die Funken, heiße Küsse werden getauscht, aber bald stellt sich die Frage: Ist der Dunkle wirklich der Gute? Vorhang auf für ein kongeniales Duo im Stil von Mephisto und Faust. Vorhang auf für die Dunkelheit.

Akt 1: Die Charaktere. Alina Starkov ist sehr belesen. Zwar zweifelt sie nicht so sehr an der Welt wie Faust, aber in den Rückblenden in ihre (und Mals) Kindheit sieht man sie über Büchern und Zeichnungen grübeln, während die anderen Kinder draußen spielen. Wie Faust ist auch Alina kein dämliches Anhängsel, sondern muss erst lernen, ihr Wissen und ihre Fähigkeiten richtig einzusetzen. Sie ist jedenfalls eine Auserwählte. Die Erzählungen der Gegenwart sind voller Charaktere, die auserwählt sind, aber zunächst mit ihrer Bestimmung hadern. Würde man Karl Moor aus *Die Räuber* verkünden, er sei auserwählt, würde dieser sich vermutlich selbstverliebt auf die Brust klopfen und die Aufgabe sofort annehmen. Anders aber das 20. und 21. Jahrhundert: Harry Potter und Jon Snow, Robert Langdon und Katniss Everdeen – Geschichten, in denen der oder die Auserwählte erst mit seiner oder ihrer Bestimmung umgehen muss, faszinieren uns. Alina wird, wie Harry Potter, aufgrund ihrer besonderen Fähigkeit auserwählt. Auch Mephisto wählt Faust aus, weil er ein besonderer Mensch ist. Hinter dieser Auswahl steht eine Wette mit Gott. Der Dunkle hat zwar nicht mit Gott gewettet, aber auch er hat einen eigennützigen Grund, Alina zu wählen. Als er ihr verspricht, immer an ihrer Seite zu sein[370], tut er das keineswegs aus Nächstenliebe. Bald kommt nämlich ans Licht, dass er ihre Macht letztlich für sich selbst haben will.

Nach und nach nähern sich der Zuseher und die Zuseherin dem Charakter des Dunklen. General Kirgistan tritt als charmanter, geheimnisvoller und gutaussehender

---

370 Staffel 1, Folge 4.

Mann auf (thanks to Ben Barnes!). In Wahrheit ist er aber uralt. Wie Faust steht also auch Alina einer Figur gegenüber, die ihr Jahrtausende an Lebenserfahrung voraus ist. Der Dunkle und Mephisto haben viele Menschen beobachtet und somit alles gesehen. Während Mephisto aus Langeweile besagte Wette eingeht, ist der Dunkle immer weiter auf der Suche nach der Vermehrung seiner Macht. Auch er ist im Kern ein *Teil von jener Macht, die stets das Böse will und stets das Gute schafft.* Diese paradoxe Selbstdefinition von Mephisto trifft ebenso auf General Kirgistan zu, nur umgekehrt. Wir erfahren nämlich, dass der Dunkle die Schattenflur aus Zorn heraus geschaffen hat, mit der Begründung, jene zu beschützen, die er liebt. Damit ist der Dunkle eine vielschichtigere Figur als Mephisto, weil er auch lieben kann. Die Erschaffung der Schattenflur, des ultimativen bösen Elements der magischen Welt, geht also auf einen Akt der Liebe zurück. Manipulativ ist der Dunkle dennoch. Das wird in der Szene deutlich, in der er mit Alina am Brunnen im Wald steht. Dort erzählt er ihr die Geschichte, dass er eine Weile immer hierhergekommen sei, um eine Münze in den Brunnen zu werfen (der Trevi-Brunnen Roms lässt grüßen) und sich zu wünschen, jemand anderer zu sein.[371] Seine Mutter erzählt Alina später eben diese Geschichte, mit dem Zusatz: Lass mich raten – er hat dir diese Geschichte erzählt? Es ist also eine jahrhundertealte Mitleidsmasche, die der Dunkle hier bespielt. Der gutaussehende General kann die Menschen um den Finger wickeln, aber auch die

---

371   Staffel 1, Folge 4.

Zauberer. Die Grisha Zoya dürstet geradezu nach ihm.[372] Wie Mephisto auf dem Brocken von einer Hexe angeflirtet wird, so flirtet auch Zoya mit dem Dunklen. Schwarze Magie ist, damals wie heute, sexy.

Akt 2: Die Dynamik. Auch Alina findet den Dunklen sexy. Von Anfang an ist da eine starke Anziehungskraft zwischen den beiden. Sie beginnen, mit Alinas Macht zu spielen und sind berauscht von ihren Fähigkeiten. Wie Faust und Mephisto losziehen und, das ist noch stärker in der Faustbearbeitung des 16. Jahrhunderts erkennbar, mit den Sterblichen Scherze treiben, um Fausts neu gewonnene Macht auszuspielen, so spielen auch der Dunkle und Alina mit ihren Kräften. Als sie am Brunnen stehen, nennt der Dunkle seinen Vornamen und bittet Alina, ihn mit diesem anzusprechen: Aleksander. Wie bei Gretchen und Faust ist die Anrede mit dem Vornamen ein Symbol für Verbundenheit, dem ein eigener Wortwechsel gewidmet ist – daran können wir die Bedeutung ermessen. In beiden Fällen gibt es ein Symbol, das zwischen den Protagonisten steht: eine uralte Gestalt, die ihrer beider Schicksal bestimmen wird. Im Fall von Mephisto und Faust ist es die griechische Schönheit Helena. Der Faust des 16. Jahrhunderts beschwört sie für die Studenten herauf, um ihnen seine Zauberkraft zu demonstrieren. In *Shadow and Bone* ist es die Gestalt des weißen Hirschs. Der weiße Hirsch wird schon lange vom Dunklen gesucht. Alina findet ihn schließlich mithilfe ihres Freundes Mal. Das Tier muss sterben, damit Alina sein Geweih unter die Haut eingesetzt bekommt. Dieser Prozess soll ihre Fä-

---

372 Staffel 1, Folge 6.

higkeiten verstärken. Der Dunkle lockt sie mit dem Plan, ihre Fähigkeiten alleine zum Zweck auszubauen, die Schattenflur zu zerstören. Aber in Wahrheit will er ihre Macht kontrollieren, was in der Szene, in der ihr das Geweih unter die Haut gesetzt wird, deutlich wird.[373] Beide alten Mythen werden Realität, um die Kraft Mephistos und des Dunklen unter Beweis zu stellen.

Akt 3: Die großen Gefühle. Zwischen Faust und Mephisto entwickelt sich eine Art Partnerschaft – schließlich sind sie durch das Versprechen, das Mephisto Faust gegeben hat, aneinandergebunden. Zwischen dem Dunklen und Alina stehen ebenfalls starke Gefühle. Wenn Faust Mephisto braucht, werden seine Kräfte stets mehr. Ersichtlich wird das zum Beispiel in der Verwandlung in einen jungen Mann. Faust muss verjüngt werden, um für die gemeinsame Reise gewappnet zu sein. Er wird dadurch körperlich stärker. Das ist auch bei Alina der Fall, wenn sie den Dunklen berührt. Ihre Lichtenergie wird noch intensiver. Das Licht spiegelt die tiefen Gefühle wider, die die beiden füreinander haben. Es symbolisiert die Verbindung durch den Pakt, den sie schließen. Im Fall von Alina lautet dieser: Der Dunkle bildet sie aus, damit sie die Schattenflur zerstören kann. Im Fall von Faust lautet der Pakt: Mephisto gibt ihm alles, bis er zum Augenblick sagt *Verweile doch, du bist so schön* sagt. Die beiden Menschen glauben nicht völlig an diese Versprechen, aber lassen sich nach und nach darauf ein. In beiden Fällen sind Gefühle die Basis – bei Faust das Streben nach Glück, bei Alina die starken romantischen (oder erotischen) Gefühle

---

373 Staffel 1, Folge 7.

für den Dunklen. Aber Faust und Alina haben noch etwas gemeinsam: sie haben beide eine große Liebe. Faust verliebt sich in Gretchen, Alina in Mal. Beide realisieren zuerst nicht, dass diese Person ihr Schicksal sein wird. Erst, als sie von ihm getrennt wird, gesteht Alina Mal in einem Brief: *Du bist mein Nord.*[374] Damit bezieht sie sich auf das Bild eines Kompasses. Was die beiden einander wirklich bedeuten, wird auch hier an dem Ort deutlich, an dem alle wahren Gefühle ans Tageslicht kommen, nämlich in der Natur.[375] Wie Faust Gretchen seine Gefühle im Gartenhäuschen gesteht, so ist es für Mal und Alina die kleine Höhle, in der sie sich verschanzen, als sie auf der Flucht sind. Zum Kuss kommt es übrigens in beiden Fällen an dieser Stelle noch nicht. Aber der oder die Zusehende weiß: Das ist die wahre Liebe.

Mal ist in den Kleinen Palast gekommen, um Alina zu finden. Er möchte preisgeben, wo sich der weiße Hirsch aufhält. Der Dunkle empfängt ihn und bemerkt sofort, wen er da vor sich hat: Alinas wahre Liebe. Mal will zuerst Alina sehen, bevor er den genauen Aufenthaltsort des Hirschs verrät. Das will der Dunkle aber aus Eifersucht verhindern und befiehlt, Mal töten zu lassen; dieser kann jedoch fliehen. Auch Mephisto ist eifersüchtig auf die Liebesgeschichte von Faust und Gretchen. Als es im Gartenhäuschen fast zum Kuss kommt, unterbricht er das Paar. Die Botschaft, die zugrunde liegt, ist klar: Wer liebt, kann der Dunkelheit widerstehen. So verführerisch

---

374 Staffel 1, Folge 3.
375 Staffel 1, Folge 6.

sie auch sein mag. So sehr sie auch aussehen mag wie Ben Barnes.

9.3 ANATOMIE DES MENSCHEN: *BIOHACKERS*

Die nächste große Frage ist eine Abwandlung jener Frage, die Faust ganz zu Beginn stellt: Was hält die Welt im Inneren zusammen? Wir haben im Barockzeitalter gesehen, dass es darum ging, den Menschen zu definieren. Was macht den Menschen aus? Ist er ein *Wohnhauß grimmer Schmertzen*[376], wie Andreas Gryphius meinte?[377] Die Serie *Biohackers* geht eben dieser Frage in modernem Gewand nach. Es geht um Gen-Experimente, die an Embryonen durchgeführt wurden. Im Mittelpunkt steht eine erfolgreiche Forscherin, Prof. Tanja Lorenz, die in Freiburg im Breisgau im futuristischen Glasgebäude der Unibibliothek wild experimentiert. Eines Tages taucht eine mysteriöse Studentin auf, die sich ihr als Mia Ackerlund vorstellt. In Wahrheit heißt sie Emma Engels und ist eines der Kinder, die als Embryo genetisch verändert wurden. Sie will aufklären, woher sie kommt und weshalb ihre Eltern sterben mussten.

Wir fühlen uns an Simplicissimus erinnert, denn auch hier wird ein sehr dunkles Thema wird in ein sehr humorvolles Setting verpackt. Die Oberfläche im 17. Jahrhun-

---

376   Beginn des Sonetts Menschliches Elende; in: Gryphius, Gedichte, S. 6.
377   wer noch einmal nachlesen möchte: siehe Kapitel 2.2.

dert ist der brachiale Humor. In der Serie ist es die lustige, crazy WG, in die Mia einzieht. Da ist Ole, der alle seine Experimente an sich selbst durchführt, Mitbewohnerin Lotta, die immer nackt durch die Wohnung hüpft und das Leben hauptsächlich damit verbringt, wilde Partys zu feiern und zu guter Letzt die kluge Chen-Lu, die fluoreszierende Pflanzen züchtet. Sie alle könnten ihren Platz im modernen Schelmenroman finden. Der Hintergrund aber ist ernst: Es geht um den genetisch perfekten Menschen. Wenn die Literaten des 17. Jahrhunderts darüber lamentierten, dass der Mensch doch hauptsächlich aus Schmerzen und Depression besteht, so ist diese Unvollkommenheit nichts anderes als der Gedankengang, der dieser Serie zugrunde liegt. Der perfekte Mensch muss erschaffen werden! Dabei ist fehlende Perfektion das Schlimmste, das unsere Zeit sich vorstellen kann. Das Projekt, bei dem Prof. Tanja Lorenz experimentiert hat, heißt demnach auch *Homo Deus* – der Mensch als Gott, der Mensch als Schöpfer. So weit wäre die Literatur des Barockzeitalters freilich nie gegangen, das Ringen um die Frage, weshalb ein perfekter Gott keine perfekten Menschen schaffen konnte, ist immer da. Was tröstet, ist die Natur. In Kapitel 2 haben wir das in den Parallelen zum biblischen Hohelied gesehen. Da wird von *Lustgärten* geschrieben und in der Lyrik von *Quellen,* die rein und unbeschadet fließen. Die Natur ist die Welt, in der noch alles in Ordnung ist. So ist es auch in dieser Serie: Der erste Kuss zwischen Mia und Jasper, dem Assistenten von Prof. Lorenz, findet im Wald an einem See statt.[378] In

---

378 Staffel 1, Folge 2.

der Natur ist Platz für die richtigen Gefühle. Da passt es auch gut, dass Chen-Lu ausgerechnet Pflanzen nachbauen will: Sie stehen für Glück und Reinheit. Auch, wenn sie in diesem Fall fluoreszieren.[379] Mia und Jasper erleben einen lustigen Partyabend inmitten von leuchtenden Hanfpflanzen und spüren eine Ausgelassenheit, die beiden Charakteren im Alltag fehlt. Dazu kommt noch ein anderes Problem, denn Jasper ist schwer krank und nur eine Gentherapie kann ihn heilen. Der junge Student hat alles: Intellekt und eine sichere Position, aber tief in ihm schlummert die Krankheit, also der Tod.

Es ist eine Grundannahme des 17. Jahrhunderts, dass der Mensch innerlich zerfressen und leidend ist. Genauso betrachten wir im 21. Jahrhundert den Menschen – wer nicht schön ist, ist auch weniger liebenswert. Wer seine Leistung nicht erbringen kann, wird von der Gesellschaft ausgeschlossen. Die Lustgärten, die in der bibelfesten Welt des 17. Jahrhunderts noch existiert haben, muss sich das 21. Jahrhundert in Knallfarben im Rausch darstellen, um sie überhaupt noch zu finden.

9.4 DIE RÄUBER SIND LOS: *HAUS DES GELDES*

In der spanischen Netflix-Serie *La Casa de Papel* geht es um eine bunt zusammengewürfelte Räubertruppe, die die staatliche Münzprägeanstalt in Madrid überfällt. Dort wollen sie so viel Geld drucken, dass alle gut davon le-

---

379 Staffel 1, Folge 3.

ben können. Ein Mann, der sich *der Professor* nennt, leitet die Operation. Sie brechen in die Bank ein, führen die Polizei an der Nase herum und verschwinden dann mit ihrer Beute. Soweit der Plan in der Theorie. Aber natürlich kommt Etliches dazwischen, was unterhaltsam und voller überraschender Wendungen ist.

Wie in Schillers Drama *Die Räuber* ist auch diese Gruppe wahllos zusammengestellt.[380] Ebenso gibt es einen Kopf der Bande: hier der Professor, dort Karl Moor. Und immer wieder taucht die Frage auf, ob diese Bande eigentlich über dem Gesetz stehen darf. Eine Parallele zwischen dem Professor und Karl Moor ist, dass alles an ihnen als Person hängt. Der Professor hat das Kommando. Er ist selbst nicht in der Bank, sondern zieht im Hintergrund die Fäden. Wenn er ausfällt, gibt es ein Problem. Auch an Karl Moors Persönlichkeit hängt alles. Sagt er, dass eine Stadt überfallen wird, folgen ihm seine Kameraden blindlings. Beide Charaktere sind charismatisch, rhetorisch gewandt und vertreten ihre Überzeugungen. Wenn der Professor seine Reden auf der Videoleinwand hält, lauscht ganz Spanien. Wenn Karl Moor etwas zu sagen hat, hören ihm alle zu. Beide sind von der Beziehung zu ihrem Vater tief geprägt. Karl Moor hat seinen Vater sehr geliebt. Als er von dessen (vermeintlichem) Tod erfährt, ist er am Boden zerstört. Auch der Professor, das erfahren die Zuschauer in Staffel 5, hat seinen Vater sehr geliebt. Dieser wurde vor seinen Augen getötet. Der Professor beschließt, selbst ein Dieb zu werden, um es seinem Vater

---

380 wer noch einmal zu den Räubern nachlesen möchte: siehe Kapitel 5.1.

nachzutun. Bei Karl Moor ist es genau umgekehrt; er will eben nicht in die Fußstapfen des Vaters treten. Andere Rollen spielen jeweils die Brüder. Karl und Franz Moor sind erbitterte Feinde, die um die Gunst des Vaters, Amalias und um ihren Platz in der Thronfolge kämpfen. Der Professor und sein Bruder, der unter dem Decknamen *Berlin* operiert, arbeiten gemeinsam an dem Projekt. Aber ebenso wie Franz und Karl sind die Brüder des 21. Jahrhunderts nicht uneingeschränkt Sympathieträger. Auch Berlin ist ein bisschen eifersüchtig auf den Professor und auch er ist, wie Franz, nicht leicht zu durchschauen. Mit den Frauen hat er ebenso wenig Glück. Berlin verliert seine Frau nicht an seinen Bruder, sondern an seinen Sohn. Und: Während der Professor gleichzeitig gegen soziale Ungerechtigkeit kämpft, hat Karl Moor rein egoistische Ziele in seinen Vorhaben. Er geht sogar so weit, dass er Städte angreift und Unschuldige tötet. Der Professor hingegen würde niemals Unbeteiligte töten. Das zeigt sich in der Szene, in der er überlegt, die Mutter der Polizistin Raquel zu vergiften.[381] Sein ganzer Plan hängt am seidenen Faden. Er hat der alten Frau das Gift schon in den Tee geträufelt, aber entscheidet sich dann dagegen, ihr diesen zu trinken zu geben. Der Professor ist kein Mörder, Karl Moor schon. Dementsprechend hängt über beiden Vorhaben stets die Frage, ob jemand, der außerhalb des Gesetzes steht, gut sein kann. Am Ende von Schillers Drama liefert Karl Moor sich der Gerichtsbarkeit aus. Nicht so der Professor im 21. Jahrhundert. Ende der 5. Staffel ist es wieder ein Trick, mit dem er den Kommissar

---

381 Staffel 1, Folge 13.

an der Nase herumführt. Dadurch, dass in der Serie viel über soziale Medien gespielt wird, ist von Anfang an klar, dass die Bevölkerung die Räuber feiert. Hätte es im 18. Jahrhundert diese Möglichkeit gegeben, hätte Karl Moor mit seiner Räuberbande wohl wenige Likes eingefahren. Für die Zuseher der Geiselnahme aber sind der Professor und sein Team eindeutig die Guten. Dementsprechend liefert sich dieser auch nicht der Gerichtsbarkeit aus. In Staffel 4 muss Raquel einmal vor Gericht aussagen, aber sofort danach wird sie von einem Team des Professors befreit. Die Gerechtigkeit liegt in der Vorstellung des 21. Jahrhunderts außerhalb des Gesetzes.

9.5 REISENDE IM RAUSCH: *EMILY IN PARIS*

An die Grenze des Gesetzes rückt die Serie *Emily in Paris* zwar nicht, dafür hart an die des Ertragbaren. Die klischeebehaftete Tour de France ist manchmal dermaßen übertrieben, dass es stellenweise weh tut. Trotzdem, oder gerade deshalb, zeigt sie aber so gut, was schon Goethe wusste: In unserer Zeit muss man ab und zu einmal fliehen. Wie Goethe zu seiner Tour nach Rom aufbrach, um der schönen Faustina das Versmaß auf den Rücken zu klopfen, reist Emily Cooper im 21. Jahrhundert nach Paris. Dort klopft sie jedoch niemandem Verse auf den Rücken. Stellenweise fragt sich der Zuseher vielleicht sogar, ob sie überhaupt schreiben kann. Interessant ist gerade dieser Punkt, denn sie arbeitet in der Werbebranche. Werbung steht hier für Leichtigkeit und Oberflächlichkeit. Weil ihre Chefin schwanger ist, wird Emily in die

Metropole an der Seine geschickt, um dort bei einer französischen Dependance nach dem Rechten zu sehen. Das amerikanische Unternehmen muss schließlich den Europäern zeigen, was heute chic und angesagt ist. Emily kommt mit einem geflöteten *Fake it till you make it* nach Paris, ohne ein einziges Wort Französisch zu sprechen. Zwar wundert sie sich, dass das alle komisch finden, aber ihre Röcke sind kurz und ihre Überheblichkeit umso größer, deshalb wird dieser Umstand nie wirklich zum Problem. Bald schon wüsste sie ohnehin Besseres mit ihrer Zunge anzufangen als zu sprechen, läuft sie doch dem attraktiven Gabriel über den Weg. Obwohl dieser eine Freundin hat, entwickeln sich zwischen den beiden Gefühle und man kann dabei zusehen, wie sie sich langsam näher kommen.

Paris ist für Emily alles, was Rom wohl für Goethe war: Traumstadt, neue Erfahrung und Einladung zu sexuellen Abenteuern.[382] In einer Traumstadt werden natürlich Träume wahr: Emily arbeitet in einem schicken Büro in der Innenstadt und wohnt in einem tollen Apartment. Den Traum wird aber nicht sie sich wahrmachen, sondern ihre neu gewonnene Freundin Ashley. Diese hat nämlich eine großartige Stimme, traut sich aber nicht zu singen. Mit Emilys Hilfe tut sie es eines Tages dann doch und siehe da: ihre Stimme verzaubert alle. Wie bei Goethe ist auch bei ihr die Traumstadt Trigger für Sehnsüchte und das Ausleben eines Teils der Persönlichkeit, der zu Hause zu kurz kommt. Für Emily stehen eine Reihe neuer Erfahrungen, nicht nur kulinarischer Natur, an. Sie muss

---

382 wer hierzu nochmals nachlesen möchte: in Kapitel 7.1.

sich an die Kultur anpassen (Stichwort: Machos beim Fotoshooting) und wird sofort von etlichen Männern angemacht. Ein Beispiel: Jemand, den sie auf einer Party aufgabelt, der neue Kunde der Werbeagentur, schickt ihr kurz darauf in einem schwarzen Geschenkpaket Unterwäsche an ihren Schreibtisch. Doch eigentlich will sie ja etwas von Gabriel. Auch Goethe musste die Erfahrung machen, dass eine begehrte Frau nicht frei war. Wir lernen: Wer etwas über Leidenschaft lernen will, muss ins Ausland der romanischen Sprachen gehen. Dort wird er oder sie loslassen und sich endlich dem reinen Gefühl hingeben können.

9.6 TRATSCH IN TÜLL: *BRIDGERTON*

In der knallbunten, überzuckerten Welt der Serie *Bridgerton* dreht sich alles um die feine Gesellschaft des beginnenden 19. Jahrhunderts in England. Diese Gesellschaft hat ihre Regeln, die uns sehr bekannt vorkommen: Man muss standesgemäß heiraten. Und: Eine außereheliche Schwangerschaft bedeutet immer einen Skandal.

Es geht in der Serie, die auf Netflix alle Rekorde brach, um die Familie Bridgerton. Diese besteht aus Mutter Bridgerton und ihren acht Kindern, deren Namen mit den jeweils aufeinanderfolgenden Buchstaben beginnen: Anthony, Benedict, Colin, Daphne, ... Staffel 1 beginnt damit, dass Tochter Daphne in die feine Gesellschaft eingeführt wird. Sie soll in der Ballsaison einen Verehrer wählen, um diesen später zu heiraten. Natürlich passieren alle möglichen Dinge, sodass acht Folgen mit dieser

Aufgabe gefüllt sind. Da sind beispielsweise ihr pflicht-bewusster Bruder Anthony, der ein Verhältnis mit einer Schauspielerin hat, oder ihre neugierige Schwester Eloise. Aber die wichtigste Frage geht alle in der feinen Gesell-schaft etwas an: Wer ist die geheimnisvolle Schreiberin, die unter dem Decknamen *Lady Whistledown* ihre *Socie-ty Papers* veröffentlicht? In diesen kleinen Flugblättchen deckt die Lady öfters das eine oder andere Geheimnis der Protagonisten auf, was diesen natürlich nicht gefällt.

Weshalb *Bridgerton* so ein *guilty pleasure* ist, wissen alle, die die Serie gesehen haben: schöne Menschen, zauber-hafte Kleider, traumhaftes Setting – und die ganz großen Gefühle. Simon Basset, der Herzog von Hastings, sagt das auch genau so: *Meine Gefühle sind unwichtig oder viel-mehr Schuld an allem.*[383] Die ganze Geschichte ist voller Gefühle, die nicht sein sollten. Wir fiebern mit, ob sich die Figuren ihre Emotionen am Ende doch noch einge-stehen können. Dabei treffen wir auf altbekannte Mo-tive. Erstens: Wie erwähnt ist eine uneheliche Schwan-gerschaft ein Problem.[384] Zweitens: immer, wenn etwas Wichtiges gesagt wird, regnet es.[385]

Werfen wir einen Blick auf Nummer Eins: Der Cha-rakter Marina zieht in Staffel 1 ins Haus der Familie Fe-atherington. Sie soll mit auf diverse Bälle kommen, um einen Verehrer zu finden. Was erst später bekannt wird: Sie ist schwanger. Lady Featherington fällt aus allen Wol-ken, beschließt aber, dass sie es wagen muss, für Marina

---

383 Staffel 1, Folge 5.
384 wer hierzu nochmals nachlesen möchte: in Heinrich von Kleists *Die Marquise von O.*, siehe Kapitel 3.2.
385 wie in Die Leiden des jungen Werthers, siehe Kapitel 5.2.

einen Bräutigam zu suchen und die Hochzeit möglichst
schnell über die Bühne zu bringen. Einen geeigneten, da
höchst standesgemäßen Verehrer findet sie in Colin Bridgerton, dem dritten Sohn der Familie. Colin hat sich in
Marina verliebt und will sie heiraten. Marina hegt keine
romantischen Gefühle, schätzt Colin aber als tugend-
haften Mann, der ihr und ihrem Kind ein gutes Leben
ermöglichen könnte. Marina vertraut sich ihrer Freundin Penelope Featherington an. Die immer in kreisch-
gelbe Rüschen gekleidete Penelope ist aber heimlich in
Colin verliebt und will nicht, dass Marina ihn hintergeht. Ihre Warnungen an Colin stoßen jedoch auf taube
Ohren: Marina und Colin kündigen ihre Verlobung auf
einer Gartenparty an. Dann kommt Lady Whistledown
ins Spiel. Die schreibende Unbekannte veröffentlicht in
ihrem Blättchen die Nachricht, dass Marina schwanger
ist.[386] Diese Offenbarung schlägt ein wie eine Bombe.
Wir fühlen uns an das Schicksal der Marquise von O. erinnert. Sie veröffentlicht die Wahrheit über ihren Zustand
ebenfalls in einem Papiermedium, nur in der Zeitung und
das auch noch freiwillig. Im Gegensatz zur Marquise
weiß Marina auch, wer der Vater des Kindes ist: nämlich
ihre große Liebe George, ein Soldat. Colin Bridgerton ist
am Boden zerstört und löst die Verlobung. Bevor er sich
von Marina verabschiedet, lässt er sie wissen, dass er sie
vom Fleck weg geheiratet hätte, wenn sie ihm gleich am
Anfang die Wahrheit gesagt hätte.[387] Hätte sie doch von
der Marquise gelernt und sich von selbst offenbart, dann

---

386 Staffel 1, Folge 6.
387 Staffel 1, Folge 7.

hätte sie sogar Colins Liebe haben können! Interessant ist auch, dass Marina daraufhin versucht, ihr Kind abzutreiben. Das hätte die Marquise niemals getan. Hier zeigt sich auch, wie alles zusammenhängt: Diejenige (die Marquise), die von Anfang an ehrlich war, bekommt eine Liebesheirat. Diejenige (Marina), die gelogen hat, muss am Ende den Bruder ihrer großen Liebe aus Pflichtgefühl heiraten. Die zweite Staffel zeigt sie zu Beginn zufrieden und versorgt. Colin besucht sie trotzdem. Als sich die beiden in Marinas Anwesen, das sie mit ihrem Mann und den Kindern teilt, gegenüberstehen, wird nicht viel gesagt. Die Funken aber sprühen. Sehr oft wiederholt Marina, wie gut es ihr geht. In Colins Augen können wir eindeutig lesen, dass die Gefühle für die Frau, die ihm gegenübersteht, ungebrochen stark sind.

Der zweite Aspekt betrifft die Liebesgeschichte zwischen Daphne und Simon. Nach einigem Hin und Her heiraten die beiden, aber er will aufgrund eines alten Eides keine Kinder zeugen. Das ist für Daphne ein großes Problem. Die beiden beschließen, ihre Ehe aufzugeben und dies nach dem letzten Ball der Saison anzukündigen, der bei ihnen stattfindet. Aber dazu kommt es nicht, denn es beginnt zu regnen. Der Regen fällt auf die Steine des Innenhofs und die feine Gesellschaft flüchtet in den Lichtgang. Nicht so Daphne, die stehenbleibt und die Augen schließt, um zu spüren, wie das Wasser an ihrem Körper hinunterläuft. An ihrem Lächeln sehen wir: Es ist eine Befreiung. Simon steht daneben und sieht seiner schönen Frau dabei zu, wie sie sich im Regen dreht. Und dann ist es, als wären alle Dämme gebrochen. Daphne gesteht Simon, dass sie die Briefe gefunden hat, die er seinem Vater als Kind schrieb. Sie weiß um das schwierige Verhältnis der beiden und sagt ihm *I love you*.[388] Sie versichert Simon, dass er nicht perfekt sein muss, um geliebt zu werden. Die beiden sehen einander lange an. Was sie zu ihm sagt, erschüttert ihn tief. Wie Werther und Lotte stehen die beiden im Sommergewitter. Der Himmel wäscht die Kommunikationsschwierigkeiten fort. Werther konnte das Gras riechen, das im Regen zu dampfen beginnt. Auch Daphne konzentriert sich ganz auf das Wasser, das sie spüren kann und atmet so tief ein und aus, dass wir sicher sind, auch sie kann das Gras riechen. Dort, wo die Liebenden des ausgehenden 18. Jahrhunderts sich nur *Klopstock* zuflüstern können, kann Daphne zu Simon schon *Ich liebe dich* sagen. Das intime Geständnis ist nur bei Regen möglich - dort, wo die Natur regiert. Auch Simons Sorge, dass er nicht der Mann werden kann, den Daphne verdient, erinnert uns an Werther, der seine Lotte moralisch ebenso auf die höchste Stufe stellt. Lotte und Daphne sind von ihren großen Familien umgeben, während Simon und Werther Einzelgänger sind, die vom Gefühl der Liebe regelrecht kalt erwischt werden und sie erst lernen müssen damit umzugehen...

Es ist wohl wieder erstaunlich, welche Motive sich das 21. Jahrhundert aus der Geschichte herauspickt, um mit der eigenen Gegenwart besser zurechtkommen zu können.

---

388 Staffel 1, Folge 8.

Seien Sie versichert, werte Leserschaft, es gibt noch viel mehr Geheimnisse zu enthüllen.
Ihre Lady Whistledown.

DANKSAGUNG

Es war eine lange Reise. Zum ersten Mal war ich als Kind in Weimar. Jetzt ist der große Dichter Goethe so selbstverständlich Teil meines Lebens wie es nur Geliebte sein können. Aber vielleicht bin ich genau das: seine Liebhaberin, über die Zeiten hinweg. Wir haben uns in der Schule kennengelernt und dann aus den Augen verloren. Aber er war immer da. Zum Leben erweckt hat ihn der große Goethe-Biograf Nicholas Boyle, an dessen Kaminfeuer in Magdalene College in Cambridge ich vor Zorn über eine Entwicklung der Handlung in seinem Roman *Die Wahlverwandtschaften* beinahe in Tränen ausgebrochen wäre. Professor Boyle, ein sympathischer Mann mit weißem, schütterem Haar, klugen Augen und einem verschmitzten Lächeln, sah mich amüsiert an. Als mir klar wurde, dass ich mich hier völlig unakademisch über eine Romanfigur aufgeregt hatte, wurde ich beschämt still. Aber er zeigte mit dem Finger auf mich und sagte: »Jetzt verstehen Sie. Jetzt sind Sie wirklich dort.« Und ich lernte: Wenn eine Leserin zweihundert Jahre später so auf ein Gefühl reagiert, ist ein genialer Schriftsteller am Werk gewesen und nichts weniger als das. Dort hat Goethe mich in meinem Innersten erschüttert.

In Rom saß ich ein paar Jahre später in der Bibliothek der Casa di Goethe, absolvierte ein Praktikum und stürzte mich des Nachts in die Leidenschaften der Ewigen Stadt.

Dort begann ich seine *Römischen Elegien* zu lesen, folgte ihm auf den verschlungenen, verheißungsvollen Pfaden unserer gemeinsamen Traumstadt. Es war Sommer, als ich diesen Ort verließ. Ich drehte mich zwei Mal auf der Piazza del Popolo um mich selbst. Dort hat Goethe mich umarmt. Und ich wollte zum Augenblicke sagen: *Verweile doch, du bist so schön.*

Besonders bedanken möchte ich mich bei Prof. Nicholas Boyle, dessen Wissen über den großen Dichter ich wie ein Schwamm aufsog.

Danke an meine Freunde, mit denen ich in Rom auf Goethes Spuren zur Momentesammlerin wurde: Pia, Lara und die herzhafte Anna, Claudia und Björn, Ulf, Richard und Hannes.

Danke an Bonnie und Juliane, mit denen ich lange telefoniert habe, um diesen Band zu strukturieren. Danke für eure fachkundigen Gedanken zu Lessing, Schiller und ihrer Zeit.

Vielen Dank an meine Familie, die mich in Schreibphasen nur mit geröteten Augen panisch nach der nächsten Kaffeemaschine suchend kennt und mich trotzdem noch liebt.

Und danke an meine Freunde, die mich von nah und fern unterstützen, meine rekordverdächtig langen Sprachnachrichten abhören und mir den Mut geben, meinen eigenen Weg zu gehen.

ZUM WEITERENTDECKEN

Kapitel 2

Sebastian Brant, Das Narrenschiff

Martin Luther, Tischreden

Sibylla Schwarz, Gedichte

Kaspar von Stieler, Gedichte

Paul Fleming, Gedichte

Andreas Gryphius, Gedichte

Martin Opitz, Das Buch von der Teutschen Poeterey

Andreas Gryphius, Carolus Stuardus

Philipp von Zesen, Gedichte

Christian Hoffmann von Hoffmanswaldau, Gedichte

Kapitel 3

Gotthold Ephraim Lessing, Fabeln

Gotthold Ephraim Lessing, Minna von Barnhelm

Gotthold Ephraim Lessing, Miss Sara Sampson (für ganz viel Gefühl!)

Kapitel 4 & 5

Heinrich von Kleist, Michael Kohlhaas

Heinrich Wilhelm von Gerstenberg, Ugolino

Georg Büchner, Lenz

Heinrich von Kleist, Das Erdbeben in Chili

Kapitel 6

Für den Anfang zu Balladen: Deutsche Balladen (Reclams Universalbib-

BIBLIOGRAFIE

Primärliteratur

Bircher, Martin / Kemp, Friedhelm (Hg.): Catharina Regina von Greiffenberg. Sämtliche Werke in zehn Bänden. Band 1. Geistliche Sonnette, Lieder und Gedichte. (Kraus Reprint 1983)

Die Bibel, Einheitsübersetzung der Heiligen Schrift. Gesamtausgabe. (Katholische Bibelanstalt, Stuttgart 2017)

Goethe, Johann Wolfgang von: Die Leiden des jungen Werthers, In: Trunz, Erich und Benno Wiese (Hrsg.): Johann Wolfgang von Goethe. Werke. Hamburger Ausgabe in 14 Bänden. Band 6. (Deutscher Taschenbuch Verlag 2000)

Goethe, Johann Wolfgang von: Faust, In: Trunz, Erich und Benno Wiese (Hrsg.): Johann Wolfgang von Goethe. Werke. Hamburger Ausgabe in 14 Bänden. Band 3. (Deutscher Taschenbuch Verlag 2000)

Goethe, Johann Wolfgang von: Italienische Reise, In: Trunz, Erich und Benno Wiese (Hrsg.): Johann Wolfgang von Goethe. Werke. Hamburger Ausgabe in 14 Bänden. Band 11. (Deutscher Taschenbuch Verlag 2000)

Grimmelshausen, Hans Jacob Christoph von: Der abenteuerliche Simplicissimus. Gekürzte Ausgabe. (herausgegeben von Walter Schafarschik, Reclam 2009)

Gryphius, Andreas: Gedichte. Eine Auswahl. (herausgegeben von Adalbert Elschenbroich, Reclam 2007)

Kleist, Heinrich von: Der zerbrochne Krug. (Reclam 2008)

Kleist, Heinrich von: Die Marquise von O. ... / Das Erdbeben in Chili. (Reclam 2019)

Laufhütte, Hartmut (Hg.): Balladen von Friedrich Schiller. Deutsche Balladen. (Reclam 2005)

Lenz, Jakob Michael Reinhold: Der Hofmeister. (Reclam 2007)

Lessing, Gotthold Ephraim: Emilia Galotti. (Reclam 2021)

Lessing, Gotthold Ephraim: Nathan der Weise. (Reclam 2021)

Lyrik, Balladen, Römische Elegien und Venezianische Epigramme von Johann Wolfgang von Goethe: In: Trunz, Erich und Benno Wiese (Hrsg.): Johann Wolfgang von Goethe. Werke. Hamburger Ausgabe in 14 Bänden. Band 1 und 2. (Deutscher Taschenbuch Verlag 2000)

Raimund, Ferdinand: Das Mädchen aus der Feenwelt oder Der Bauer als Millionär. (Reclam 2019)

Raimund, Ferdinand: Der Verschwender. (Reclam 2008)

Schiller, Friedrich: Die Räuber. (Reclam 2020)

Schiller, Friedrich: Kabale und Liebe. (Reclam 2010)

Shakespeare, Wiliam: Romeo e Giulietta (testo inglese/italiano; traduzione di Salvatore Quasimodo) (Mondadori 2016)

Silesius, Angelus: Cherubinischer Wandersmann. Sinnliche Beschreibung der vier letzten Dinge. In: Hans Ludwig Held (Hg.), Angelus Silesius. Sämtliche poetische Werke, Band 2 und 3 (Carl Hanser Verlag 1949)

Spies, Johann (Hg.): Historia von D. Johann Fausten. Text des Druckes von 1587. (herausgegeben von Stephan Füssel und Hans Joachim Kreutzer, Reclam 2006)

Tepl, Johannes von: Der Ackermann. Frühneuhochdeutsch. Neuhochdeutsch. (herausgegeben von Christian Kiening, Reclam 2000)

Wagner, Heinrich Leopold: Die Kindermörderin. Ein Trauerspiel. (Reclam 2014)

Sekundärliteratur (Auswahl)

Batts, Michael S.: Numbers and number symbolism in medieval german poetry. In: Heffner, Ray u. Dudley D. Griffith (Hrsg): Modern Language Quarterly, 1963. Bd. 24 (2007), S. 342-349.

Bäuml, Franz H.: Rhetorical devices and structure in the Ackermann aus Bohmen. (University of California Press 1960), S. 39-43.

Bedürftig, Friedemann: Taschenlexikon Dreißigjähriger Krieg. (Piper 1998)

Bertau, Karl: Johannes de Tepla. Civis Zacensis. Epistola cum Libello Ackerman und Das Büchlein Ackerman. Nach der Freiburger Hs. 163 und nach der Stuttgarter Hs. HB X 23. Zweiter Band. Untersuchungen. Einleitung, Untersuchungen zum Begleitbrief und zu den Kapiteln 1 bis 34 des Textes und Wörterverzeichnis mit Exkursen. (De Gruyter Verlag 1994), S. 20-34, S. 154-176.

Blackall, E.A.: The emergence of German as a literary language 1700-1775. (Cambridge University Press 1969)

Block, Richard: Spell of Italy: Vacation, Magic, and the Attraction of Goethe. (Wayne State University Press 2006)

Boerner, Peter: Italienische Reise (1816-1829). In: Lützeler, Paul Michel and James E. McLeod (Hrsg.): Interpretationen: Goethes Erzählwerk. (Reclam Verlag 1985), S. 344-362.

Borck, Karl Heinz: Juristisches und Rhetorisches im »ackerman«, In: Aubin, Hermann et al. (Hrsg.): Zeitschrift für Ostforschung. Länder und Völker im östlichen Mitteleuropa, 12. Jahrgang. (Marburg, Lahn, 1952), S. 401- 420.

Bosbach, Franz: Monarchia Universalis. Ein politischer Leitbegriff der frühen Neuzeit. (Schriftenreihe der Historischen Kommission bei der Bayerischen Akademie der Wissenschaften 32 (Göttingen 1988))

Boyle, Nicholas: Goethe in Paestum: a Higher-Critical Look at the Italienische Reise; Oxford German Studies, Vol. 20; Oxford University Press; Oxford: 1991-1992.

Boyle, Nicholas: Goethe: Faust. Part One (Landmarks of World Literature). (Cambridge University Press 2009)

Boyle, Nicholas: Goethe. The poet and the age: 1. The poetry of desire (1749-1790). (Oxford: Claredon Press 1991)

Brunt, Richard James: (1983) The Influence of the French language on the German vocabulary (1649-1735). (= Studia Linguistica Germanica 18). (De Gruyter 1983)

Carter, David R. (transl.): J.J. Winckelmann: On Art, Architecture and Archaeology. Introduction. (Camden House 2013)

Dane, Gesa (Hg.): Scharfsinn und Frömmigkeit. Zum Werk von Catharina Regina von Greiffenberg (1633-1694) (Irmela von der Lühe und Gail K. Hart (Hg.), Berliner Beiträge zur Literatur- und Kulturgeschichte. Band 16). (Peter Lang Verlag 2013)

Dingerdissen, Ulf / Gazzetti, Maria / Thimann, Michael (Hrsg.): Fonti d'Ispirazione. Quellen der Inspiration. Zweisprachiger Katalog zur gleichnamigen Ausstellung. (Casa di Goethe 2020)

Duncan, Bruce: Sturm und Drang passions and eighteenth-century psychology. In: Hill, David (Hrsg.): History of German Literature. Literature of the Sturm und Drang. Vol. 6. (Camden House 2003), S. 47-69.

Eco, Umberto: On beauty: a history of a western idea. (MacLehose Verlag 2010)

Ehalt, Hubert Christian / Hein, Jürgen (Hg.): Ferdinand Raimunds inszenierte Fantasien. Beiträge zum Raimund-Symposium im Rahmen der Wiener Vorlesungen. 22. Oktober 2007. (Verlag Lehner 2007)

Frank, Horst-Joachim: Catharina Regina von Greiffenberg. Leben und Welt der barocken Dichterin. (Sachse & Pohl 1967)

Gardt, Andreas: 'Das Konzept der Eigentlichkeit im Zentrum barocker Sprachtheorie', In: Andreas Gardt, Klaus J. Mattheier and Oskar Reichmann (Hrsg.), Sprachgeschichte des Neuhochdeutschen. (Niemeyer. (1995)), S. 145-167.

Glebe, Stephan: Geistliche Barockrhetorik. Studien zur Benediktinerpredigt des 17. Jahrhunderts am Beispiel von P. Sebastian Textor. (Verlag Dr. Kovač 2017)

Gray, Ronald: Poems of Goethe (Cambridge 1966)

Guthrie, John: Schiller the Dramatist. A study of gesture in the plays. (Camden House 2009)

Hachmeister, Gretchen: Italy in the German Literary Imagination: Goethe's »Italian Journey« and its reception by Eichendorff, Platen and Heine. (Camden House Verlag 2002)

Harris, Roy / Talbot, T.J. : Landmarks in Linguistic Thought. (Routledge 1989)

Hart, Gail K.: Friedrich Schiller. Crime, Aesthetics, and the Poetics of Punishment. (Rosemont Publishing & Printing Corp. 2005)

Haß-Zumkehr, Ulrike: Deutsche Wörterbücher. (De Gruyter 2001)

Held, Hans Ludwig: (Hg.), Angelus Silesius. Sämtliche poetische Werke, Band 1. (Carl Hanser Verlag 1949)

Hennig, Reinhard: Die Rechtfertigung des Todes unter dem status qualitatis. Zur Interpretation der Todesfunktion im Ackermann aus Böhmen, In: Moser, Hugo/von Wiese, Benno (Hrsg.): Zeitschrift für deutsche Philologie, Bd. 91, (Berlin, Schmidt, 1972), S. 374-383.

Hill, David: The rhetoric of freedom in the Sturm und Drang. In: Hill, David (Hrsg.): History of German Literature. Literature of the Sturm und Drang. Vol. 6. (Camden House 2003), S. 159-184.

Hill, David: The Sturm und Drang and the Idea of a Literary Period. In: Hill, David (Hrsg.): History of German Literature. Literature of the Sturm und Drang. Vol. 6. (Camden House 2003), S. 1-44.

Hofmann, Michael: Friedrich Schiller. Die Räuber: Interpretation. (Oldenburg 1996)

Hundt, Markus: »Spracharbeit« im 17. Jahrhundert: Studien zu Georg Philipp Harsdörffer, Justus Georg Schottelius und Christian Gueintz. (= Studia Linguistica Germanica 57). (De Gruyter 2000)

Josten, Dirk: Sprachvorbild und Sprachnorm im Urteil des 16. und 17. Jahrhunderts. (Peter Lang Verlag 1976)

Jung, Werner: Gotthold Ephraim Lessing (UTB Profile). (Wilhelm Fink 2010)

Kaminski, Johannes: Der Schwärmer auf der Bühne: Ausgrenzung und Rehabilitation einer literarischen Figur in Goethes Dramen und Prosa (1775-1786). (Werhahn 2012)

Kiening, Christian: Nichts oder etwas? Die Figur des Todes im Ackermann. (Online 1997, zuletzt abgerufen am 04.05.2022)

Kließ, Werner: Sturm und Drang. (Friedrich Verlag ³1975)

Lamport, F.J.: The revolt of Prometheus (i): Goethe and the »Sturm und Drang«. In: Lamport, F.J. (Hrsg.): German Classical Drama. (Cambridge University Press 1990), S. 32-51.

Lee, Charlotte: The Very Late Goethe. (Legenda Verlag 2014)

Martus, Steffen: Johann Wolfgang Goethes Die Leiden des jungen Werthers als Medienskandal. In: Friedrich, Hans-Edwin: Literaturskandale. (Peter Lang Verlag 2009)

McInnes, Edward: Ein ungeheures Theater. The Drama of the Sturm und Drang. In: Kafiz, Dieter (Hrsg.): Studien zur Deutschen Literatur des 19. und 20. Jahrhunderts. Bd. 3. (Peter Lang Verlag 1987)

Motzkin, Gabriele: Goethe's Theory of Memory. In: Hinderer, Walter (Hrsg.): Goethe und das Zeitalter der Romantik. (Königshausen und Neumann 2002) S. 151-162.

Müller, Gerhard Kardinal: Katholische Dogmatik: für Studium und Praxis der Theologie (Freiburg, Wien 2016)

Otto, K.F.: Die Sprachgesellschaften des 17. Jahrhunderts. (Metzler 1972)

Padley, G.A.: Grammatical theory in Western Europe 1500–1700. Trends in vernacular grammar II. (Cambridge University Press 1988)

Platelle, Fanny: Ferdinand Raimund et le renouvellement de la féerie viennoise. (Peter Lang Verlag 2021)

Roe, Ian: Ferdinand Raimund. (Wehrhahn Verlag 2010)

Safranksi, Rüdiger: Goethe und Schiller. Geschichte einer Freundschaft. (Hanser 2009)

Safranski, Rüdiger: Friedrich Schiller oder Die Erfindung des deutschen Idealismus. (Hanser 2004)

Safranski, Rüdiger: Goethe. Kunstwerk des Lebens. (Hanser 2013)

Schmidt-Wilpert, Gabriele: 'Die Bedeutung der älteren deutschen Grammatiker für das Neuhochdeutsche.', In: W. Besch et al. (Hrsg.), HSK 2.2 Sprachgeschichte, (De Gruyter 1984), S. 1556-1564.

Schneider, Helmut J.: Sozialgeschichtliche Werkinterpretation. Der Zusammensturz des Allgemeinen. In: Wellbery, D.E. (Hrsg.): Positionen der Literaturwissenschaft: Acht Modellanalysen am Beispiel von Kleists Das Erdbeben von Chili. (C.H. Beck Verlag 1985), S. 110-129.

Schneidmüller, Bernd: Grenzerfahrung und monarchische Ordnung. Europa 1200-1500. (C.H. Beck 2011)

Schorn-Schütte, Luise: Karl V. Kaiser zwischen Mittelalter und Neuzeit. (Beck'sche Reihe/ Wissen 2130 ³2000)

Schwarz, Ernst: Der Ackermann aus Böhmen des Johannes von Tepl und seine Zeit. (wiss. Buchgesellschaft 1968)

Sharpe, Lesley: Drama, Thought and Politics. (Cambridge University Press 1991)

Stoll, Christoph: Sprachgesellschaften im Deutschland des 17. Jahrhunderts. (List 1973)

Stolt, Birgit: Rhetorik und Gefühl im Ackermann aus Böhmen. In: Stolt, Birgit: Wortkampf. Frühneuhochdeutsche Beispiele zur rhetorischen Praxis, Frankfurt a.M., Athenäum, 1974, S. 11-30.

Vollmann, Benedikt Konrad: Prager Frühhumanismus? In: Heinzle, Joachim u. L. Peter Johnson (Hrsg.): Wolfram – Studien. Literatur im Umkreis des Prager Hofs der Luxemburger, Bd. 13, Berlin, Schmidt, 1994, S. 58-66.

Whaley, Joachim: Germany and the Holy Roman Empire 1. From Maximilian I to the Peace of Westphalia 1493-1648. (Oxford University Press 2012)

Wiesflecker, Hermann: Maximilian I. Die Fundamente des habsburgischen Weltreiches. (Wien 1991)

Zapperi, Roberto: Das Inkognito. Goethes ganz andere Existenz in Rom. (C.H. Beck Verlag 1999)

Zirker, O.: Die Bereicherung des deutschen Wortschatzes durch die spätmittelalterliche Mystik. (Verlag der frommanschen Buchhandlung, 1923)

Lexika

Braak, Ivo / Neubauer, Martin: Poetik in Stichworten. Literaturwissenschaftliche Grundbegriffe. Eine Einführung. (Gebrüder Borntraeger, Berlin, Stuttgart [8]2007)

Brockhaus - die Enzyklopädie: in 24 Bänden – 20. überarbeitete und aktualisierte Auflage. (Brockhaus, Leipzig, Mannheim 1997)

Gaede, Peter-Matthias (Hsg.): GeoLexikon. Themenlexikon Literatur. Schriftsteller, Werke, Epochen. Bd. 17-20 und 28-30. (Gruner+Jahr, Mannheim 2008)

Jaeger, Ferdinand (Hg.): Enzyklopädie der Neuzeit. (Metzler, Stuttgart 2005-2012)

Ricklefs, Ulfert: Fischer Lexikon Literatur Band 1-3. (Fischer Taschenbuch Verlag, Frankfurt am Main 2002)

Sørensen, Bengt Algot: Geschichte der deutschen Literatur 1. Vom Mittelalter bis zur Romantik. (C.H. Beck, München [3]2010)

Sørensen, Bengt Algot: Geschichte der deutschen Literatur 2. Vom 19. Jahrhundert bis zur Gegenwart. (C.H. Beck, München [3]2010)

Steimer, Bruno: Lexikon der Kirchengeschichte. (Wiss. Buchgesellschaft, Darmstadt 2013) In: Walter, Jens: (Hsg.), Kindlers Neues Literaturlexikon (München, Kindler). (es gibt auch eine Online-Ausgabe)

Adriaen van Utrecht-Vanitas, Stillleben mit Blumenstrauß und Schädel © ART Collection / Alamy Stock F

Jean-Baptiste Greuze, Der zerbrochene Krug © Masterpics / Alamy Stock Foto

Jan Cossiers, Prometheus trägt das Feuer © Heritage Image Partnership Ltd / Alamy Stock Foto

Johann Heinrich Wilhelm Tischbein, Goethe in der Campagna © GL Archive / Alamy Stock Foto

Angelika Kaufman, Porträt von Johann Wolfgang Goethe © Heritage Image Partnership Ltd
/ Alamy Stock Foto

EVA MÜHLBACHER
Zeitreisende – Deutsche Literatur für Entdecker: Teil 1 – von der Romantik bis zum Ersten Weltkrieg

ISBN 978-3-903263-19-2
Broschiert

ISBN 978-3-903263-20-8
E-Book

Dachbuch Verlag
www.dachbuch.at

Mit diesem Literaturführer eröffnet uns die Autorin einen neuen, zeitgemäßen Zugang zu »vergessenen« Klassikern à la Arthur Schnitzler, Novalis und Joseph von Eichendorff. Sie macht deutlich, dass Weltliteratur weder trocken noch verstaubt ist – im Gegenteil, viele Motive finden sich in der Popkultur von heute wieder, sei es in »Fifty Shades of Grey«, »Game of Thrones« oder den Serien-Hits auf Netflix. Vergänglichkeit, Tod, Sexualität und andere zeitlose Stoffe werden in raffinierter Heiterkeit beleuchtet, wobei die Grenzen zwischen Gegenwart und Vergangenheit häufig verschwimmen.

Der erste Band dieser neuen Reihe setzt in der Romantik ein und endet mit der Literatur des Ersten Weltkriegs. Die poetische Verarbeitung von Sagen, Träumen oder Kriegen wird durch ausgesuchte Texte (u.a. Tieck, Zweig, Freud und Mann) veranschaulicht. Mit diesem Streifzug durch die unterschiedlichen Epochen demonstriert die Autorin die bunte Vielfalt der deutschsprachigen Literatur.